港口 PORT
研究与实践 RESEARCH AND PRACTICE

童孟达 / 著

宁波出版社

图书在版编目（CIP）数据

港口研究与实践 / 童孟达著 . — 宁波：宁波出版社 , 2019.8
ISBN 978-7-5526-3617-8

Ⅰ . ①港 … Ⅱ . ①童 … Ⅲ . ①港口工程—研究 Ⅳ . ① U65

中国版本图书馆 CIP 数据核字（2019）第 169272 号

港口研究与实践

著　　者	童孟达
责任编辑	张爱妮
责任校对	谢路漫　陈金霞
装帧设计	金字斋
封面图源	摄图网
出版发行	宁波出版社
地址邮编	宁波市甬江大道 1 号宁波书城 8 号楼 6 楼　315040
印　　刷	宁波白云印刷有限公司
印　　张	18.5
开　　本	787 毫米 ×1092 毫米　1/16
字　　数	248 千
版　　次	2019 年 8 月第 1 版
印　　次	2019 年 8 月第 1 次印刷
标准书号	ISBN 978-7-5526-3617-8
定　　价	68.00 元

宁波出版社版权所有 , 侵权必究。

序

本序言既是对自己人生和工作经历的主要回顾,也是对编写本书的简要说明。

2018年3月,根据中共浙江省委(浙委干〔2017〕237号)通知,浙江省委组织部(浙组干通〔2018〕107号)通知,我结束了长达41年4个月(1976年12月至2018年3月)的工作生涯,正式退休。

一、我心中难以抹去的记忆

人的一生有数不清的记忆。记忆中我的人生虽然是贫苦的、艰难的,对有些同龄人或者下一代来说,可能是不可信的,或者毫不为奇,甚至是笑话,但这些人生经历激励着我一生的前行、奋斗和成长,终生难以忘记。

一小碟纯白粥。那是20世纪60年代初期的三年灾害时期,农村办大食堂,家家必须从村里食堂按照家庭人头及定量买点白饭或白粥。由于粮食不够吃,又没有荤菜,家里买来一点白饭或白粥后,还要添加许多的地瓜、土豆、菜叶,甚至野菜,才能让妈妈和六个兄弟姐妹七口人充饥。我年小不懂事,有一次妈妈在灶台上准备添加野菜时,我拉着妈妈的衣襟,一边哭一边嚷嚷"我要吃白粥,我要吃白粥",妈妈照顾我最小,悄悄地给了我一小碟纯白粥。其实,妈妈心里最清楚,还有其他五个子女要照顾,更何况她自己已身患癌症,她心中的无奈必定比野菜还要苦啊!

一支三分钱的铅笔。那还是上小学三年级的时候,有一次语文课要做课堂作业，教语文的班主任卓老师见我在课堂上没有做作业，而在流泪，走过来问我怎么不做作业，我吞吞吐吐地说，老师我没有钱买铅笔，没法做作业。卓老师马上从口袋里掏出三分钱，让我去村里的小商店买一支铅笔。现在的三分钱不足挂齿，但那时的三分钱能让我难忘一辈子。很多年以来，我心中一直想知道卓老师的近况，几年前终于得到她的信息。我到宁波市江东敬老院去看望她老人家，九十多岁的她仍然记得我当时的家境，但我说起三分钱的故事时，她笑着说"不记得了"。她的一句"不记得了"，对我又是一次如何做人的教育。

一双胶鞋。有一年冬天的下雨天，天气阴冷，可我还是光脚走路，双脚冻得僵硬。小叔叔童中舰先生从嘉兴回老家看望爷爷和奶奶，看到我光着脚，就马上拉着我去村里的小商店买了一双胶鞋，并让我借用小商店里的脚桶和热水洗好脚，穿上新胶鞋。平时，这双胶鞋我还舍不得穿，要留着到春节时穿呢。

一担柴。家里贫困，哥哥和姐姐不能上学了，但是他们宁可自己吃苦，也要让我读书。小学和初中，我都是在村里的学校读的，放学后还可为家里做点农活。到了高中，要到离家近十里外的鄞县塘溪中学住校读书，给家里帮不了忙了，反而还要增加家里的费用支出。为了减轻家里负担，我利用星期天上山砍一担柴，肩挑十多里，卖给学校食堂，解决一周的生活费。

一张照片。我爷爷家的二楼挂着大叔叔童中杰先生的照片，他身着军装，头戴大盖帽，肩挎手枪，全副武装，英俊威武。我不知道那时大叔叔在部队是什么职务，只知道他是在读中学时去当兵的，在北京原总参谋部系统，很有出息。每当有空时，我会独自一人到爷爷家的二楼，站在大叔叔像前，默默地立志，长大后要像大叔叔那样，做个有出息的人。大叔叔是我的偶像！

一间宅基地。1976年上半年，按农村的习俗，我已到了为成家做准备的年龄，村委会给我家一块宅基地建房。哥哥忙着做建房准备，整理地基，购买材料……当年12月27日，我拿到了应征入伍通知书，马上对哥哥说，房子不要建了，把地基转让给村里其他需要的年轻人。因为我知道，建房是一项很大的开支，哥哥有四个孩子，当时的农村收入很低，会让哥哥背上沉重的负担。也因为我已下定决心,到部队一定要好好干,不负期望。卖掉宅基地是对自己施加的压力,人生没有退路!

……

这些记忆,虽然已成为历史,但我终生难忘,困苦的经历给我更多的是人生难得的财富和成长动力。现在,国家日益富强了,人民生活逐步富裕了,但是,我们自强不息的精神不能丢,艰苦朴素的精神不能丢,做一个对党、对国家和社会有用的人的价值观不能丢。

二、我的人生轨迹

第一段人生轨迹:就学与务农。 父母因病,在我三岁和七岁时分别离世。读好书考上大学,当医生治病救人是我从小的理想。1974年1月,我在鄞县塘溪中学高中毕业了,虽然成绩优异,但因"文革"的影响,考大学当医生的梦破灭了,只能回家乡务农,先后担任童村农业植保员、生产队会计。

回忆农村的生活,我深切地感受到农业的落后和农民的艰苦,也深切地感受到村民的淳朴和邻里的和谐,还怀念路不拾遗、夜不闭户的社会治安,更不用担心环境的污染和食品的不安全。

第二段人生轨迹:军旅生涯与夜读时光。 保卫国家、当兵从戎成了我第二个梦想。1976年12月应征入伍,加入中国人民解放军基建工程兵00313部队,先后在陕西汉中、北京、湖北、西安、深圳等地从事具有国家战略意义的基本建设工作,历任班长、排长、宣传干事。由于在部队的出色表现,我于1978年3月在一起入伍的800多名宁波籍战士中,第一批加入了中国共产党组织,成为一名预备党员。1979年2月,我荣立三等功一次;1979年8月被提为副排长;1980年5月被提为排长。

在部队服役期间,我并没有放弃考大学当医生的梦想。小叔叔童中舰先生给我邮寄了一套17本、蓝皮的高中数理化复习资料。那时虽然工程施工很辛苦,但我还是坚持每天晚上在战友们就寝、宿舍熄灯后,提上小板凳,悄悄地到走廊上,借助走廊的灯光自学到深夜十一二点。

因为我清楚,没有父母的家庭太不容易,十五六岁的家中老大哥哥只能辍学与比他小两岁的大姐一起,以他们稚嫩的肩膀挑起家庭重担,六兄妹相依为命,艰难成长。

因为我相信,知识不仅能改变自己的命运,还会影响下一代的命运。

因为我坚信,有了知识才能立足于社会,才能为社会做贡献。

因为我懂得,只有依靠自己的努力拼搏,才能有出息、有幸福。

第三段人生轨迹:梦圆大学与情系物价。1983年响应中央军委裁军号召,参与深圳经济特区开发开放,00313部队在深圳集体转业。因家庭需要,我转业回到宁波,被组织安排在新组建的宁波市物价检查所工作。高中毕业十年后的1984年6月,我终于有机会参加全国统考。经过几个月的挑灯夜战、复习迎考,我顺利考入上海大学工商管理学院经济系物价管理专业,圆了上大学的半个梦,但另一半学医当医生的梦却终身难圆了。1986年6月,大学即将毕业时,学校征询我可否留校任教,考虑到上海的住房条件十分紧张和夫人的工作安排,我决定还是回到宁波市物价局工作。在宁波市物价局近十年工作期间,先后担任农本调查队副队长,综合价格处副处长、处长,农价处、工价处、工农产品价格处处长等职,恰逢中国价格改革高峰时期,有机会参与了宁波市一系列价格改革和管理工作。

第四段人生轨迹:伯乐给予的平台与计委给予的荣耀。在人生的工作生涯中,遇到伯乐是终生难忘和十分重要的。原宁波市计划委员会主任、杭州市原市长邵占维先生是我的伯乐,是领导、是兄长、是老师。可惜他长期为党和人民的事业忘我工作,积劳成疾,英年早逝。1993年12月,他引荐我调入宁波市计划委员会,使我有了更广阔的工作和学习平台,改变了我的人生轨迹。我先后任宁波市计划委员会综合处正处级调研员、经济研究所所长,参与了宁波市国民经济和社会发展研究及规划工作。特别是1995年11月17日,根据市委、市政府主要领导的指示,我代浙江省委、省政府起草了一份给党中央、国务院的报告——《关于建议组建上海—宁波—舟山组合港，加快建成上海国际航运中心的报告》。时任国务院总理李鹏同志对报告做了重要批示，上海国际航运中心建设正式拉开了序幕，这成为我一生中最为重要的荣耀。

第五段人生轨迹：在港口办的听难解难与在经研中心、政协的参政议政。1996年1月，宁波市委、市政府根据浙江省委、省政府的决策部署，成立宁波市港口规划建设管理委员会及其办公室，我担任办公室副主任，常驻办公室负责工作。1996年4月，我随宁波市委主要领导出访加拿大、美国，经停中国香港时，在一次船公司座谈会上，有一船公司代表说宁波口岸的环境是全中国最差的，给我以深深的触动。在港口办的七年工作时间里，我与同事们一起，始终把培育航运市场作为加快发展宁波港、参与上海国际航运中心建设的核心工作来抓。经常听取船公司、货代、堆场、集装箱运输企业、货主、客户意见，把解决企业的困难和问题当作工作的方向和任务。在市委、市政府的领导下，在有关各方的共同努力下，宁波口岸的环境明显地持续改善，港口竞争力大大增强，国内外船公司来宁波港开辟航线越来越多，浙江省走宁波港的集装箱比例由1996年的30%逐年提高到现在的70%左右。时至今日，宁波舟山港集装箱吞吐量已跻身世界第三。

1998年4月，我任宁波市政府经济研究中心副主任、党组成员。

2003年1月至2007年2月，我任宁波市政协副秘书长、经济和科技委员会主任、机关党组成员。围绕政治协商、参政议政、民主监督职能，我参与了宁波市政协有关重大课题研究，尽了微薄之力。

其间，根据宁波市委的安排，2000年12月至2005年10月，我兼任宁波市社科联副主席。

第六段人生轨迹：重回宁波港和参与全省港口一体化建设。承蒙宁波市委原副书记、宁波市政协原主席王卓辉先生，宁波市纪委原书记、市政协原副主席李秀珣女士，宁波市原副市长、市政协原副主席宋小六先生等领导的关心，2007年1月，宁波市委决定委任我到宁波港集团担任集团党委委员、总经济师,自此,我成了港口实务操作的一员,实现了从市政府职能部门、市政协层面参与港口管理和研究到在港口企业直接参与管理和经营的转变,使我能更好地实现理论与实践的结合,更好地在实践中学习港口专业知识,更好地为宁波港发展服务。

2007年12月23日,我在企业的体制里获得了高级经济师职称。

2015年5月,习近平总书记到浙江视察指导工作。习总书记十分关心浙江港口的一体化发展,他的战略决策,浙江省委、省政府高度重视,认真贯彻落实,于2015年8月实质性地实施宁波港、舟山港和浙江省港口一体化整合和统一管理与经营。浙江省成立浙江省海港投资运营集团有限公司,宁波港集团与舟山港集团进行资产整合,成立宁波舟山港集团有限公司。2016年12月,宁波舟山港集团有限公司与浙江省海港投资运营集团有限公司整合,实行两块牌子、一套班子运营,浙江省委任命我担任浙江省海港投资运营集团有限公司党委委员、宁波舟山港集团有限公司党委委员、总经济师,直到2018年3月退休。

第七段人生轨迹:"解甲赋闲"与人生新起点。六十岁是人生的重要分界线。六十岁之前,上学读书,创业成家,忙忙碌碌,承负着工作和家庭的压力,憧憬和追求着人生的美好梦想。六十岁之后,"解甲赋闲",人生的任务应是养身、养心、顾家、学习、社交、休闲,憧憬和追求着自由自在,快快乐乐,健健康康。

党和政府规定,为了廉政建设,未经组织同意,具备一定级别的领导干部退休后不得从事经营和社会兼职工作。廉政建设是治党、治国大事,必须从严管理和执行。但是,中国有许多领导干部退休后只能赋闲在家,恐怕也是一种很大的资源浪费。我期待,党和政府能完善廉政建设和领导干部退休的管理制度。

三、我的研究成果

我从高中毕业在家乡务农到部队再到地方,历经约九家单位,丰富了自己的阅历,其中在地方主要从事物价、综合经济、港口研究和管理工作,参与了宁波市的有关重大课题研究和规划,在国家、省、市刊物上先后发表了近百篇论文。

1990年,由我担任总纂,与他人合作编著出版《实用价格教程》,1992年与他人合作编著出版《市场营销谋略与应用》。

2002年9月,宁波市人民政府为表彰我在促进宁波市经济和社会发展中取得的显著成绩,授予"宁波市有突出贡献专家"称号。

随着工作阅历的增加和社会影响的扩大,社会上有关单位给了我更多的学习和交流机会:

2000年6月9日,被宁波工程学院聘为兼职教授;

2009年4月27日,被浙江万里学院商学院聘为客座教授;

2013年4月—2015年6月,被宁波大学聘为硕士生导师;

2013年5月—2017年4月,被浙江万里学院聘为硕士生导师;

2015年10月,被宁波海上丝绸之路研究院聘为特约研究员;

2017年12月12日,被舟山江海联运服务中心建设领导小组办公室、舟山市港航管理局聘为咨询专家;

2018年3月,被中共宁波市委党校聘为客座教授。

我的论文既是自己工作成长的记载、工作实践的总结,倾注了对国家、宁波发展的拳拳之心,又是国家和宁波改革开放与发展在某一领域、某一时期的点滴反映。

根据自己发表的论文内容,我编成《价格研究与实践》和《港口研究与实践》两本书,算是对自己工作生涯的一个总结,希望能画上圆满的句号。同时,也希望本书能给需要了解我国、我省、宁波市港口发展历史及研究港口发展的读者提供一个窗口和参考。

令我欣慰的是,许多研究成果和论文、建议被党委和政府、企业采纳,转化为决策,成为现实,有的成果和论文获得了国家和省、市奖励,有的论文被国家有关研究机构收藏,有的研究成果被其他研究团队引用……

令我自信的是,我从事港口研究和管理、经营工作24年,从政府机关、政协、研究单位到港口企业,从理论到实践,从国内到国外,对港口研究和管理、经营业务比较熟悉。2015年至2018年，受组织委托，我牵头和同事们与合作单位连续组织四届"海丝港口国际合作论坛"，广泛结交国内外港口专家和朋友，倾听各种真知灼见，在国内的一些港口论坛参与交流和演讲，受邀参加国家、省、市级有关港口研究课题评审，这些十分珍贵的经历丰富了我的港口专业知识，更增进了我对国内外港口发展的了解，尤其是对宁波港及浙江港口的发展我倾注了更多的心血。期待《港口研究与实践》能对宁波港和浙江港口发展，甚至中国和海外港口发展具有一定的参考价值和指导意义，产生一定的促进作用。这也是我编著本书的主要目的之一。

四、出版说明

出版《港口研究与实践》，是我多年的愿望。本书的特点是：1. 来源于实践，服务于实践。本书在结构上分为四个部分，分别是加快建设上海国际航运中心、建设国际强港及其经验、发展海铁联运、发展港口物流，这些专题都是我国港口在过去和将来发展面临的重大现实问题，研究和解决这些问题是我的出发点和归宿点，也使本书具有较强的现实针对性。2. 宏观与微观结合。本书研究的范围小到某一港区，大到中国港口整体发展；研究的专题小到某项具体业务，大到建设国际强港和港口强国，体现了宏观指导微观、微观服从宏观的港口发展特色，体现了研究视野和立意高度。3. 从现象到本质，寻找发展规律；从眼前到长远，寻找发展趋势；从宁波港到中国港口，寻找发展共性和个性。因此，本书可以作为港口管理、经营、研究和教学的参考资料与案例。

由于本人学识有限，加上政府港口管理体制改革及资源整合、技术进步和国际环境的变化，书中有些观点可能还有错误或不合时宜和不严谨之处，恳请读者谅解和指教。

本书的付印与发行得到了我的好友、宁波外运国际货运代理有限公司徐磊先生、众多好友的鼓励和大力支持。本书出版得到了宁波出版社社长马玉娟女士等的大力支持；我的同事潘广为先生、潘锡忠先生、方奕先生、周佳晶女士提出了一些很好的修改意见,在此一并表示感谢!

  书稿付梓在即,我要真心地感谢我的叔叔童中杰、童中舰,感谢我的哥哥、嫂嫂和姐姐、姐夫,感谢我的岳父、岳母、妻子、内兄、内嫂,感谢我的亲朋好友,是你们对我的无私帮助及支持才成就了我的书和我的今天。

童孟达

2019 年 8 月 1 日

于鄞州区愚宅

目 录

序 …………………………………………………………………… 001

第一章 加快建设上海国际航运中心

论加快建设上海国际航运中心 …………………………………… 003
有关推进上海国际航运中心建设的一些思考 …………………… 019
关于上海国际航运中心建设首要战略任务的思考 ……………… 025
对《新华·波罗的海国际航运中心发展指数报告》的商榷 …… 028
附录:《中共浙江省委 浙江省人民政府关于建议组建上海—宁波—舟山组合港 加快建成上海国际航运中心的报告》影印件 ………… 034

第二章 建设国际强港及其经验

北仑港发展战略思考 ……………………………………………… 041
建设"海上宁波"的几点构想 …………………………………… 050
宁波港国际集装箱合理运输系统研究报告 ……………………… 056
厦门港发展国际集装箱运输的经验及对宁波的启示 …………… 062
论宁波对外开放新思路 …………………………………………… 071
入世对宁波港发展的影响与对策 ………………………………… 077

关于发展宁波口岸汽车进口运输业务的思考 …………………… 084

杭州湾大通道建设对宁波港国际集装箱运输的影响 …………… 088

建设通关综合服务枢纽的思路与建议 …………………………… 094

宁波建设大港口的实现途径 ……………………………………… 099

宁波港集装箱运输的喜与忧及对策 ……………………………… 108

我国港口集装箱中转运输的问题与对策 ………………………… 114

宁波港跨越式发展的启示 ………………………………………… 120

论宁波加快建设国际强港 ………………………………………… 127

深入推进宁波—舟山港口一体化的建议 ………………………… 137

关于建立中国(宁波)丝路国际贸易中心的建议 ……………… 145

宁波建设港口经济圈的几点思考 ………………………………… 148

关于宁波市申报自由贸易港的若干重要问题建议 ……………… 156

中美贸易冲突对港航业的影响及对策 …………………………… 161

自动化码头是大势所趋 …………………………………………… 166

用优质环境促进跨境贸易便利化 ………………………………… 168

中国港口整合向以经济手段整合转变 …………………………… 170

浙江省自由贸易港建设思路的思考 ……………………………… 173

第三章　发展海铁联运

宁波港发展集装箱海铁联运的思考 ……………………………… 179

关于开展宁波建立海铁联运综合试验区课题研究的建议 ……… 184

服务内陆经济　发展海铁联运 …………………………………… 186

把新疆建设成为丝路经济带铁路国际联运现代物流综合枢纽战略构想
……………………………………………………………………… 193

第四章　发展港口物流

论发展宁波港现代综合物流 …………………………………… 201

发展宁波市现代综合物流 ……………………………………… 217

综合物流 —— 21世纪港口开发的"重头戏" ………………… 220

现代综合物流 —— 企业的"第三利润源泉" ………………… 224

现代综合物流在国民经济中的地位和作用的思考 …………… 230

发展药品现代物流　提高社会综合效益 ……………………… 236

当前我国现代物流发展中的若干重大问题 …………………… 248

论区域现代物流发展评价指标体系 …………………………… 252

我国港口现代物流需求发展趋势及应对策略 ………………… 257

何谓智慧物流？ ………………………………………………… 265

提升港口物流价值　促进港口和国民经济科学发展 ………… 267

关于发展物流地产　转变腹地拓展方式的建议 ……………… 271

大力推进港口创新　加快发展港口物流 ……………………… 274

第一章 加快建设上海国际航运中心

论加快建设上海国际航运中心

1996年1月,党中央、国务院做出了建设上海国际航运中心的重大战略决策。三年来,苏浙沪两省一市和国家有关部门按照中央的决定,做了大量的工作,取得了明显的进展:上海航运交易所和上海组合港管理机构已经建立;宁波港开辟了远洋干线;宁波北仑港区二期和上海外高桥港区一期的技改已经完成;外高桥港区二期的码头扩能正在进行;北仑港区三期扩能已于1997年1月由浙江省人民政府和交通部联合报国家计委审批;太仓港第一个集装箱泊位已于去年建成投用,第二个泊位将于今年7、8月份投用;长江口航道疏浚自去年1月27日开工以来,进展顺利;上海港和宁波港的远洋集装箱直达比重明显提高,其中上海港由1995年的8.2%提高到1998年的49%,同期,宁波港从没有直达运输发展到占总量的15.8%,在长江三角洲地区港口吞吐量中,远洋集装箱直达运输的比重已达40%左右,境外中转的矛盾得到了明显的缓解,上海国际航运中心的雏形已经初步形成。

当前,建设上海国际航运中心已经进入了新港址论证比选阶段。根据交通部《关于印发〈上海国际航运中心新港址论证工作大纲〉的函》(交计发〔1996〕752号)的要求,两省一市和交通部规划研究院分别提出了新港址方案,矛盾的焦点是:需要统一思想,如何准确理解和把握并认真贯彻落实党中央、国务院做出的建设上海国际航运中心的重大决策和工作部署,按照以上海为中心,浙江、江苏为两翼的格局进行港口组合，以提高经济效益为中心，充分利用现有港口设施，特别要利用好北仑深水港优势，优化港口布局，防止重复建设和盲目发展，尽快建成上海国际航运中心。

一、统一思想，认真贯彻落实党中央、国务院的重大战略决策和工作部署，是建设上海国际航运中心的关键

20世纪90年代初，邓小平同志提出开发开放上海浦东。以江泽民同志为核心的党中央在党的十四大会议上决定："以上海浦东开发开放为龙头，进一步开放长江沿岸城市，尽快把上海建成国际经济、金融、贸易中心之一，带动长江三角洲和整个长江流域地区经济的新飞跃。"为了实现这一重大战略决策，建设上海国际航运中心是必不可少的重要条件。

为了贯彻落实邓小平同志的指示和十四大的战略决策，1995年11月25日，浙江省委、省政府率先向党中央、国务院正式建议组建上海—宁波—舟山组合港，加快建成上海国际航运中心。报告认为，建设上海国际航运中心的发展重点和关键是建立国际集装箱枢纽港，解决长江三角洲及沿江地区远洋集装箱在境外中转的问题。从国家和民族的根本利益出发，打破行政区划界限，充分发挥宁波舟山水域港口的现实和潜在优势，浙江省愿与上海市以多种方式合作，共同开发利用北仑和金塘岛深水港域，尽快把上海国际航运中心建立起来。

1995年12月8日，国务院原总理李鹏同志在浙江省委、省政府的报告上做了重要批示："我一直认为把上海建成国际航运中心是开发浦东，使其成为远东经济中心，开发整个长江的关键。因此，我认为首先利用宁波北仑集装箱码头是最快、最现实、最有效益的方案。为此，必须打破行政区划，把航运机构设在上海，以充分发挥上海金融、交通的优势，也可以考虑成立股份制公司，上海占大股，宁波参股，发挥双方积极性。"

1996年1月中旬，李鹏同志和吴邦国同志率国务院有关部门主要负责同

志到浙江、江苏、上海视察港口建设，并于1月16日在上海主持会议，代表党中央、国务院专题研究建设上海国际航运中心的有关重大问题，听取了交通部和上海市、浙江省、江苏省以及国务院有关部门负责同志对建设上海国际航运中心的意见，取得了共识，形成了《关于研究建设上海国际航运中心有关问题的会议纪要》（国阅〔1996〕34号）。《纪要》指出："目前，华东沿海集装箱专用码头已初具规模，集装箱货源增长很快，建设上海国际航运中心的条件已日趋成熟，希望浙江、江苏、上海两省一市和交通部等部门齐心协力，密切合作，尽快建成上海国际航运中心。""建设上海国际航运中心，必须认真贯彻党的十四届五中全会提出的实现两个根本性转变的精神，以市场为导向，以提高经济效益为中心。充分利用现有设施，加强港口的技术改造，积极挖掘潜力，加强协调配合，切实转变经济增长方式，以最小的代价取得最大的效益，促进我国对外贸易的发展。""上海国际航运中心要发挥上海经济、金融、贸易中心的优势，发挥宁波北仑深水港的优势，发挥上海和江苏集装箱货流大的优势，以上海为中心，浙江、江苏为两翼的格局进行港口组合，考虑到上海港现有集装箱码头的实际情况，由交通部组织宁波港北仑港区集装箱码头和上海外高桥集装箱码头先行组合，浙江省和上海市要研究切实可行的实施方案，报国务院审批。"长江口深水航道治理对建设上海国际航运中心的意义重大……

会议还指出：为了适应上海国际航运中心国际集装箱运输发展的需要，"要加快宁波港北仑港区和上海、江苏港口现有集装箱码头的改造，抓紧上海外高桥及五号沟、宁波港北仑港区三期工程、江苏南京长江大桥以下港口及江苏太仓港建设的前期工作。建设项目要按基本建设程序办理报批手续。同时，对浙江省、江苏省和上海市提出的拟建新港址要进行比选论证，新港址不仅考虑技术指标，还要考虑市场和效益，考虑国力的可能，要量力而行。请交通部提出新港址论证工作大纲，两省一市按大纲要求各自开展论证工作，并承担相应的费用，论证工作报告由交通部提出综合审查意见后报国务院审批"。

会上，李鹏同志强调指出，建设上海国际航运中心及其工作部署是党中央、国务院集体研究决定的,在他视察苏浙沪期间,江泽民总书记特地从北京来电亲自过问该项工作落实情况,还存在什么问题,并要求把有关事项尽快落实。

1996年11月26日,李鹏同志再次在上海主持会议,检查工作进展情况,并研究加快建设上海国际航运中心的有关问题。会议强调指出:"建设上海国际航运中心是实现以浦东开发开放为龙头,进一步开发长江沿岸城市,尽快把上海建成国际经济、金融、贸易中心,带动长江三角洲和整个长江流域经济飞跃的需要。从全局看,也是国际政治斗争和经济竞争的需要。""组建上海组合港,要打破行政区划,统筹规划协调发展,实现集装箱码头统一建设和管理,做到合理分工,优势互补,避免重复建设和盲目发展。"

党中央、国务院做出的上述一系列决定,明确和解决了以下五个重大问题:

1. 重要性。建设上海国际航运中心是上海建设一个龙头三个中心的重要条件,是我国经济发展的需要,也是国际政治斗争和经济竞争的要求。

2. 紧迫性。要求尽快建成上海国际航运中心。

3. 实现途径。首先利用北仑集装箱码头是建设上海国际航运中心最快、最现实、最有效益的方案;要发挥"三个优势",以"一个中心加两翼的格局进行港口组合"。

4. 指导方针。建设上海国际航运中心要充分利用现有设施,切实转变经济增长方式,以最小的代价取得最大的效益,要避免重复建设和盲目发展。

5. 码头建设步骤。先对宁波北仑港区和上海、江苏现有集装箱码头进行技术改造;再对外高桥、五号沟和北仑、江苏有关港口扩能;加强对长江口航道整治;最后研究和考虑新港址建设。这样的建设步骤充分贯彻了建设上海国际航运中心的指导方针。

因此,我们认为,当前建设上海国际航运中心的关键是有关各方要从国家利益出发,以大局为重,遵循经济规律,避免重复建设和无序竞争,齐心协力，真诚合作，一致对外，认真准确地贯彻落实党中央、国务院的上述战略决策和工作部署。

二、建设上海国际航运中心主要是为了从根本上解决长江三角洲及其中上游地区远洋集装箱在境外中转的问题，与境外周边港口的国际竞争的焦点也在于此，而不是争夺境外远洋集装箱中转

第一，上海国际航运中心的港口区位和软环境还不具备发展境外货物中转为主的条件。目前全球规模最大的三条主要集装箱航线是：远东—北美航线，远东—欧洲、地中海航线，北美—欧洲、地中海航线。如果上海国际航运中心以发展境外货物中转运输为主，由于偏离主干线，与日本横滨、神户、大阪，中国台湾高雄，新加坡等港相比，在区位上是没有优势的。

从目前港口的软环境来看，上海国际航运中心要争夺境外货物中转，与境外周边港口相比，还有相当大的差距。新加坡实行自由港政策；韩国将设关税自由区，在区内不征收关税，过关手续全免；高雄正在积极推行亚太营运中心计划，而上海国际航运中心没有这些货物进出方便的软环境，要吸引境外货物中转是很难的。

第二，根据我国的外贸出口流向结构，对亚洲的出口约占一半，预计未来十年仍将保持这一比例关系。去年长江三角洲地区港口完成集装箱吞吐量385万TEU左右，其中远洋集装箱为180万—200万TEU；预计到2010年，这一地区的集装箱生成量达1250万TEU，其中远洋集装箱约为600万TEU。建设上海国际航运中心的首要任务就是要从根本上解决该地区远洋集装箱直达运输，境外周边港口对长江三角洲地区港口的竞争也是为了争夺这日益庞大的国际中转市场。

因此，建设上海国际航运中心，参与国际竞争不是与境外港口比吞吐规模，而是要发挥和调动有关各方的力量，首先把我们自己的事情做好，以最快的速度和最大的限度，大力发展长江三角洲及其中上游地区的远洋集装箱直

达运输。

三、在上海、宁波、太仓范围内已建和规划建设的集装箱码头以及可以扩能利用的深水岸线,可以满足长江三角洲地区到2020年的集装箱运输需求,而且航道水深也可以满足未来船舶大型化的要求

根据交通部规划研究院的研究分析,预计上海港、宁波港、太仓港到2000年、2005年、2010年的吞吐能力和吞吐量如下表所示。

单位:万TEU

	2000年			2005年		2010年		
	吞吐能力	吞吐量	生成量	吞吐能力	吞吐量	吞吐能力	吞吐量	生成量
上海港	320	360	150	550	550	780	770	410
宁波港	70	50	90	130	110	230	230	290
太仓港	5	10	120	65	70	185	180	400
合计	395	420	360	745	730	1195	1180	1100

备注:宁波港生成量为浙江省数据,太仓港生成量为江苏省数据。

从表中可知,能力与需求是基本相适应的。同时,现在江苏的南京、镇江、张家港、南通港和浙江的温州、海门等港还有约60万TEU的吞吐能力可以利用。

到2010年后,随着长江口航道整治成功,甚至进一步加深,不仅进港航道水深得到解决,而且长江三角洲现有约40个集装箱泊位的吞吐能力经技改后还可提高30%—50%,总能力将达1600万TEU左右。同时,对现有港口的深水岸线进一步扩能,吞吐能力完全可以满足2020年的需要。这样新建洋山港,势必造成重复建设,也是没有必要的。

四、上海国际航运中心的中心是上海港，两翼是浙江的北仑——金塘和江苏的太仓

我们认为中央决定的建设上海国际航运中心的"中心两翼"方案是完全正确的。这一方案体现了充分利用现有集装箱码头的吞吐能力和发展潜力；体现了充分利用长江口航道整治的巨大效益；体现了中央一贯倡导的反对重复建设、盲目发展的要求；体现了集装箱运输的经济合理性要求；也体现了船舶大型化对港口和航道水深的阶段性要求；更体现了参与国际竞争的需要，是投资省、见效快、发展潜力大的最佳方案。

在上海国际航运中心组合格局中，上海港是中心，也是北仑和太仓港无法替代的。上海港的中心地位不仅体现在交易中心、管理中心、服务中心和信息中心，还体现在吞吐规模上占大头，远洋直达的绝对量和比重也占大头。根据交规院的预测，到2010年上海港吞吐量为770万TEU，宁波港为230万TEU，太仓港为180万TEU，各港占三港总吞吐量的比重分别是65.2%、19.5%、15.3%。根据浙江省的论证方案，北仑——金塘港到2010年的远洋直达吞吐量为116万TEU，只占上海港、北仑港和太仓港总吞吐量的10%左右。太仓港作为中心的北翼，主要为江苏省和长江沿江部分地区外贸进出口服务。北仑港主要为浙江省和江西、湖南、福建等部分地区外贸进出口服务以及吃水超过长江口航道水深的超大型集装箱船舶挂靠服务。北仑港和太仓港对上海港是补充和协调发展关系，形成功能互补的组合港群体优势。上海港与北仑、太仓港的关系如同纽约与新泽西、长滩与洛杉矶、横滨与东京、大阪与神户、中国香港与深圳等港一样，是共生共荣的关系，而不是排他性的关系。今后，随着经济体制改革的不断深入和港口法的颁布，实施港政分开，可以把上海、北仑、太仓港集装箱码头实行经济联合，建立以上海为中心或控股的上海国际航运中心集团公司。

五、充分利用北仑深水港的条件已经成熟，加快发展北仑港远洋集装箱直达运输，可以为上海国际航运中心在国际竞争中争取时间，赢得主动

首先，北仑港区航道大部分水深20米以上，仅虾峙门有一段3海里左右水深17.6米，可满足大型集装箱船舶全天候通航和大型化的需要，已建有可靠泊第三代到第五代集装箱船舶的泊位3个，年设计吞吐能力50万TEU。目前正在计划建设深水泊位4个，其中到2001年可增加60万TEU吞吐能力，2003年再增加40万TEU吞吐能力。今后，根据国际集装箱运输发展需要，经国家批准，北仑港区还可建设深水泊位4个，形成125万TEU的吞吐能力。北仑港区上述11个泊位经过技术改造后，可使总吞吐能力达到450万TEU，而增加总投资仅需50亿元。值得指出的是，经过多年的实践，北仑港作业天数长达330天，港口和船舶运行安全可靠，建港无风险。同时，以港口为核心的集疏运网络已经基本形成，329国道、34省道、沪杭甬高速公路、萧甬铁路和正在建设的沿海大通道、宁杭高速公路等均可直达港区，海铁联运已经起步。

其次，港口运行良好，马太效应已经初步显示。去年尽管受亚洲金融危机的严重影响，浙江省外贸出口增长从上年的24.1%回落到7.7%，其中宁波市从上年的22%回落到6%，但宁波港集装箱吞吐量完成35.3万TEU，比上年增长37.3%，远远高于外贸出口增长，说明宁波港对周边地区的吸引力增强，货物进出的口岸流向正在发生显著变化，1998年浙江省的集装箱已有52%走宁波港，比上年提高了6个百分点。今年争取完成50万TEU，第一季度已完成11.8万TEU，比去年同期增长51%；明年力争达到70万TEU。

再次，北仑港中转成本较低，具有明显的优势。根据上海交大研究，武汉到北美西海岸集装箱，在北仑港中转比在上海港中转每标箱可节省运输成本平均为34美元；武汉到西北欧，在北仑港中转比在上海港中转每标箱可节省122美元；南京到北美西海岸，在北仑港中转比在上海港中转每标箱可节省 55 美元；南京到西北欧，在北仑港中转比在上海港中转每标箱可节省 142 美元。

最后，北仑港集装箱码头与宁波保税区已经实现港区一体化。借鉴国外实行自由港政策促进港口发展的经验，只要国家在现有宁波保税区政策的基础上，再赋予某些优惠政策，就可提高北仑港服务能力，加快发展远洋集装箱直达运输。

总之，利用北仑深水港是建设上海国际航运中心时间最快、投资最省、效益最好、风险最小、安全可靠的最佳方案。

六、新建洋山港投资巨大、运行成本高、建设工期长、自然条件差、风险大，并有许多不确定因素

新建洋山港不利于贯彻落实中央决定的"中心两翼"方案，不利于充分利用现有设施，会造成严重的重复建设和盲目发展。根据交通部《关于印发〈上海国际航运中心新港址论证工作大纲〉的函》（交计发〔1996〕752号）确定的新港址论证工作原则应符合社会主义市场经济的客观规律，体现规模经营、公平竞争和最佳效益的经济性原则；应把规划方案作为完整的系统，进行多方案比选、多方法论证，体现系统最优化的原则，方案设置应充分考虑利用现有港口设施，发挥已有设施的投资效益；规划方案虽以远景发展为最终目标，但也应满足近期发展的需要，体现远近结合的原则；参加比选的各港址方案，应在同等深度上进行客观、全面科学的比选论证，体现可比性原则和"请市、省针对明确的港区"按照大纲开展论证的要求。在浙江省委、省政府的重视和领导下，我省对本省的深水港资源进行了全面和科学的比选，认为新建洋山港投资巨大、运行成本高、投资回报低、建设工期长、自然条件差、风险大，并有许多不确定的因素；新建洋山港会造成严重的重复建设和盲目发展。

第一，从近期建设成本比较。据交通部三航设计院的设计方案，大小洋山一期工程建设 160 万 TEU 能力，投资 113.4 亿元，其中港内工程 55.6 亿元，

港外工程8.3亿元,32公里长的芦洋跨海大桥49.5亿元,平均每标箱吞吐能力的建设成本为7087.5元,而北仑三期1238米项目建设100万TEU能力,仅需25.88亿元投资,平均每标箱吞吐能力建设成本为2588元,只有大小洋山的36.5%。

第二,从总的建设规模比较。北仑—金塘方案总投资为411.68亿元,比洋山方案投资542.8亿元少131.12亿元,而吞吐能力是洋山方案的1.7倍。北仑—金塘方案单位标箱的投资成本只有洋山港方案的46%。若暂不建设金塘港区,则北仑区域的设计能力为880万TEU,总投资只需185.82亿元,单位标箱的投资成本2111元,只有洋山港的41.6%。

第三,运行成本高。(1)根据国家认可的具有资质的研究机构对近30年的气象资料研究表明,洋山港区作业天数只有270天,比北仑港区少60天;(2)洋山港的航道水深最浅点只有9米,且长9公里,需要开挖和常年维护;(3)芦洋跨海大桥长32公里,受气候特别是台风影响,在跨海大桥上集装箱卡车很难保证正常通行,而且跨海大桥也是唯一的陆运通道,若受不测因素影响,也难保证集卡正常通行;(4)洋山港无铁路直达运输,对中长距离的陆运国际集装箱很难实现低成本经济运输,更难带动中西部地区对外贸易发展。

第四,建设工期长。在大小洋山建港是另起炉灶,如果要形成1000万TEU的吞吐能力,没有10—15年的时间是难以做到的,即使是形成与北仑港相同的150万TEU的吞吐能力也需要5年以上的时间。况且目前还需要做大量的基础性调查研究和前期准备工作,按照国家规定的正常的基本建设报批程序要求,在近几年之内是很难有把握开工建设的。

第五,大小洋山自然条件差、风险大、不确定因素多。港区水流急(6节),含沙量高($1.5-2.0 kg/m^3$),陆域依托小,水电等后勤保障困难较多,稳泊条件差。建设大小洋山港对生态环境特别是对全国著名的舟山渔场以及水流和泥沙运动的影响还难以估量;随着船舶制造技术的进步和货物运输的要求,建设芦洋跨海大桥还会影响北仑港和乍浦港贯通长江的北航道通行能力。此外，建设洋山港尚有许多不确定因素难以预测，需作进一步研究（北仑港和洋山港主要指标比较如下表所示）。

港址方案比较一览表

序号	项目	北仑—金塘港址	洋山港址
1	规模、投资	泊位 68 个，设计能力 1835 万 TEU/年，静态投资 411.68 亿元	泊位 45 个，设计能力 1070 万 TEU/年，静态投资 542.8 亿元
2	每标箱投资费用	平均 2306 元/TEU	平均 5073 元/TEU
3	起步投资费用及效益	依托现有北仑集装箱港区，投资省、速度快、效益好	从零起步，围海填海、造桥、水电配套、投资大
4	港区稳泊条件及作业天数	风浪小、稳泊好，作业天数 310—330 天/年	风浪大，作业天数 270 天左右/年
5	可利用的深水岸线	23.7 公里	15 公里
6	持续发展潜力	梅山、穿山等可开发	无继续发展的潜力
7	进港航道	最浅处 17.6 米，全天候自由通行	10.7 公里航道水深不足 15 米，最浅点 9 米，长 9 公里
8	锚地	可满足	缺少避风锚地
9	港域、航道淤积趋势	基本不淤	受长江泥沙影响大，易淤积
10	集疏运网络	公路、铁路直达	需建 32 公里跨海大桥，无铁路直达
11	离吴淞口距离	113 海里	70 海里
12	综合开发条件	陆域大，带动强	陆域小，土石方量大，施工期长，带动小

最后，建设洋山港会造成几十年以来国家花了上千亿元的巨额投资而建成的现有包括上海港在内的长江三角洲地区集装箱吞吐设施、集疏运网络等得不到充分利用，长江口航道整治的成效也得不到充分发挥，会造成严重的

重复建设和盲目发展。

总之,建设洋山港,工程技术复杂,不确定因素多,投资巨大,属跨世纪的国家级特大型项目,建议国务院委托权威公正的科研单位对建港条件、投资规模和效益、港口布局和综合平衡集装箱经济运输、生态环境影响、持续发展等方面作客观科学的研究,以便科学决策。

七、利用北仑深水港的几点认识问题

当前,利用北仑深水港在技术上、经济上都是可行的,关键是要进一步统一思想认识,认真贯彻落实中央有关决定,真正树立建设上海国际航运中心的全局性和紧迫性的观念,跳出地方利益小圈子,从实际出发,客观地认识上海国际航运中心,客观地认识和对待北仑港。

1. 北仑港与上海港的距离问题。有的专家提出深水港与中心港不能分离,北仑港与上海港距离太远,不宜作为上海国际航运中心的深水外港。纵观世界所有的航运中心,深水港与中心港分离是不足为奇的,且通常相距100至200公里。因为,现代化的通信和信息传输系统为航运中心对港口作业进行有效的管理及控制提供了可靠的技术保障。如伦敦国际航运中心的深水港在其130公里外的南安普敦,纽约国际航运中心的深水港在其35公里外的新泽西,鹿特丹国际航运中心的深水港在其38公里外的新欧港。如果新建大小洋山港,实质上也是深水港与中心港相分离。此外,深水港与中心港相距100至200公里,在远洋集装箱运距中是微不足道的。况且北仑港距洋山港也只有43海里,更不能作为它不能成为上海国际航运中心深水外港的理由。

2. 北仑港的腹地问题。有的专家认为,北仑港腹地很小,仅限于杭州以东和以南地区。我们认为港口的腹地与其航运市场发育程度和经营发展以及后方集疏运条件密切相关。由于宁波港开展集装箱运输起步较晚,导致航线、航班较少,运价也相对较高,影响对货流的吸引力。近年来,随着宁波港集疏运网络的不断完善,航线和航班的增加,海运价格与上海港的差距逐步缩小,

随之市外的货流也明显增加,目前浙江省52%的集装箱走宁波港,甚至江苏和上海的远洋集装箱也有在宁波港中转。天津港由于开通了至西安的海铁联运,使西安及周边地区成为其腹地,青岛港开通了至郑州的海铁联运,使郑州成为其腹地。这些都说明了这个道理。同样,新加坡、釜山、京滨、阪神等港远离中国大陆,但大陆却是它们的转运腹地,靠的就是发达的航运市场和运输网络,以及先进的港口与口岸的管理和经营、服务水平。事实必将进一步告诉人们,随着宁波港航运市场的不断发育,集疏运网络进一步完善和海铁联运的开展,它的腹地必定会不断扩大。

3. 北仑港的发展速度问题。有的专家认为前几年北仑港集装箱运输发展缓慢,货源较少,深水港优势难以发挥。我们认为,港口集装箱运输发展有其自身规律,一般说来吞吐量在40万—50万TEU以下时,发展比较艰难,如上海港在1989年集装箱吞吐量达到35.4万TEU,努力了约20年,其中从1985年的20.5万TEU到1989年的35.4万TEU,花了4年时间,而且1989年上海口岸的外贸额已达194.4亿美元,是宁波口岸的近3倍;青岛港1994年吞吐量达到43万TEU,花了10年;宁波港1998年吞吐量达到35.3万TEU,花了2年。吞吐量在50万—100万TEU,其发展速度会相对加快,如上海港从35.4万TEU到119.9万TEU,只花了5年时间;青岛港从43万TEU到103万TEU,只花了3年时间。100万TEU以上,随着中转运输业务增加,会进入较快的发展阶段。我们坚信,经过前几年的努力,宁波港集装箱运输已经进入了新的发展阶段,去年增长37.3%,今年争取增长42%,1—3月已达51%,势头良好。

4. 关于中远(集团)总公司美东线取消挂靠宁波港的问题。根据国务院的决定,中远(集团)总公司的美东集装箱班轮航线,自1996年6月2日挂靠宁波港,至1998年8月8日止共运行110个航次,累计进出口42087TEU,平均每航次383TEU,其中每航次出口245TEU。

为了开好美东线,省市政府在揽货、改善口岸和港口服务、集卡公路通行等方面做了许多工作,制定了一些优惠政策和优质服务措施,如港口使用费和装卸费优惠、集卡通行费优惠、口岸收费优惠等等,经初步测算,浙江省和宁波市出台的各项措施投入达2600多万元,其中口岸建设1750万元,港口费用优惠400万元,口岸管理费、陆上通行费、奖励费等450多万元,对开好美东线起到了积极的促进作用。

但是,由于种种原因,中远公司于1998年8月8日取消了美东线挂靠宁波港。我们认为其原因主要是:

(1)美东线与浙江外贸出口结构不相吻合。据调查,浙江外贸出口中到美国的占16%左右,其中到美东约为5%。

(2)美东线运行周期较长,开始为84天,1997年3月8日起延长至97天,比东行多一倍多。

(3)运价偏高,除到基本港外,到其他港的运价比从上海港出运高出100—300美元,远远抵消了省、市政府的陆上运费优惠,大大影响了货主配载宁波港美东线的积极性。

(4)1997年12月1日之前,中远美东线没有用箱补贴也影响了货代积极性。

(5)美东线也有不断适应市场的过程。据悉,今年1月中远对美东线挂港又做了较大的调整,其中对青岛港也取消了挂靠,可见美东线调整挂港并不仅仅是针对宁波港。

与此相反的是,法国达飞轮船有限公司自1997年11月5日开通宁波至欧洲周班航线以来,到1999年2月底平均每航次出运323TEU,其中今年2月份平均每航次出运达到884TEU,船公司对宁波港的货源和服务是比较满意的。

另外,挪威威尔森宁波至美西航线,不仅每航次在宁波港出运175TEU至美西的集装箱,而且把江苏和上海的远洋箱在宁波港转运。

我们认为航线能否成功,与航线的航向、挂港与货源结构是否相符,海上航运时间，运价，船公司揽货能力和服务，货代等均有密切关系，中远美东线取消挂靠宁波港不能说明宁波港发展不了远洋干线。

5. 关于北仑—金塘方案的建桥问题。有的专家提出利用北仑—金塘深水港，也有建造连接北仑与金塘的跨海大桥的问题，由此需要增加投资。前已叙述，北仑—金塘方案已包括了连接北仑与金塘的建桥投资，而且单位投资低于洋山方案。但是，北仑与金塘的跨海大桥是舟山市规划的舟甬跨海大桥的一部分，是为了舟山市的发展需要。可以说如果不开发建设金塘港，北仑与金塘的跨海大桥也要建，这与建设芦洋跨海大桥的功能和时间要求是完全不一样的。我们认为，如果在2010年前金塘港区暂不开发建设，北仑区域就可建集装箱泊位35个，设计能力达880万TEU，经技改后可达1400万TEU左右，完全可以满足上海国际航运中心发展远洋集装箱直达运输需要。

6. 关于北仑—金塘方案的陆域和城市依托问题。有的专家提出北仑—金塘港址陆域依托小。我们认为北仑—金塘直接陆域依托有宁波市，面积达9365多平方公里，其中北仑区585平方公里（包括大榭岛33平方公里），金塘77.85平方公里，远远大于大洋山的4.19平方公里，小洋山的1.76平方公里。

有的专家还认为北仑—金塘港址的城市依托条件差。我们认为，国际集装箱运输的城市依托条件主要是口岸服务、通信、集疏运网络、金融等方面，对宁波作为沿海开放的中等城市和宁波港作为上海国际航运中心的南翼地位来说，这些条件是完全具备的。况且，我们还可以通过现代化的科技，如建立上海与宁波的EDI系统，加强两市和两港的联系与管理合作，依托上海的中心优势为北仑发展远洋集装箱运输服务。

7. 关于长江三角洲地区远洋集装箱在北仑港中转需经江海二次倒运问题。1998年，北仑港已经开始江海直达运输，不存在江海二次倒运问题。如果有，那么新建大小洋山也存在同样的问题。当然，北仑港与大小洋山相比，距上海和江苏在水路上远了43海里左右。但是，一般说来，内支线运费是由干线船公司承担的。北仑深水港可挂靠第五代集装箱船，比我国远洋干线使用的主力船型平均每一箱位的年营运成本要低21%。同时，如由香港中转改为北仑港中转，每标箱可节约250美元，由日本中转改为北仑中转每箱可节约450美元。因此，船舶大型化产生的成本降低边际效益和由境外中转改为北仑港中转的费用节约，不仅可抵消江苏、上海远洋集装箱在北仑港中转比到大小洋山港中转而增加43海里的水运费用，而且还有较大的盈余。

（原载于《宁波经济》1999年第5、6期，有删改）

有关推进上海国际航运中心建设的一些思考

今年4月14日,国务院下发了《关于推进上海加快发展现代服务业和先进制造业　建设国际金融中心和国际航运中心的意见》(以下简称《意见》),深刻阐述了推进上海加快发展现代服务业和先进制造业,建设国际金融中心和国际航运中心的重大意义,明确了指导思想和原则及总体目标,提出了主要任务和措施。《意见》的实施必将对上海两个中心的建设产生积极的深远影响,加快我国建设港口强国步伐,也必将增强上海对全国的带动和示范作用,推动我国现代化建设和改革开放。本文着重对《意见》中有关推进上海国际航运中心建设谈些学习体会。

一、《意见》的出台,表明上海国际航运中心建设进入了一个新的发展阶段

1995年12月8日,国务院原总理李鹏同志在浙江省委、省政府《关于建议组建上海—宁波—舟山组合港,加快建成上海国际航运中心的报告》上做了重要批示。随后,1996年1月16日,李鹏同志在上海主持会议,研究建设上海国际航运中心的有关问题。会议认为,建设上海国际航运中心既是我国经济发展的需要,又是国际政治斗争和经济竞争的要求,意义重大。上海国际航运中心要发挥上海经济、金融、贸易中心的优势,发挥宁波北仑深水港的

优势,发挥上海和江苏集装箱货流大的优势,以上海为中心,浙江、江苏为两翼进行港口组合。会议对上海国际航运中心建设内容做了具体部署和安排。

按照中央的决定,围绕建设上海国际航运中心,中央有关部门和上海、浙江、江苏做了大量的工作,主要有:宁波港开辟了美东航线,上海建立了航运交易所,上海外高桥及五号沟和宁波北仑、南京长江大桥以下港口及苏州太仓新建和改造了一批集装箱码头,加快了长江口航道整治,开展了深水港址比选和建设工作,完善了集疏运网络,建成了一批重大交通基础设施,极大地提高了港口集散能力,推进通关、通检改革,实施大通关,建设电子口岸,提高口岸服务效率等等。通过13年的努力,江苏、浙江、上海两省一市的港口集装箱吞吐量从1995年的209.2万TEU提高到2008年的4795.9万TEU,年均增长27.24%,其中上海港年均增长25.08%,宁波港年均增长38.3%,两港集装箱吞吐量已分别跃居全球第二、第八位。

回顾上海国际航运中心13年的发展历史,具有两大明显的特点,一是以硬件建设为主,对港口、航道和公路、桥梁等基础设施建设给予超常规的投入,如洋山深水港,长江口航道整治,上海外高桥集装箱码头,北仑三期、四期和五期集装箱码头,杭州湾跨海大桥,东海大桥,苏通大桥建设等。二是航运发展为主,港口集装箱吞吐量及其国际排名跳跃式地提高,而航运服务发展相对滞后。

这次国务院《意见》的出台,必将提升上海国际航运中心的发展水平,将由硬件建设为主转向软件建设与硬件建设并重,由航运发展为主转向航运服务与航运发展并重,促进我国实现由航运大国向航运强国的转变。

二、《意见》的出台,必将推动我国港口发展的新一轮积极竞争

1996年1月,中央做出建设上海国际航运中心的战略部署后,催生了我国港口建设的新发展,随着港口管理体制的改革,极大地调动了各级政府和港口企业的积极性,从北到南掀起了港口建设新热潮,大连、天津、青岛、连云

港、上海、宁波、深圳、广州、厦门及北部湾等许多港口都把建设国际航运中心和国际集装箱远洋干线港作为自身的发展目标，形成了港口间你追我赶竞相发展的局面。依托我国对外贸易的高速发展，在短短13年的时间里，我国港口集装箱吞吐量从1995年的662.8万TEU上升到2008年的12870万TEU，年均增长25.63%，在世界前十强的集装箱港口中，我国内地港口占据了5席。这次《意见》出台后，有关省市政府都在抢抓机遇，认真研究应对措施，积极争取和制定促进航运及航运服务业发展政策。可以预见，《意见》将给我国港口发展注入新的活力，也必将形成新一轮的积极竞争。上一轮竞争主要体现在港口和集疏运网络的硬件建设上，而这一轮竞争则着重体现在港口的软件建设上，包括港航政策和航运服务。

三、贯彻落实国务院《意见》需要深入思考的若干问题

1. 一个中心与两翼的关系问题。尽管《意见》对国际航运中心建设的总体目标提出了以上海为中心，以江浙为两翼，但在具体的五条主要任务和措施中只针对上海，没有提及江苏和浙江的两翼发展。任务和措施与目标不对应，目标如何实现？上海国际航运中心建设是不是只需上海港或者说有了洋山深水港就不需要两翼了，"两翼"只是一句沿袭历史的口号和提法？令人深思。据了解，受上海市的委托，上海组合港管理委员会办公室开展了上海国际航运中心发展航运服务业的课题研究，研究报告充分征求了上海市的意见，江苏和浙江的意见未能得到反映，报告通过中央有关研究机构并经修改后转送国务院。尽管课题受上海市的委托，但是，如果报告的研究单位在研究过程中能像对待上海一样，充分征求江苏、浙江和中央有关部门的意见，那么报告的视野会更宽，立意会更高，全局性会更强，建议会更科学，实施的效果会更好，更能调动和发挥方方面面建设上海国际航运中心的作用和积极性。

2. 为什么要建设上海国际航运中心，建设什么样的上海国际航运中心，怎样建设上海国际航运中心问题。这应是早已解决了的问题，但是，《意见》中

有关国际航运中心建设的主要任务和措施，促使人想起了这个问题。建设上海国际航运中心是建设上海国际经济中心、国际贸易中心、国际金融中心的需要，是国家进一步实施开发开放战略的需要，是建设港口强国、提高我国港口国际竞争力的需要。上海国际航运中心的港口区位及其服务腹地功能决定了它是腹地型的航运中心，首要的任务是解决我国国际集装箱在境外中转的问题。上海港的自然条件制约、我国沿海丰富的港口资源和辽阔的腹地分布，决定建设上海国际航运中心要走科学发展的道路，充分发挥上海及周边港口的优势，整合资源，优势互补，形成合力，降低成本，做好服务，一致对外，这是中国特色的上海国际航运中心建设之路。但是，《意见》中指出"加快洋山深水港区等基础设施建设，扩大港口吞吐能力"，"积极研究采取措施，降低国际集装箱中转成本，鼓励我国外贸集装箱在上海国际航运中心转运"，是值得商榷的问题。首先，从上海港的国际集装箱来源分析，江苏的货源占35%左右，按照长江口航道整治计划，到2011年左右航道水深达到12.5米，南京以下的港口具备了开辟国际集装箱干线的航道条件，江苏的国际集装箱直达运输应比到洋山港中转更能节约物流成本，洋山港的市场需求将会大大下降。其次，我国从北到南港口集装箱装卸能力和吞吐量已经形成一定的规模，并且大连港、天津港、青岛港、宁波港、深圳港、厦门港、广州港等都具备远洋直达和发展国际中转的条件，简单地"鼓励我国外贸集装箱在上海国际航运中心转运"，其简单处理的结果必将事与愿违，违背经济规律。我们不能只求上海港扩大集装箱吞吐规模和提高中转率而不计物流成本。上海国际航运中心，上海港是龙头，江苏和浙江是龙身、龙眼，长江中上游港口及沿海有关港口是龙尾。上海港要成龙头，切忌成为一条龙。上海港应依托上海市的综合实力，大力发展高端航运服务业，而航运业务应在遵循经济规律的前提下，充分发挥其他港口的作用。

3. 航运与航运服务的关系问题。《意见》把发展航运服务业作为上海国际航运中心建设的重要突破点，是十分正确的，对提升上海国际航运中心的国际竞争力具有战略意义。但是，航运服务业的发展要以航运发展为基础，脱离航运发展的航运服务业就没有植根的肥沃土壤和强大的生命力。航运发展不仅仅是上海港的发展，而且需要长三角港口和国内其他港口的共同发展，这样上海国际航运服务业才有比较扎实的市场基础。就上海国际航运服务的对象而言，首先应立足于服务国内的港口及其航运业，其次走出国门，服务全球。因此，积极鼓励国内港口和航运业发展是发展上海国际航运服务业的基础所在。如果单纯地鼓励上海港的发展，必将制约上海国际航运中心航运服务业的发展规模和国际竞争力。

4. 关于探索建立国际航运发展综合试验区。应该说这是航运管理制度的创新，具有积极意义。但是，国际航运综合试验区优惠政策的效果有待实践检验。一是启运港退税政策的力度有一定的局限性，还不能吸引我国在境外中转的集装箱到上海港中转。据测算，2008年我国平均退税率约为6%，若以每标箱2万美元计可退税1200美元，以现行贷款利率约为6%计，财务成本为72美元，再以启运港退税政策可给出口企业提前一个月退税计，则可节约实际财务成本6美元。这样对已在上海港中转的外贸出口企业是有利的，对上海港吸引在国内其他港口中转的集装箱有促进作用，但是还不能够吸引外国班轮公司在国内沿海港口出运的集装箱到上海港中转。因为外国班轮公司一方面还不能从事我国国内港口间运输业务，另一方面中转港不是出口企业选择的，而是由班轮公司综合考虑边际收益、中转成本、与码头的合作关系、舱位安排、运输成本、运输路径、运输时间等因素决定的，此外还要考虑启运港与上海港到货物目的港海运价格的差异，如果启运港—上海港—目的港的海运价格高于启运港直运海外价格，统统到上海港中转就无经济基础。对国内其他港口来说，为了应对上海港的启运港退税政策竞争，可以采取降低约6美元的码头综合费用等措施，通过班轮公司等适当途径让渡给货主，保持和吸引中转货物，码头公司因此得到的边际收益会远远大于6美元。从某种角度看，个人认为现在的启运港退税政策是上海港与国内其他港口竞争的政策，而不是与国外港口竞争，这与上海国际航运中心的建设初衷是相悖的。二是对为航运业服务的金融企业和在洋山港注册的物流企业、航运企业免征营业税的政策，各地政府从港口长远发展战略出发也可根据自身的经济管理权限，制定相应的鼓励政策。《意见》出台已经引发了新一轮的国内港口竞争，许多港口所在地省市政府希望国务院给予与上海港同样的政策待遇，并将推出地方的支持措施。

5.关于沿海港口捎带问题。从我国外贸运输和国际港口竞争的实践来看，当前应把解决沿海港口捎带运输作为我国国际航运中心建设的重要而急迫的任务来抓。《中华人民共和国国际海运条例》禁止沿海捎带运输已经不适应我国港口发展需要，对国际班轮公司沿海捎带运输应做具体分析，不能一概而论。要禁止国际班轮公司从事我国国内内贸运输，但对在国内始发港已经完成了报关、报检等出口手续，在国内港口中转并通过其干线船出运的经营方式应持鼓励的态度。这样做有利于因势利导地提高我国港口中转率，加快建设我国国际集装箱枢纽港，增强港口国际竞争力，不仅不存在影响国家主权和安全的问题，而且有利于维护国家主权；也不存在影响国内航运公司发展问题，因为外贸出口企业向国际班轮公司签订国际运输协议，而不是向国内沿海支线运输公司签订协议。

（原载于《港口经济》2009 年第 11 期，有删改）

关于上海国际航运中心建设首要战略任务的思考

未来上海国际航运中心建设的首要战略任务是什么？如何提升发展水平，加快实现由数量型向质量型转变？大力发展国际航运服务业应是当前乃至今后很长时期内建设上海国际航运中心的首要战略任务和选择。

一般认为，航运服务业主要包括基础层的货物运输、旅客运输、港口装卸、仓储、理货、引航、拖轮服务等；辅助层的货物代理、船舶代理、船舶供给、船员劳务、航运经纪、货运服务、船舶检验和修理服务等；支持层的航运金融、保险、航运信息、海事仲裁和法律服务、航运教育和培训等。对照上海国际航运中心的发展实践，其基础层的货物运输、港口装卸等主要业务已居世界领先地位，而辅助层的航运经纪等某些业务和支持层的服务发展相对滞后，与基础层不相适应，已经成了上海国际航运中心建设的短腿和国际地位提升的软肋。

上海国际航运中心发展航运服务业旨在内求发展，促进上海国际航运中心乃至全国航运业的又好又快发展；外强影响，提高我国港口国际竞争力和引领力。

所谓内求发展，首先要完善发展思路，转变发展方式，正确把握建设上海国际航运中心的目的和战略重点。从我国国情和上海国际航运中心的区位与服务腹地出发,坚决克服唯吞吐量为大、唯国际水水中转为重的片面认识和追求,切忌与新加坡港、中国香港港等国际航运中心盲目地攀比国际水水中转量占总吞吐量的比重,树立科学的上海国际航运中心发展观和评价观。其次,妥善处理发展航运服务业与航运的关系,妥善处理"中心"发展与"两翼"发展的关系。以满足腹地国民经济发展对航运业的需求为导向,按照经济规律,充分发挥"中心"和"两翼"的作用,实现苏浙沪港口统筹和谐发展,进一步夯实航运服务业发展的基础。要科学把握"中心"的吞吐量发展目标及其吞吐能力建设,要把降低腹地经济物流成本,"中心"和"两翼"港口资源的统筹协调利用,港口及其集疏运网络建设的综合成本,发挥上海国际大都市的综合实力,有助于上海发展高端服务业和减轻其因货流过分集中而产生的土地、环境、交通等压力等作为上海国际航运中心建设的重要考量。再次,要积极推进上海国际航运中心的一体化建设,主要包括国家政策一体化、市场一体化、口岸服务一体化,形成合力,在国际上树立起名副其实的以上海为中心、江浙为两翼的统一的上海国际航运中心服务品牌。

所谓外强影响,一是继续提升上海国际航运中心中转服务功能,努力降低本国货物在国外中转的比重,并遵循经济规律,积极争取国际水水中转业务发展。二是紧紧抓住国际航运中心向中国转移的千载难逢机遇,通过政策创新和市场环境培育,大力吸引国外航运服务业向上海国际航运中心转移。三是紧紧抓住科技革命日新月异有利时机和我国庞大的航运市场需求,努力探索航运服务业创新,形成后发优势,着重要在制定和完善国际航运规则和服务标准、航运服务信息和技术创新、物联网在航运业的应用、国际航运市场引领、国际航运服务合作等方面有所作为,逐步建立起上海国际航运中心在全球航运业的话语权和影响力。

回顾过去 15 年,上海国际航运中心建设主要在港口资源开发、深水港建设、长江口航道整治、集疏运网络完善、吞吐能力提升、吞吐量扩大等硬件建设方面取得了巨大成就,极大地促进了腹地经济发展。展望未来,上海国际航运中心的软件建设任务更重、难度更大、影响更深。我们相信只要以科学发展观为指导,理清发展思路,把握发展重点,凝聚发展合力,上海国际航运中心建设一定会再续辉煌。

(原载于《中国港口》2010年第12期,有删改)

对《新华·波罗的海国际航运中心发展指数报告》的商榷

一年一度的《新华·波罗的海国际航运中心发展指数报告》（简称《报告》）于2017年7月在上海发布。这一《报告》自2014年问世以来才短短4年时间，但在国内政府有关管理部门和业界已经产生了一定的影响。其原因在于一是研发单位中国新华通讯社下属的中国经济信息社有限公司与波罗的海交易所有限公司，在国际上有权威性和较大的影响力；二是建设国际航运中心是中国政府和沿海、沿江港口所在省、市政府，国内港航界长期以来十分关心的热点和重点话题，是我国由港口大国向港口强国转变的重要途径。

编制国际航运中心发展指数报告是一项具有创新性、全球性、综合性、系统性、专业性、复杂性、艰难性的工作，目前世界上还没有权威的统一方法。如何评价国际航运中心，不同的研究机构会有不同的认识、不同的评估方法和不同的研究结果。

最近，笔者认真学习研究《报告》，认为以下几点值得商榷，请教于同行，以利《报告》更具科学性、指导性和权威性。

一、国际航运中心的服务对象

明确国际航运中心的服务对象是科学评价国际航运中心的重要前提，服务对象是需求的源头,是建设国际航运中心所有工作的导向。

国际航运中心最基本的服务对象应该有两类:货物和船舶,其他服务对象是基本服务对象的派生。航运作为一项经济活动,其基本构成要素是货物和船舶,船舶与货物的有目的结合才会形成有经济意义的航运。但是,长期以来理论界和行政管理部门、港航实务运营界对国际航运中心服务对象的认识在表面上主要集中在航运,而在实质上则侧重于要素之一的船舶或船公司。《报告》的指标体系设计正是反映了这种认知,三大类一级指标包括港口条件、航运服务、综合环境,每一类一级指标又包含六个二级指标,其中港口条件权重0.20、航运服务权重0.50、综合环境权重0.30,只有在综合环境中有一项二级指标是物流绩效指数。

《报告》的前言阐述了国际航运中心的定义:"国际航运中心是以优质的港口设施、发达的物流体系、关键的地缘区位为基础条件,以高度完善的航运服务为核心驱动,在全球范围内配置航运资源的重要港口城市。"但是《报告》指标体系的设计仅仅体现了定义的部分内容,而非全部。与经济全球化相适应,国际物流已经发展到全球门到门全程服务的新阶段,如果国际航运中心几乎只需要航运服务,而对陆运服务可以忽略不计,恐怕只是个案,如新加坡,这也是新加坡国际航运中心在《报告》评价结果中高居榜首的主要原因之一。

全球绝大部分国际航运中心既需要航运服务,又需要陆运服务,否则其发展必将是残缺不全的。航运和陆运是全球绝大部分国际航运中心发展的左右腿,两者不可偏废。如果对国际航运进行评价,把航运服务作为主要内容无可厚非。但是,评价国际航运中心,则必须要把对航运的服务和对陆运的服务统筹科学考虑,绝不能厚此薄彼。国际航运服务已经从传统的"港口+航运+港口"服务模式演变为"门+港口+航运+港口+门"的服务模式,对国际航运中心的评价也要实事求是、与时俱进。

为什么会把航运服务作为国际航运中心的重要评价内容?究其大概原

因：一是船舶所有人或船舶经营人是国际航运货物的承运服务人，海上货物运输的服务由船运公司负责。20世纪90年代以来，按照现代物流理念，船运公司也逐步拓展货物的陆上部分服务，让人们觉得似乎对船舶的服务就包含了对货物的服务，甚至于替代对货物的服务；二是海上航运服务侧重于国际性，陆运侧重于国内性，国际航运比国内陆运复杂、投入大，市场供求关系和运输过程不确定因素多、风险大，服务产业链长，附加值高且处于高端地位，更需要得到全球对航运业的重视和保护；三是传统的国际航运把外贸货物运输按照国内段和国际段来区分，把国内段作为内贸运输排斥在国际航运之外；四是由于历史上中国长期闭关锁国，生产力发展水平低，国际航运发展严重滞后，改革开放才使国际航运业有了快速发展，但总体来看，与国际航运业强国相比我国还有较大差距，还处于大而不强的弱势地位和爬坡提升阶段；五是从国际航运业的发展历史和其战略地位来看，航运业不仅具有经济性，还具有国家战略性，不仅是一些西方濒海发达国家的战略性产业和支柱产业，还是其实施海外扩张、建立殖民统治、掠夺世界资源、输出其工业产品、实现不平等交易的重要手段。

二、国际航运中心的建设模式

建设国际航运中心要从本国本港城市实际出发，全球没有统一的发展模式，也不可能建立全球统一的综合评价指标体系。《报告》依照客观性、全面性、科学性和权威性的原则，对全球港口城市通过初选样本、精选样本，确定最终样本，最后依据一定的指标和数据及其计算方法，得出43个国际航运中心排序。看似评价方法很严谨，但其最大缺陷是缺乏可比性。任何国家和港口所在城市建设国际航运中心的出发点和落脚点都是为本国和本地区经济与社会发展服务的。港为城用，城以港兴，这个道理不仅在中国如此，在世界也是如此。不同港口城市建设国际航运中心的模式是完全不一样的。以海向腹地型和陆向腹地型港口城市为例，其国际航运中心服务的重点内容是有很大区别的。

新加坡是典型的海向型国际航运中心，扼太平洋及印度洋之间的航运要道，战略地位十分重要。但是，新加坡是岛国，国土面积只有714.3平方公里，人口540万（2013年），本国货源生成量极少，难以建立起国际航运中心。但其何以成为国际航运中心？其关键的举措是依托独特的港口区位优势，始终抓住船公司这个"牛鼻子"，实施自由港制度，对船舶提供持续提升的优质服务。20世纪末以来，有的国际大型船公司在新加坡和马来西亚之间投资和航线布局的变化，导致新加坡和马来西亚有关港口吞吐量的相应变化，就足以证明了新加坡国际航运中心发展的内在机理。可以说如果新加坡没有对船公司提供富有竞争性的优质服务，不可能有这些产业链的开发和建立，也不可能确立其亚洲航运中心、贸易中心、金融中心、经济中心的地位。

相反，中国港口城市背靠广袤腹地，偏离全球海运主航道，发展国际中转运输的区位优势不明显，要建成国际航运中心，必将是典型的陆向腹地型。中国港口主要任务是服务本国腹地经济发展，做好陆上运输服务。国内港口城市的航运服务竞争说到底是揽货服务的竞争，有了货源就能吸引船公司的船舶挂靠，货源集聚就能带来船公司和船舶集聚。

这就是海向腹地和陆向腹地两类不同国际航运中心的根本区别所在。两类不同特点的国际航运中心难以用一套综合性的评价指标去比较，若要比较，其结果的权威性和积极意义将被削弱。如果用某一专项指标进行比较，如港口作业效率、单位泊位的吞吐量、海关的服务效率等就有很强的可比性，就有评价意义。如果要揭示国际航运中心的发展规律，不论是海向型还是陆向型国际航运中心，其发展的最基本核心问题是货源集聚，离开了货源，航运服务将是无源之水、无本之木。只不过在不同的发展阶段、不同的港口区位，其发展的模式和服务的侧重点会有不同。

三、建议

开展国际航运中心发展评价是一项十分有意义的工作，中国经济信息社有限公司与波罗的海交易所有限公司做出了积极有益的探索，随着《报告》研发实践的不断深入，认识不断提高，方法不断完善，相信这项工作会真正达到《报告》前言所言"客观、科学、全面、权威评价国际航运中心发展状况，总结国际航运中心发展经验，揭示国际航运中心发展规律，有利于提升世界商品要素流通效率，有利于促进全球航运资源合理配置，有利于推进国际航运中心科学发展"的目标，《报告》研发的目的一定会实现。为此提出以下建议：

首先，科学分类全球国际航运中心，在同类国际航运中心中进行综合评价指数比较，非同类中进行可比的专项指标比较。

其次，建立中国版国际航运中心发展指数。一是我国海岸线长达18000多公里，分布着五大港口群，都是陆向腹地型港口城市，具有同质可比性。应与全球国际航运中心发展指数进行可比的专项指标比较，以取他人之长，补己之短。二是2016年中国港口集装箱吞吐量已占全球30%左右，在全球集装箱吞吐量前10位港口中已居7席，已经具备建立国际航运中心的规模基础，目前正处在大港向强港转变的转折时期，十分需要一套科学的国际航运中心指数做指导。三是建立具有中国特色又有国际推广意义的先进指标体系，引领全球国际航运中心发展，如增加信息化、智能化、自动化、绿色环保、安全卫生指标，多式联运指标，国际交流合作指标等等。

建立中国版国际航运中心发展指数对国家、港口所在省市政府建设国际航运中心将会提供重要的决策参考，也将引导港航企业和社会有关各方积极推动我国由港口大国向港口强国转变。建立中国版国际航运中心发展指数，可为全球提供中国陆向腹地型国际航运中心建设样板，提高软实力，赢得中国话语权。

最后，建立中国版国际航运中心发展指数编制委员会。建议在交通运输部和有关行业主管部门的指导下,由中国经济信息社有限公司、交通运输部水运科学研究院、上海国际航运研究中心牵头,联合中国港口协会、中国运输协会、中国船东协会、中国货代协会、中国口岸协会、中国统计学会等单位,共同成立中国国际航运中心发展指数编制委员会,集聚各方力量和资源,确保编制工作顺利开展,确保指标体系合理性,确保数据准确性、及时性和完整性,确保编制的报告科学性、指导性和权威性。

(原载于《中国港口》2017年第9期,有删改)

附件：

《中共浙江省委　浙江省人民政府关于建议组建上海—宁波—舟山组合港　加快建成上海国际航运中心的报告》影印件

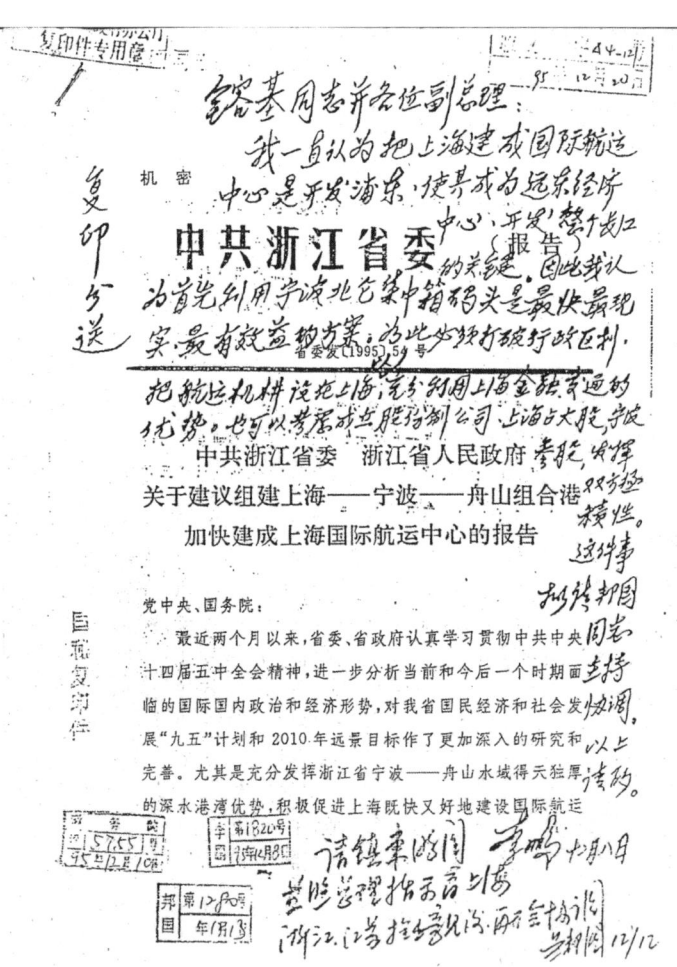

第一章 加快建设上海国际航运中心

中心,形成了一些新的发展思路。

一、建设上海国际航运中心十分必要,而又相当紧迫

中共中央、国务院决定把上海建成国际经济、金融、贸易中心,形成以上海为龙头的长江三角洲及沿江地区经济带,推动我国经济新飞跃。为了实现这一重大战略决策,首先要尽快把上海建设成为国际航运中心,为建设"三个中心"和发挥龙头作用创造必不可少的支撑条件。

集装箱海运是当今世界货物运输的发展趋势,它占货物运输的比重还将进一步扩大。上海建设国际航运中心的发展重点和关键是建立国际集装箱枢纽港,解决长江三角洲及沿江地区远洋集装箱必须在境外转运的问题。

上海港是中国大陆最大的国际通航港口,在区位、集疏运网络、港口管理、航线、城市和腹地依托等方面均具有建设国际集装箱枢纽港的良好条件。但是,上海港由于航道和港池水深不足,难以满足第三代、第四代集装箱船舶满载进港作业的需要,更不能适应集装箱海运大型化和环球化的趋势。因此,深水港是上海建设国际集装箱枢纽港的关键。

建设深水港需要10年以上的时间。然而,从现在起到21世纪初的十年左右时间内,是东南亚和东北亚地区海运和港口格局大调整的时期。香港和新加坡已成为国际集装箱枢纽港,并正在制订和实施更大的发展规划;神户港、釜山港和高雄港也在争建国际集装箱枢纽港,尤其是今年初台湾当局赴神户港遭受地震破坏,香港回归在即、大陆经济高速发展且没有国际集装箱枢纽港的机遇,推出高雄港作为"境外转运中心",并已运行,争取在2000年之前基本建成,试图取代香港,确立亚太航运中心的地位。新加坡、香港、高雄、神户、釜山五港似"五虎"把门,构成了环西太平洋弧形包围圈。境外"五港"距大陆沿海仅1000海里左右,与沿海、沿江港口构成转运格局十分便利,必将加剧内外港口竞争。这种局面迫使上海急需有现成的深水港,并能立即运作,迅速参与国际竞争。否则,上海很可能会失去建立国际航运中心的机遇。

二、沪浙联合,共建上海国际航运中心

针对国际港口激烈竞争,为抓住机遇,迎接挑战,加快建成上海国际航运中心,早日实现党中央、国务院的战略部署,省委、省政府认为,从国家和民族的根本利益出发,应打破行政区划界限,充分发挥宁波——舟山水域港口的现实和潜在优势,按照"统筹规划、合理布局、优势互补、联合开发、共同发展"的原则,以经济为纽带,使宁波——舟山水域港口成为上海及长江三角洲地区的深水外港,建成以上海为中心的上海——宁波——舟山组合型大港,形成上海国际航运中心。对这一联合建设组合港的思路,中央领导同志来浙江视察工作时都曾给予肯定。

当前首先要把北仑、大榭岛和金塘岛深水港与上海港实行联合,在国务院和有关部门领导下,成立由上海港统一管理的沪浙港口经济联合实体,对这一港域进行统筹规划、合理布局和经营管理。其作用和意义是:

(一)近期

1、有利于上海国际航运中心尽快开展国际远洋集装箱转运业务,赢得时间。在北仑港区,国家和地方各级政府已投资100多亿元,建有可靠泊<u>第四代集装箱船舶的码头900米</u>,比较齐全的配套设施和<u>正在建设的集疏运网络</u>。目前通过能力40万TEU,1997年可达80万TEU。经交通部审批,正在着手建设1238米集装箱码头,到2002年即可使用,新增通过能力160万TEU,通过总能力可达240万TEU以上。根据远洋集装箱转运需要,还可随时新建集箱码头。因此,利用北仑港可以最快的速度参与国际竞争,尤其是在高雄"境外转运中心"基本建成之前,就可赢得有利于上海国际航运中心发展的格局。

2、有利于上海尽快向干线港发展。利用北仑港现有和将要建成的集装箱码头,可立即开辟国际远洋集装箱转运业务,把在釜山、神户、大阪、新加坡等港转运的长江三角洲及沿江地区国际远洋集装箱改在北仑港中转,并同出口,可使上海港迅速具备远洋集装箱的转运功能,既不影响上海港本港集装箱吞吐规模的正常发展,也有利于上海港吞吐规模创造跳跃式发展的奇迹,更为重要的是使上海港发生根本性的变化,即:由支线港成为干线港,迅速提高其在国际港口中的地位和竞争实力。

3、可使上海提前10年左右的时间建成国际航运中心。

4、可创造巨大的经济效益。据有关专家测算,一个20英尺的集装箱直达运输比境外中转可节省500美元中转费,按1994年长江三角洲及沿江地区集装箱境外中转量匡算,每年可节省人民币约50亿元。那么按照联合方案,提前10年建成上海国际航运中心,可节省境外转运费500亿元左右,并且随着集装箱转运量的扩大,经济效益愈益可观。

5、在相近的港域内可形成合理的港口生产力布局,避免国家重大基础设施重复建设,为上海国际航运中心建设节省投资几百亿元。

(二)中远期

北仑和金塘岛深水港域具有很大的发展潜力,据初步

调查,北仑和金塘岛深水港域航道水深—17.6米以上,前沿水深—15米以上,可使第四、五代集装箱船舶满载进港作业。港域不冻不淤,水深流顺,能避风避浪,水面波动小,泊稳条件优异,作业时间长。该港域与上海相距仅130海里。有岸线170.35公里,其中可建码头的岸线110.1公里,包括深水岸线67.4公里,可建泊位329个,包括深水泊位193个,如将1/3到1/2的深水岸线建成为国际远洋集装箱泊位,则可形成2400万TEU到3600万TEU的处理能力。其余深水岸线还可满足其他需要。如再沟通金塘岛与北仑跨海通道(约4000米左右)和杭州湾交通通道,则能大大缩短上海与宁波港的路程,使宁波——舟山水域港口与上海港联成一片,充分发挥组合港群的优势。因此,这一港域发展潜力很大,完全可为上海国际航运中心的长远发展奠定良好的基础。

三、积极创造条件,增强实力,努力实现港口联合

1、为了国家和民族的长远利益,为了上海"三个中心"的建设,促进以上海为龙头的长江三角洲及沿江地区经济带的形成,我们省委、省政府将真诚地支持和参与上海国际航运中心的建设,愿与上海市以多种方式合作,共同开发利用北仑和金塘岛深水港域,尽快把上海国际航运中心建立起点。同时请中央和国务院及国家计委、经贸委、交通部、宁远公司等单位给予大力支持和帮助。

2、积极创造条件,不断增强自身发展实力,尽快形成组合港的群体优势。一是可先增辟沪甬滚装渡轮,扩大江海联运,同时加快以北仑港为中心的集疏运网络建设,重点是尽快实施大榭岛——北仑、金塘岛——北仑及杭州湾跨海大桥、萧甬铁路复线、甬金、甬温、杭屯铁路、杭宁和杭沪高速公路、同江——三亚、上海——瑞阳等国道主干线浙江段、甬衢高等级公路建设,形成四通八达能大进大出的集疏运网络。二是进一步改进口岸和港口管理,提高服务水平和管理水平,努力同国际接轨。三是加快宁波——舟山水域港口的通盘规划,科学合理地制定港口的发展功能、开发步骤和重点,并作为我省经济社会发展"九五"计划的重点加快实施,以形成宁波——舟山水域组合港群体优势,使其早日成为上海国际航运中心的深水外港,并逐步发展成为上海国际航运中心的国际远洋集装箱中转基地、进口铁矿砂中转基地、原油及成品油中转贮存基地、我国沿海中部重要的煤炭中转贮存基地以及我国最主要的渔业资源基地,为上海和长江三角洲及沿江地区的经济发展服务。

特此报告。

附一:北仑和金塘岛港湾资源情况
附二:杭州湾交通通道简况
附三:宁波——舟山水域图
附四:杭州湾通道方案位置图

中共浙江省委
浙江省人民政府
1995年11月25日

北仑和金塘岛港湾资源情况

北仑和金塘岛港湾是由宁波北仑、大榭岛、穿山半岛、舟山册子岛、金塘岛等围成的方形水域构成的天然港池，同处北仑——金塘海域，东西长10公里左右，南北宽3.5公里左右。这一港湾有十分丰富的深水港资源，港阔、水深、浪小，基本不淤，岸坡稳定，后方陆域开阔，建港条件相当优越。

北仑和金塘岛港湾位于大陆海岸线中部，金塘水道两侧，面对舟山群岛，距上海吴淞口130海里、秦皇岛683海里、青岛433海里、广州824海里，至香港、高雄、釜山、大阪、神户均在1000海里之内。往北到海参崴，往南到新加坡都属近洋航线，去美洲、大洋洲、波斯湾和东非等均在5000海里左右。

海域内，—10米等深线距岸30~200米，—20米等深线距岸50~200米，主槽水深30米以上。南北出海航道在该海域交汇，其中北航道至长江口，水深最浅处—7.0米，乘潮可通航2.5万吨级船舶；南航道至虾峙门，水深最浅达—17.6米，可通航20万吨级船舶。

杭州湾交通通道简况

杭州湾交通通道是连接上海与宁波之间的跨杭州湾公路桥（隧）工程。国际著名桥梁专家林同炎、李国豪先生提交的可行性研究提出了四个桥位方案，其中第1第2为预选方案，第3第4为比选方案。近一年来，经过上海、杭州、北京三个专家研讨会共250多位专家、学者、工程技术人员和管理工作者的深入研究论证，多数专家倾向第2方案，认为这个方案相对比较合理和容易上马。

第2方案简称"乍浦通道"，南起慈溪市庵东镇西二，北至平湖市小十团，全长34公里，投资125亿元。该通道技术上可行，经济上合理，建成后上海与宁波之间的陆上交通可缩短150多公里，上海至北仑的距离可缩短180公里，使杭州市交通"瓶颈"明显缓解。

建设杭州湾交通通道，有利于上海国际航运中心的建设和形成，有助于上海利用宁波北仑深水港开展国际集装箱远洋干线运输，为上海"一个龙头三个中心"的形成和作用的发挥奠定坚实的基础。

建设杭州湾交通通道，是实现我国公路"二纵二横"战略规划的重要一环，是沿海主干道同三线跨越杭州湾的必经之地和重要通道。同三线贯通上海与浙江的北部和东部地区、福建和广东东部，是上海连接我国东南沿海，促进开放开发的重要通道，对巩固国防都具有十分重要的战略意义。

建设杭州湾交通通道，是开发开放上海浦东与长江流域及长江三角洲的重要战略部署，它有利于上海、江苏、浙江两省一市之间的经济技术联系与交流，加速区域经济的快速发展。

主题词：项目建设　上海——宁波——舟山组合港　报告
抄报：国家计委、国家经贸委、交通部
抄送：上海市委、市政府

附件四

杭州湾通道方案位置图

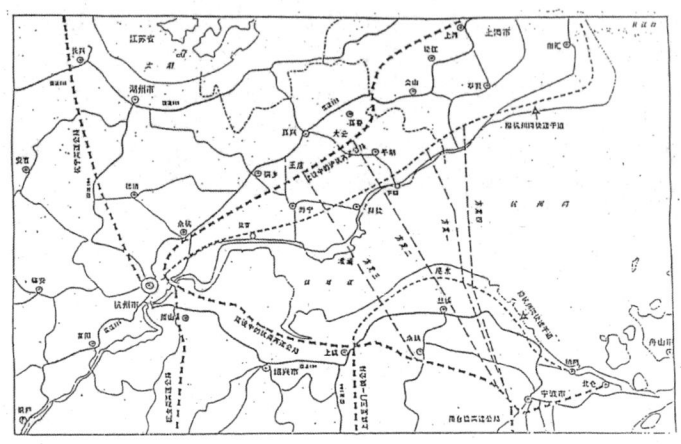

宁波——舟山水域图

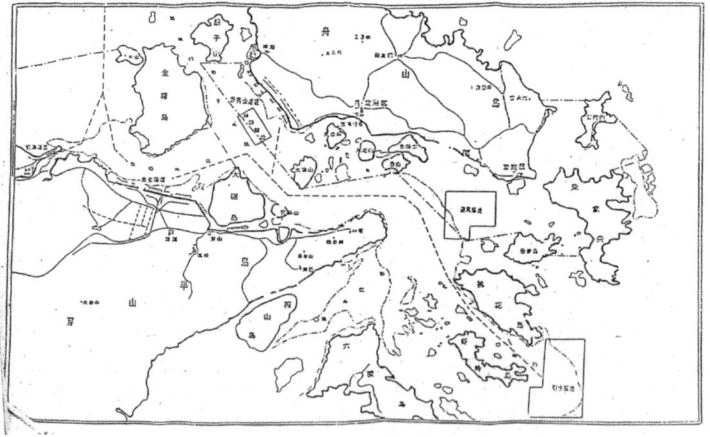

第二章 建设国际强港及其经验

北仑港发展战略思考

港口国际化、城市现代化是宁波市建设社会主义现代化国际港口城市的两大最基本任务。实施"两兴三促"(以港兴业、以业兴市,以市促港、以市促业、以业促港),是宁波市实现宏伟目标的发展模式。由此确定,港口国际化是宁波市发展模式的龙头。

宁波港由内河港 — 宁波港区、河口港 — 镇海港区和海港 — 北仑港区组合而成,其中北仑港被李鹏总理誉为"洋洋东方大港",是宁波港的核心和发展重点,也是宁波港的代表。因此,宁波港国际化首先要实现北仑港国际化。毫无疑问,这就是北仑港的发展战略。

一、港口国际化的基本条件及北仑港的实现程度

综合有关资料,笔者认为港口国际化必须要具备以下一些最基本条件:

1. 具有全天候接纳第三、四代集装箱船舶的航道和港池;
2. 有较高密度的国际航班,每月至少有 100 次以上国际航班;
3. 有辽阔的腹地和高效便捷的集疏运网络;
4. 具有 1 亿吨以上国际级吞吐能力,其中集装箱年吞吐量在 100 万 TEU 以上;
5. 具有高效迅速的现代化、自动化码头装卸设备和信息处理系统;

6. 具有良好的口岸和港口服务体系；

7. 具有符合国际惯例的港口管理体制和政策法规；等等。

对照上述最基本条件，北仑港国际化的实现程度大致是：条件 1 已经具备，而且第五代和第六代甚至未来超大型国际集装箱船舶都可全天候满载进出港；条件 2 取决于货源，从货源来说，随着经济发展，对外贸易扩大，国际货柜必将大大增加，只要腹地沟通，国际航班随之增多，目前北仑港每月有 54 次国际航班，如果今后每年增加 10 次国际航班，则到 2000 年就可实现这一条件，如果每年增加 5 次国际航班，需到 2005 年才能实现；条件 3 的关键是集疏运网络，重点是公路和铁路建设，预计到 2000 年，随着甬—杭—沪—宁高速公路和沿海大通道、萧甬铁路复线等建成，集疏能力大为改善，能基本满足港口吞吐需要，到 2005 年左右，甬深、甬温、甬金铁路建成，增加和延伸江海联运航线，四通八达的集疏运网络建立，腹地将充分打开；条件 4 如在 2000 年达到，货物和集装箱吞吐量必须每年分别递增 11.3%、58.5%，如在 2005 年达到，则每年需分别递增 5.5%、26%，根据 1990—1994 年货物和集装箱吞吐量发展情况来看，只要加快码头建设和技术改造，货物吞吐量指标到 2000 年能基本实现，集装箱吞吐量指标如果保持 1994 年的增长水平，则到 2000 年也能实现，但是连续五年平均年增长 60% 显然是很困难的，因此，估计在 2000—2005 年才能达到；条件 5 和 6，只要增加技术投入，加强协调和管理，到 2000 年是可以实现的；条件 7 取决于中央的重视程度，但是可以肯定，随着改革开放的不断深入，港口管理国际化的进程必将大大加快。因此，这一条件估计在 21 世纪初也能实现。

依据上述分析，北仑港已经具备了建设国际性港口的一些基本条件，通过进一步努力，到 2000—2005 年可基本实现港口国际化的发展战略。

二、北仑港国际化的发展重点

港口的最基本功能是转运货物，其他功能如生产功能、贸易功能、信息功能、服务功能等均由它派生而成。因此,转运货物国际化是港口国际化的基础。而转运国际远洋集装箱则是北仑港国际化的发展重点,这是国际贸易和国际海运发展趋势决定的,也是国内港口生产力布局和北仑港的条件所决定的。

从国际贸易发展趋势来看,由于各个国家、各个地区资源禀赋以及社会生产力的差异,商品生产和商品交换越来越超越地域、民族、国家和社会制度的界限,世界经济一体化的趋势愈益明显,其主要标志是世界进出口贸易年均增长速度大大快于世界 GDP 的增长,导致世界进出口贸易总额占世界 GDP 的比重大幅度上升:1950 年 10.6%,1980 年 19.6%,1990 年约 30%,预计到 20 世纪末将上升到 40% 左右,2010 年上升到 50% 左右。我国的情况更为突出,1980 年进出口贸易总额占 GDP 的 15.9%,1990 年上升到 31.4%,1993 年为 36%,平均每年提高 1.54 个百分点。预计今后进出口贸易总额占 GDP 的比重还会进一步上升。

从国际海运发展趋势来看,一是海运外贸集装箱吞吐量增速与世界贸易增长几乎同步,根据 20 世纪 80 年代统计资料分析,两者线性关系高达 0.988;二是集装箱运输具有安全、快速、优质、价廉的优势,越来越受到运输单位和货主的欢迎,世界贸易运输的集装箱化率 1990 年为 46%,1994 年扩大到 50%,今后还将扩大。1990 年到 1994 年我国沿海主要港口集装箱吞吐量每年以 36% 的速度递增。预计到 2000 年大陆国际集装箱海运量约 700 万—800 万 TEU,2010 年约为 1400 万—2000 万 TEU,其中,长江三角洲地区(包括长江沿江地区)国际集装箱海运量到 2000 年约为 273 万 TEU,2010 年约为 910 万 TEU,相当于全国的 50%。

从我国大陆港口生产力布局来看,尚未建立国际集装箱枢纽港,远洋集装箱主要通过中国香港、新加坡、神户、釜山等港中转,每年需支付 40 亿元人民币左右的中转费,不仅增加国家外汇支出,而且提高了海运费率和进出口商品价格,也增加了在途航运时间,不利于参与国际贸易竞争,也不利于国内物价稳定。因此，建立大陆国际集装箱枢纽港十分必要。目前只有大连、天津、北仑和蛇口可接纳满载的第三、四代集装箱船舶，其他沿海港口由于航道和港池水深不足均无法做到。然而，大连和天津港的北方经济腹地不够发达，需求较弱，蛇口港因紧挨香港而增加了发展难度。相比之下，北仑港却具独特优势：区位适中，面贴国际航运干线，身居大陆海岸线中段，背靠经济发达的腹地；航道水深比大连负 8.6 米深 1 倍，比天津深 6.2 米，比蛇口深 6.7 米，完全适合未来国际集装箱运输环球化和超大型化发展趋势的要求；港域辽阔，岸线长达 121 公里，其中可建深水泊位 150 个左右，发展潜力很大。

当然，我们也应注意到今后在某些海岛建国际深水大港的可能，但是需要较长的时间，花费巨大的投资，即使建成，陆海之间需要全部转运，在当前甚至今后相当长的时期内实非经济之策。

总之，不论是国际、国内经济发展的需要，还是北仑港已具备的港口条件，北仑港理应把建设中国大陆国际远洋集装箱枢纽港作为港口国际化的发展重点，作为历史赋予的使命和义不容辞的责任。

三、北仑港国际化面临的挑战

挑战之一：国际和国内的激烈竞争

1. 北仑港的"门口"，东北方有釜山港、神户港，东南方有中国高雄港，南方有中国香港和新加坡。四港似"四虎"把门，构成了环西太平洋弧形包围圈。"四虎"实力雄厚，基础好，北仑港欲插其间，仅靠自身力量独臂难支。中国香港和新加坡早已成为国际集装箱枢纽港，并正在制订更大的发展目标。新加坡计划到 2000 年左右，再建成 50 个大型泊位，使集装箱吞吐量达到 3600 万 TEU，中国香港计划到 2010 年达到 3200 万 TEU 吞吐能力。大阪港、釜山港和中国高雄港等都纷纷竞建国际集装箱枢纽港，争夺国际航运市场。尤其是中国台湾当局趁神户港遭受大地震破坏，香港回归在即，大陆经济高速发展且没有国际集装箱枢纽港的千载难得的机遇，推出高雄港作为"境外航运中心",且已开始运行,该港还计划到2000年达到设计处理能力550万TEU,2010年设计处理能力1520万TEU,2020年达到设计处理能力2340万TEU,试图取代香港,建成亚太航运中心。

2. 北仑港的邻居,主要是长江三角洲、长江中下游的各地方政府争建港口,竞设出海口。这些港口尽管航道较浅,绝大多数只能停靠万吨级以下船舶,但到神户、釜山,中国高雄、香港等地转运货物的运距都在1000海里以内,完全能满足海运要求。

前几年,国内最大的上海港集装箱中转量已经受到了国内和国外海运竞争的严重影响,该港沿海支线月中转量1991年为926TEU,1993年下降到628TEU。有关人士预计,高雄港的"境外航运中心"计划,今年至少可吸引大陆100万TEU中转量。而今,外有"四虎"拦门接货,邻有群港角逐,八仙过海,各显神通,这种国际、国内港口竞争更加激烈的局势,必将进一步分散国内远洋货源。显然,这对北仑港建立国际远洋集装箱枢纽港极为不利。

挑战之二:北仑港自身竞争力较弱

1. 集疏运网络尚未完全建立。集疏运网络直接关系到港口的腹地大小和辐射力强弱,关系到箱源和航线的多少,是北仑港的生命线。然而,北仑港的集疏运网络建设滞后,集中表现为通道少、差、短,严重制约着北仑港的发展。公路,甬—杭—沪—宁高速公路预计到1996年底建成,329国道改造年内完成,但至多吸引杭州以东的一些箱源;铁路,萧甬复线建设尚未启动;江海联运因长江三角洲和长江中下游地区港口间竞争和船舶运量与航道的矛盾等因素影响难以奏效;作为北仑港腹地的重点发展目标——浙西和浙南、江西、湖南、安徽等省,还没有建立起与北仑港直接相连、能大进大出的便捷的通道。据悉,受广东的辐射,湖南、江西正在计划建设到广州和深圳的高速公路,它们不是向北仑港靠拢!北仑港还缺乏吸引力!所以,外界曾有人戏说,北仑港的腹地只到萧山。

2. 港口管理和服务与国际化水准的要求有较大差距。与新加坡和中国香港相比，他们的港口是自由贸易港，由此带来通关手续简便、可自由拆装、无海关规费、海关不抽查检验、储放期间监视不收费、有免费储存区（香港14天，新加坡28天）、不收码头通过费、法规简便、作业程序简便等等，而北仑港与它们相差甚远，加上口岸服务意识和服务质量较差，使港口吸引力不强。

四、北仑港的发展对策

面对上述挑战，中央和地方政府应采取积极措施，全力以赴地把北仑港建设成为中国大陆国际远洋集装箱枢纽港。

第一，要提高实现北仑港发展战略的思想认识。把北仑港建成大陆国际远洋集装箱枢纽港不仅是一件经济大事，更是一件政治大事。前已叙述，由于大陆没有国际远洋集装箱枢纽港，每年要增付境外中转费约40亿元人民币，如果进出口各占百分之五十，则进出口货物价格各提高20亿元人民币，既不利于出口竞争，又不利于国内价格稳定。

几年来，上海市为建设国际经济、金融、贸易中心和确立上海港国际集装箱枢纽港地位的需要，为了摆脱长江口航道水深只有负7米的困扰，研究和制定了一些深水港建设方案。尽管这些方案可行，具有一定合理性，但至少需要十年的建设时间。然而，国际和国内一些港口专家认为，从现在起到21世纪初的十年时间内，是东南亚和东北亚地区海运和港口格局大调整时期。一旦国际海运新格局形成，并在近十年内大陆还未建立国际远洋集装箱枢纽港，那么，十年后就更困难了。即使上海在十年后建成深水大港，沿海港口的盲目竞争不解决，也将是有港无货、能力过剩。届时，不仅会丧失近十年建立国际远洋集装箱枢纽港的良机，更会造成巨大的损失和资源浪费。如果这样，大陆损失的不仅是每年40多亿元境外中转费，还是巨大的国际海运市场，是几百亿、几千亿的国家和民族的长远利益。

笔者认为，大陆国际远洋集装箱枢纽港不可能在各地港口竞争中自发形成，必须要由中央政府选择和组织实施。建设大陆国际远洋集装箱枢纽港不光是港口所在地的事，因得益的是整个国家和民族，必须要由中央政府选择和组织实施。建设大陆国际远洋集装箱枢纽港，具有投资额巨大、政策性强、法规完备、按国际惯例运作、涉及面广、超地方政府权限和行政区域的特点，是一个庞大的系统工程，更必须要由中央政府选择和组织实施。为此，建议中央政府加强港口建设和管理的宏观调控，克服地方政府各自为政、盲目竞争的不良现象，认真处理和协调好远期建设上海深水大港与近期开发利用北仑港的关系，把北仑港首先建成大陆国际远洋集装箱枢纽港作为国家的大事、民族的大事来抓。一方面应继续支持上海市建设国际深水大港，促进"三个中心"的发展，另一方面更应紧紧抓住近十年极为重要的机遇，采取行政手段和经济手段，在大陆实施"北仑国际远洋集装箱枢纽港"计划。这一计划的主要内容是：

1. 成立北仑国际远洋集装箱港务集团，由交通部直接管理，按照合理流向、经济运费、维护国家利益等原则，把全国绝大部分远洋集装箱箱源统一调运给北仑港，实行各港的合理分工，大港大用，小港小用，建立起国内统一有序的国际远洋集装箱海运市场；

2. 北仑国际远洋集装箱港务集团可由中央政府控股，由全国沿海、沿江主要港口参股实行经济联合，利益共享，风险共担；

3. 组建北仑国际远洋集装箱港务集团驳运船队，统一承运各主要港口至北仑港的远洋集装箱；

4. 在不增加货主负担的前提下，提高北仑港远洋集装箱港口服务收费，将原支付给境外的中转费转移到北仑国际远洋集装箱港务集团，弥补国内驳运和其他支出；

5. 对直运北仑港的远洋集装箱实行合理的运价补贴，鼓励直达运输，减少运输环节，增强北仑港的吸引力，减轻货主负担；

6. 将宁波保税区与北仑港区合并，使北仑港区在近期成为保税港，实行准自由贸易区政策，简便通关和检验等方面的手续，减少不必要的办事环节，方便船东，提高办事效率。

第二，加快北仑港远洋集装箱吞吐能力和集疏运网络建设。

1. 码头建设。北仑港已建集装箱码头 900 米，其中 320 米已投入运行，1994 年完成集装箱吞吐量 10 万 TEU，达到设计处理能力，如对装卸设施稍加改造，就可达到年处理 20 万 TEU 的能力，另外 580 米只要配备装卸机械，即可增加处理 30 万 TEU 的设计能力。这样到 1997 年北仑港就具备实际通过 100 万 TEU 的能力。同时从现在起抓紧建设北仑山西侧 1238 米的国际远洋集装箱码头，前沿水深负 15 米，能接纳未来超大型集装箱船舶，设计年处理能力 100 万 TEU，到 2000 年，北仑港可具有实际通过 300 万 TEU 的能力，基本能适应我国远洋集装箱运输的需要，在此基础上，还可把北仑附近的穿山半岛、梅山岛、大榭岛开发利用起来，在这 121 公里的岸线上有深水岸线 47.1 公里，总共可建深水泊位 150 个左右，集装箱实际通过能力可达到 3000 万 TEU。

在码头建设时，还应实现码头的自动化和现代化，在通信、导航、信息处理、装卸等方面提供安全、优质、高效的服务，最大限度地缩短船舶在港停泊时间，提高港口竞争力。

2. 集疏运网络建设。近期，要加快杭甬高速公路和沿海大通道建设，329 国道，宁波到台州、丽水、金华、义乌、温州的公路改造，扩大宁波与沿江、沿海的水上联运。并抓紧组织实施远期集疏运网络规划和前期准备工作。远期，要尽快建设杭州湾跨海大桥，萧甬铁路复线，宁波到金华、温州、深圳的铁路，宁波到江西、湖南、安徽、福建的高速公路，形成高效便捷、能大进大出的集疏运系统。

加快集疏运网络建设，必须要改革投融资体制，中央除了在财力上要给予必要的支持以外，还要在政策上给予特殊支持，鼓励地方政府和外商对交通基础设施的投入，以最快速度建立起以北仑港为中心的集疏运网络，并使集疏运网络建设和经营走上产业化的轨道。

第三，加强港口的经营管理。一是提高北仑港的揽货能力，扩大国际远洋集装箱的来源。北仑港由于起步较晚和其他各种因素制约，外部对它的优势不甚了解，也未形成利用的习惯，影响港口货物吞吐量的增加。因此，北仑港要强化揽货网络建设，针对港口"深、大、远"的特点，有的放矢地开展货运市场调研，主动出击，利用各种方式和场合、各种媒体和渠道，大力开展北仑港揽货说明会活动，在有关城市和企业设立货运代理点，方便货主，施惠于货主，让更多的货主了解北仑港，利用北仑港。二是按照港口国际化的要求，参照国际惯例，切实加强港口的口岸管理，实行24小时全天候服务，做好各项后勤服务工作，创建国际一流的港口软环境。

毫无疑问，北仑港建成国际远洋集装箱枢纽港之时，便是宁波市建成现代化国际港口城市之日，更是中国大陆港口在国际上的地位实现历史性的飞跃之际。

（原载于《经济丛刊》1995年第4期，有删改）

建设"海上宁波"的几点构想

一、建设"海上宁波"的必要性和紧迫性

1.21 世纪是海洋世纪，人口、资源、环境是当今世界面临的三大问题，开发海洋资源、发展海洋经济是人类生存和发展的迫切需要。宁波现有土地面积 9635 平方公里，拥有 526 万人口，人均土地面积仅有 2.3 亩，只及全国的 1/5，人均耕地面积 0.65 亩，只及全国的 1/2。人口的高度集中与相对贫乏的陆域资源，对宁波经济发展产生了极大的压力。而且，随着人口的不断递增和可开发陆域面积的不断递减，这种压力将越来越大。怎么办？或上天，或上山，或下海，以弥补和扩大生存及发展空间。上天难，上山也有限，下海则是行之有效的最佳办法。宁波地处东部沿海，海洋、海岛资源非常丰富，开发海洋前景十分可观。全市拥有 1488 公里海岸线，其中大陆岸线 788 公里，岛屿岸线 700 公里，滩涂总面积达 144.28 万亩；面积在 500 平方米以上的岛屿 356 个，总面积 249.1 平方公里。如此广阔的海域空间是我们再造"海上宁波"的资源基础，功能多样、类型齐全的海洋地质地貌为我们发展各类海洋产业创造了得天独厚的条件。因此，进一步开阔思路，拓展生存和发展空间，建设"海上宁波"，是宁波市跨世纪发展战略的必然选择。

2. 加快海洋、海岛开发，建设海洋经济大省是浙江"九五"计划和 2010 年远景目标提出的战略目标。宁波位于浙东沿海，大陆岸线占全省的 40%，海

岛岸线占 16.3%，是全省乃至长江三角洲地区重要的对外贸易口岸和全国四大国际深水中转港之一。因此，建设"海上宁波"是实施海洋经济大省发展战略的重要组成部分，必须围绕建设海洋经济大省这一战略目标，尽快确定宁波市海洋经济的发展战略。

3.海洋经济是高附加值、高科技含量的产业，具有广阔的市场和良好的发展前景，大力发展海洋经济可以改善宁波市产业层次低的缺陷，成为宁波市经济发展新的增长点，是调整产业结构、转变经济增长方式的重要举措。

4.随着科学技术的突飞猛进，大规模开发海洋资源的时机已经成熟；我国沿海地区经济实力雄厚，具备了综合开发海洋资源的基础条件；发展海洋经济已成为历史发展的必然选择。在世纪之交的关键时期，沿海各省市已争相推出实施海洋经济的发展战略。山东、辽宁、浙江、江苏、广东等省已相继提出再造"海上山东""海上辽宁""海洋经济大省"等口号，同时制定了战略目标和发展方向。大连、深圳、青岛、厦门等沿海城市竞相制定了海洋经济的发展战略。在沿海开放城市中，宁波的陆域开发开放处于第二层次的起跑线上，其开放步伐明显落后于经济特区等城市。在发展海洋经济的新起点上，宁波应该树立抢先一步的理念，争取跻身于第一层次。因此，及时制定建设"海上宁波"的发展战略是当前十分紧迫的一项重要任务。

二、建设"海上宁波"的资源优势及前景展望

建设"海上宁波"，我们初步设想可以从六个方面发展：

（一）滩涂

全市滩涂总面积 144.28 万亩，近期可开发面积近百万亩。根据宁波市"九五"计划及浙江省滩涂开发规划目标，"九五"期间将围垦滩涂 13.86 万亩，新增耕地面积 9 万余亩。同时近期尚可将大量的滩涂面积围成陆域，用以开发工业项目、水产养殖场、盐场、林场、牧场等。通过滩涂开发，可缓解宁波市土地不足尤其是耕地不足的矛盾。从长远看，随着科学技术的发展，滩涂的

开发利用将进一步提高到一个新水平，逐步向集约化方向发展。

（二）港口

宁波具有全国少有的大陆深水岸线。从港口发展的远景看，可开发的深水岸线达106公里，近期各类可利用岸线65公里，水域270平方公里，有大小锚地10个，其中最大锚地可泊30万吨级以上的巨型船舶。尤其是北仑深水港区，是国际上少有的深水良港，发展潜力相当大。象山、宁海、奉化、鄞县、慈溪、镇海等地都有建设港口的资源，是发展区域经济特别是临港型重化工业、加工贸易的重要支撑。

在港口建设上，我们不仅要把北仑港争取建成上海国际航运中心的深水港区和国际集装箱枢纽港，还要大力发展功能多样、大小灵活的地方港口，建立起符合市场需求、具有宁波特色的港口体系，形成以大港带小港，小港促大港，港口促城市，城市促港口的港港、港市互动发展模式。

（三）海洋生物及渔业

海洋生物工程是新兴海洋产业。在宁波海域范围内栖息繁衍着极其丰富的海洋生物，大型海洋鱼类、甲壳类、软体动物和藻类等生物至少在1500种以上，是我国海洋生物资源最丰富的区域之一，也是实施海洋生物工程的优越场地，可开发大型的海洋药物、功能食品、海洋化工等新兴产业。

海洋渔业的发展方向是捕捞、养殖和加工三业并举。海洋捕捞在定期休渔的基础上，实施"海洋牧场"工程，使渔业生产从"必然王国"走向"自由王国"；提高渔业生产效益，拓展渔场，壮大船队，购置大型拖网渔船及先进作业设备，逐步向远洋捕捞业拓展。水产养殖在进一步围垦滩涂、拓展面积的基础上，增加资金、技术投入，实行集约化经营，提高单位产量，逐步形成几大养殖基地。水产加工业重点发展一批技术含量高、出口创汇能力强、产供销一条龙的大型加工企业，扩大水产品深、精加工能力，使水产制品向高档次、高技术含量、高附加值方向发展，尽快使海洋渔业成为宁波市农业的支柱产业。

(四)临港型工业

大港口带来大产业。利用港口优势和区位优势发展重化工业,是宁波"以港兴市,以市促港"既定的战略方针。电力、炼油、精细化工、冶金、修造船等大型工业项目总体布局已经基本形成,1995年完成总产值155亿元,占全市乡及乡以上工业总产值的18.2%。争取到2000年重化工业成为宁波市工业经济的"半壁江山"。今后发展重点在科学规划、合理布局的前提下,进一步引进大项目,并以大项目为龙头,建立产业链,形成产业带,提高附加值,成为我国重要的临港型工业基地。

(五)海洋旅游业

宁波海洋旅游资源十分丰富,滨海及海岛风光绚丽多彩,各具特色。目前已开发或正在开发的有镇海招宝山、慈溪达蓬山、宁海天明山和南溪温泉等风景名胜,新辟的旅游新十景中有镇海古海防遗址、上林湖越窑遗址、石浦皇城沙滩、雁苍山自然风景区等景点位于沿海区域(距海岸线20公里以内)。旅游开发前景广阔,为了与现代化国际港口城市相配套,大力发展国际旅游事业势在必行。从"九五"时期到21世纪初,重点对海洋旅游景点进行科学规划,合理布局,分步开发,形成规模。各种配套设施齐全,逐步形成若干旅游热线。可选择风景独特、环境优美的海岛或滨海区域开辟旅游度假区,建立海洋水族馆、海洋游乐场等项目,形成独有的旅游特色。宁波海洋旅游业开发潜力极大,可发展成为海洋经济的支柱产业。

(六)海洋油气资源及其他能源的开发

根据国家海洋二所分析,靠近宁波市大陆的东海盆地是我国近海已发现的6个大型含油气盆地中最大的一个油气区,面积约46万平方公里。其中临近宁波市的浙东长垣构造带长达400公里,宽15公里,具有较好的开采价值,前景十分广阔。

我国海洋石油工业已初具规模,今年的海洋原油产量将达到1400万吨,天然气产量可达30亿立方米。目前主要开采基地位于南海海域。国家海洋石油公司对东海油气的勘查将近十年,已取得历史性的进展,预计到 20 世纪末油气开发将出现一个崭新的局面。海洋油气开发是海洋经济的主角之一,具有临港产业的导向作用,带动临港型重化工业及相关产业的发展。宁波市应积极参与和配合东海油气田的开发工作,进行相关项目的可行性研究和论证,确定建设项目的发展方向,为配合东海油气田开发做好准备。

其他海洋能包括潮汐能、潮流能和波浪能等,具有可再生、不污染环境、可就地开发等特点。象山港三门湾一带蕴藏着丰富的海洋能资源,可以结合围垦养殖、海洋化工、观光旅游等进行综合开发。

三、对策与建议

近年来,市委、市政府及各部门对宁波市海洋开发予以充分重视,采取了一系列行之有效的措施。尤其是港口及其集疏运网络建设、滩涂围垦、渔业发展等方面的开发工作成效显著。但是,海洋经济的系统性综合开发尚未形成规模,零打碎敲,缺乏统一领导和规划,发展战略目标和方向也没有明确。为了促进海洋经济的快速发展,早日建成"海上宁波",特提出以下对策及建议。

1. 尽快建立海洋开发领导机构。建设"海上宁波"是一项跨世纪的巨大的系统工程,涉及多领域、多行业、多学科、多部门,综合性极强,需要在经济效益、社会效益、生态效益统一的原则下协调发展。因此,要尽快建立权威性的领导机构,对开发海洋经济进行规划、管理、协调、监督,代表市委、市政府全面负责建设"海上宁波"实施工作。同时制定有关管理条例和相应法规,加强法制管理功能。总的思路是统一领导、整体规划、分级实施、综合开发、分步推进、政策灵活。

2. 着手制订规划,把建设"海上宁波"的战略研究工作提上议事日程。建设"海上宁波"是今后宁波经济发展的重要组成部分,应尽早充分开展规划制订和战略研究工作。规划的基本要求是:目标明确,思路清晰,布局科学,功能合理,步骤得当,措施有力。可由市计委牵头,会同有关部门开展建设"海上宁波"的战略研究，形成系列成果。在此基础上，制订较为完善的海洋综合开发总体规划，确定岸线及水域功能区，明确发展方向及战略目标、重点、任务、步骤和措施。要把海洋经济发展总体规划纳入全市国民经济和社会发展规划，并通过年度计划逐步加以实施。

3. 制定优惠政策，广泛引进外部资金、技术投入海洋开发。可参照陆域开发区的一些做法，建立海洋经济开发区。这类开发区可以多功能，港口开发、工业项目、旅游度假、海洋生物资源开发及应用研究等等都可以搞。同时制定各种配套的优惠政策，吸引国外、市外资金和技术开发海洋资源。对岛屿的开发，根据其功能特点，可采取比陆域开发区更为灵活的政策，鼓励投资者开发建设。

4. 充分发挥科技在海洋开发中的先导作用。实施"科技兴海"战略，依靠科技进步，促进海洋经济的发展。宁波科研机构、高等院校要设置海洋经济有关专业或学科，形成一支高水平的研究力量。与此同时，大力引进国内外先进的海洋开发人才和技术，消化、吸收国内外科技成果和成功经验。要增加投入，突出重点，努力提高海洋经济的科技含量，推动海洋经济的快速、健康发展。

5. 实施可持续发展战略，加强海洋环境保护。切实贯彻《中国21世纪议程》，坚持海洋资源保护与开发并重的原则，加强海洋环境保护。建立大海洋生态系统监测与保护体系和环境预报服务体系，严格控制陆域污染物和海上污染物的排放，防止、减少和控制海洋生态环境的退化和长期的不利影响，维持海洋生态平衡和海洋资源持续利用。

（原载于《宁波经济》1997年第1期，有删改。与张明华合著）

宁波港国际集装箱合理运输系统研究报告

一、集装箱合理运输系统研究的基本思路

1. 21世纪是太平洋世纪，世界经济的重心将向以中国为代表的亚太地区转移，而中国又以上海为龙头的长江三角洲和长江沿江地区最具有发展潜力。随着世界经济一体化进程加快，改革开放的中国经济将逐步与世界融为一体。我国国际贸易的90%依靠海运，然而我国现在却面临着国际各大航运公司和周边国家与地区集装箱枢纽港的严重挑战，尤其是日本、韩国、中国台湾、香港、新加坡已形成大规模、高能力、高管理水平的国际集装箱枢纽港，吸引我国大陆大量的远、近洋箱源，目前长江三角洲地区远洋集装箱量的87.1%和近洋箱量的36.6%在境外中转，这对我国发展国际集装箱运输构成巨大的威胁和竞争态势。建设上海国际航运中心和国际集装箱枢纽港就是要解决我国大陆国际集装箱在境外中转的问题，提升我国在环西太平洋地区，乃至世界的政治、经济地位。

2. 上海港与宁波港共同组成上海国际航运中心国际集装箱枢纽港，上海港为基础港，宁波港作为上海国际航运中心的深水港区，主要承担大陆国际远洋集装箱的中转任务。近洋箱量由各港口就近运输，实行合理分工，优化运输。

3. 加快航运中心内各港的建设进度，提高国际集装箱的处理能力，尤其

是加快远洋集装箱的处理能力，增辟航线，加大航班密度，以逐步降低长江沿江地区和长江三角洲国际集装箱在境外中转的比重，努力使经境外中转的箱量降到最低水平。

4. 在国际航运市场竞争日趋激烈的情况下，船运公司纷纷走上集装箱船型升代之路，以适应集装箱运输环球化、干线化的趋势，实现规模经济效益，寻求更多的市场份额。同时，世界各大港口通过建设深水泊位或改造现行泊位等方式，迎合世界集装箱船队大型化发展的需要。

5. 研究集装箱合理运输系统的关键点是运输的合理性和系统性。所谓合理性，就是在一定条件下选用最有效的运输方式、运输工具、运输路径和港口转运，以最少的资金和时间消耗，实现集装箱的空间有效转移。所谓系统性，是指研究集装箱运输的全过程费用和时间，而不是仅仅分析研究某一环节或某一段空间的运输费用和时间。否则，将会以偏概全。集装箱合理运输系统是一种相对的运输优化状态，它将随着港口吞吐能力、口岸服务、海运业的发展水平、航运市场的发育程度、集疏运网络、运输工具、经济政策等因素的变化而变化。

6. 按照国务院《关于研究建设上海国际航运中心有关问题的会议纪要》（国阅〔1996〕34号）提出的"尽快建成上海国际航运中心"，"建设上海国际航运中心，必须认真贯彻党的十四届五中全会提出的实现两个根本性转变的精神，以市场为导向，以提高经济效益为中心，充分利用现有设施，加强港口的技术改造，积极挖掘潜力，加强协调配合，切实转变经济增长方式，以最小的代价取得最大的效益，促进我国对外贸易的发展"，"新港址不仅要考虑技术指标，还要考虑市场和效益，考虑国力的可能，要量力而行"和中央经济工作会议提出的经济建设要避免大而全、小而全的要求，确定北仑港为上海国际航运中心新港址，并以北仑港和上海港作为研究对象，据此分析集装箱合理运输系统。

二、国际集装箱经北仑港中转与经上海港中转比较

（一）国际集装箱运输费用和时间构成

国际集装箱运输从出口商到目的港，如果是直达运输，一般由三个环节构成，即集装箱货源地到起始港、起始港转运、起始港到目的港。与此相对应，国际集装箱全过程运输费用和时间由内陆运费和时间、起始港装箱费用和时间、海上运费和时间组成。如果需在境外转运，则还要加上境外转运的费用和时间。为了方便研究，我们着重分析直达运输。对境外转运，则在直达运输研究的基础上，再考虑境外转运费和时间。因此，研究集装箱合理运输费用和时间的实质问题是分析比较内陆运费和时间、起始港装箱费用和时间、海上运费和时间。

（二）内陆运费和时间

1. 内陆运费。

（1）集装箱货源地节点、运输方式的确定。根据对经济腹地的调查和分析，选取六个节点：湖北省的武汉，湖南省的长沙，江西省的南昌，江苏省的南京，浙江省的杭州，安徽省的合肥。其他腹地离上海港和北仑港越远，内陆运费的相对差异越小。腹地集装箱起运节点至上海港或北仑港运输方式有铁路、公路和水路三种。

（2）费用比较。

A. 公路。集装箱货源地节点到上海港或北仑港的公路运费 = 运距 × 运价率 + 桥境费。对同一承运主体来说，承运同一货主的集装箱到上海港或北仑港的运价率是一样的。公路桥境费依据价格管理权限均由省级政府统一制定。各节点到上海港或北仑港桥境费的差异度主要体现在浙江省和上海市，而浙江省和上海市公路桥境费的正常水平是基本一致的。所以，节点到两港公路运费和时间的差异基本取决于运距的长短。

B. 铁路。节点到上海港或北仑港运费和时间差异完全取决于运距长短，

因为铁路运价率全国统一。

据此,我们把各节点到上海港和北仑港的陆上运费比较如下:

南京、合肥集装箱选用铁路运输到上海港,比到北仑港可节省运费213元和209元;选用公路运输到上海港,比到北仑港可节省运费分别为1122元、546元。武汉、长沙、南昌集装箱选用铁路运输到北仑港,比到上海港节省运费29元、29元和23元;选用公路运输到北仑港,比到上海港节省运费分别为732元、300元、300元。杭州集装箱到北仑港,铁路运费与到上海港相同;公路运费比到上海港节约312元。

C. 水路。如果由干线船公司开辟内支线,那么,对出口商来说,这六个节点集装箱到上海港或北仑港的内陆运费是一样的,按照航运惯例,水路运费由干线船公司负担。

2. 时间。

一般来说,运距短则运输途中消耗的时间就省。按照上海港和北仑港在其经济腹地所处的地理位置,我们认为杭州以南货源地到北仑港的途中时间比到上海港少,约半天,而上海以北货源地到上海港的途中时间比到北仑港少,也约半天,武汉到上海港比到北仑港的途中时间略为多一点。

(三)港口装箱费和时间

目前,上海港的码头装箱费为宁波港的1.5倍,上海港平均每标箱装箱费为66美元,北仑港为44美元。时间基本相同。

(四)海上运费和时间

1. 主要航线船型方案比选。在考虑海运费用时,我们主要根据船型规模的大小来确定单箱运输成本,根据规模经济原理,船型规模越大,单箱运输成本越低。根据调查分析,到西北欧,5万吨级巴拿马型船的单位运输成本只是4万吨级船的84%,是3万吨级船的64.1%;去美东,5万吨级巴拿马型船的单位运输成本只是3万吨级船的65.8%;去美西,5万吨级超巴拿马型船的单位运输成本只有3万吨级船的67.6%;去大洋洲,4万吨级船的单位运输成本只有 2 万吨级船的 70.9%；去地中海和中东，5 万吨级船的单位运输成本只有 3 万吨级船的 76.3%。显然，去西北欧、美西、美东、地中海、中东等地的干线船舶以 5 万吨级巴拿马型或 5 万吨级超巴拿马型为最优船型。上海港由于航道水深条件所限，5 万吨级船舶很难自由进出，而北仑港具有经济合理运输的相对优势。

2. 海上运费和时间。

目前，经上海港出运的远洋集装箱有的经境外中转到目的港，有的直航至目的港。我们选取经中国香港或神户中转到西北欧和美西为例，同时考虑到始发港一般不可能满载，因此，上海港为起点直航欧美的船型以第三代集装箱船型为代表，直航和到境外中转的运费依据交通部水运科学研究所的调研资料，宁波港为起点直航欧美的船型以第四代超巴拿马型集装箱船为代表，运输成本按上述的相对单箱运输成本比例折算，并以两港的装载率相同为前提，那么上海港和北仑港为起点的欧美集装箱运输费用测算如下。

上海港到西北欧直达或经中国香港、神户中转，比北仑港直达西北欧单箱运输成本分别增加 210 美元、360 美元、585 美元。上海港到美西直达或经中国香港、神户中转，比北仑港直达美西单箱运输成本分别增加 150 美元、450 美元、675 美元。上述运行路线，上海港出运经境外中转比北仑港直航多耗时 3.5 天左右。

（五）结论

综合考虑内陆运输、码头装卸、海上运输的费用和时间几种因素，分析得出上海国际航运中心经济腹地范围内六个节点的合理运输路线为：

1. 武汉到宁波的铁路距离比到上海略近，公路距离更近。

2. 南昌、长沙、杭州的集装箱通过公路、铁路运到宁波港比运到上海港距离更近些。

武汉、南昌、长沙、杭州到西北欧集装箱，通过宁波港出运比通过上海港直达出运每标箱可节省相对运输成本 250 美元左右，到美西节约 200 美元左右,时间可缩短约 1.5 天;如果与上海港经中国香港、神户中转的比较,相对运输成本可节省 350—700 美元,时间可缩短约 2—3 天。

3. 合肥、南京的集装箱通过公路和铁路运到上海港比运到宁波港距离更近,费用更省,时间可缩短半天。但南京和合肥到美西和西北欧的集装箱,通过宁波港直航出运比通过上海港直航出运,单位运输成本可节省 50—100 美元,时间可缩短 1 天左右;如果与上海港经神户、中国香港中转比较,每标箱单位运输成本可节省 150—450 美元,时间缩短 3 天。

三、几点建议

第一,要优先发展北仑港国际集装箱干线运输,增加航班密度,使北仑港成为基本港,降低运价,增强对腹地货源的吸引力。同时,大力开辟沿海、沿江港口到北仑港的内支线,增加内陆和沿海、沿江地区集装箱对北仑港的喂给,构建北仑港干支线转运格局。

第二,大力发展中长距离的铁路集装箱运输。发展铁路集装箱运输的意义在于:一是降低集装箱内陆运费,据测算,在现行的运价水平条件下,同样的运距,铁路运费远远低于公路运费,例如,南昌到宁波铁路运距 786 公里,公路运距 799 公里,而运费,走铁路只需 592 元,走公路却需 4794 元。当然走铁路还要考虑增加一次装卸费和铁路附加费。但是一般运距超过 500 公里,铁路运输比公路运输经济。二是有利于发挥北仑深水港的优势,扩大腹地,例如,南京到上海港与到宁波港,铁路运费只相差 213 元。三是能缓解公路交通拥挤,减少公路交通事故和降低环境污染等负面影响。

第三,在全国公路、铁路规划和建设时,要着眼于发挥上海国际航运中心北仑深水港的优势,不断完善以北仑港为中心的集疏运网络,促进内陆经济和港口运输业的快速发展。

(原载于《经济丛刊》1997 年第 3 期,有删改。与叶文涛、陈宝华合著)

厦门港发展国际集装箱运输的经验及对宁波的启示

厦门港是我国东南沿海的重要港口,港阔、水深、不冻、不淤、避风,是著名的天然良港,万吨级船舶可随时靠泊码头,5万吨级船舶可乘潮靠泊。目前,全港共有生产性码头73个,其中1万吨级至5万吨级码头10个。厦门港的发展目标是国际性、多功能、综合型、现代化的港口,其中国际集装箱吞吐量发展计划是:2000年150万TEU,2010年200万TEU。

厦门港经营集装箱运输业务始于1983年,与宁波港基本同步。现有集装箱泊位4个,其中货主泊位1个,集装箱吞吐能力已近100万TEU。近五年来,厦门港集装箱运输发展迅猛,从1992年到1996年,集装箱吞吐量平均每年递增39.1%,吞吐规模几乎是每隔一年翻一番,即1992年10.7万TEU,1993年15.4万TEU,1994年22.7万TEU,1995年30.97万TEU,1996年40.02万TEU。尽管增速与宁波港同步,但吞吐规模已高出宁波港一倍。厦门港现辟有中国香港、日本、新加坡、韩国、地中海、美东、美西等航线,每月有国际集装箱航班达160多班,港口装卸效率达每小时35TEU左右,最高的曾达每小时59TEU,在国内和国际均属先进水平。1996年福建省近70%的国际集装箱从厦门港出运。

一、厦门港发展国际集装箱运输的主要经验

厦门港发展国际集装箱运输论港口航道和岸线水深不如宁波北仑港,也没有对货代企业下达揽货任务,更没有给予经济奖励和考核,为什么能快速增长,并能做到福建省的国际集装箱有近70%从厦门港出运?笔者认为他们的主要经验是:

(一)摆正港口地位

厦门市委、市政府针对厦门市区位和身为经济特区经济开放度大等特点,确立以港兴市战略,并且面对周边港口的发展态势,树立强烈的竞争意识,把港口作为厦门经济发展的重中之重,放在优先发展的地位。市领导和各有关部门都十分重视港口发展,齐心协力抓好各项工作。1988年,厦门港由省管下放到市管,并对港口实行"放水养鱼"、以港养港政策,港口利润不上交,所得税按15%计征,在土地使用等方面为港口发展大开绿灯,凡与港口发展有矛盾的项目,一律为港口发展让路。市政府对有关部门明确港口发展任务,签订责任状,市领导经常听取港口发展工作汇报,并深入基层解决实际问题。厦门市领导认为,有利港口发展的事,有钱要干,没有钱也要干,不干不行,不真干不行,速度慢了不行,不进则退,没有竞争意识,就会落后,就没有出路。

(二)培育竞争机制

厦门市政府和有关部门认为,发展国际集装箱运输要转变观念,克服计划经济体制下传统的货源组织办法,要充分发挥市场和社会的力量,遵循客观规律,培育竞争机制,以市场为导向,建设和发展航运市场。一是培育揽货竞争机制,该市现有25家经外经贸部批准的货代企业,有20多家货运中转站,其中以厦门港务局为主的货运中转站就有10多家。为了广揽货源,该市在遵守经贸部制定的有关政策前提下,积极用足用活政策,大力发展二、三级货代企业,鼓励船公司组织货源,培育竞争主体,开展有序竞争,促使货代企业为了生存努力向外拓展货源市场,把揽货触角和网络向市外、省外发展。货

运中转站自1993年开始建设,有效地发挥了揽货、装箱、拼箱、拆箱、提箱、还箱和堆存等作用。各货代企业、货运中转站竞争如火如荼。二是培育口岸报关竞争机制。该市现有13家报关行,集中在联合报验中心一个大厅里办公,按照去年的吞吐量每家报关行报关业务量平均3万TEU,比宁波市少60%左右。货主可以随意选择服务优质的报关行,而报关行在公开、公平的竞争中,为了获得更多的报关业务,要不断改进服务,提高工作效率。

通过竞争,提高了厦门港的揽货能力,增加了货源;通过竞争,提高了口岸报关服务质量。通过培育竞争机制,达到了政府引导市场、市场引导企业的目的。

(三)抓住口岸重点

发展集装箱运输的关键是货源,而影响货源流向的关键是口岸服务。口岸查验具有单位多、分布较散、环节多、政策的原则性和灵活性较强、对发展集装箱运输推动力较大等特点。因此,厦门市把建设一流的口岸服务作为发展国际集装箱运输的重点来抓。早在1989年厦门市就在全国率先搞口岸查验单位联合办公,力求提高服务质量和工作效率。但由于种种原因,联合办公运作一年后中断。1992年该市有关部门再度构划口岸联办方案,经过调查研究,反复论证,提出了联检中心建设方案,其主要内容是:融五个环节、四个中心、三个功能于一体。五个环节是:船公司、港务、口岸、运输、货主。四个中心是:报关中心、运输市场中心、贸易洽谈中心、运输信息中心。三个功能是:协调管理功能、生产经营功能、口岸服务功能。该方案计划总投资约1.4亿元,分两期建设,1993年开始第一期工程建设,建筑面积3800平方米,投资1900万元,已于1995年8月竣工,并投付使用,第二期工程也将于年内完工。目前,联检中心可为货主提供的优质服务有:货主可任意选择13家报关行,大型电子屏幕不停地报告船期和价格信息,办事程序公开,收费公开,电脑随意咨询,六天工作制,货主在一个窗口递交单证后,就可在电视屏幕上及时了解手续的流水环节,直到全过程结束。过去货主办理报验手续需奔三四家查验单位,现在一个窗口就可完成;过去需要一星期办完报验手续,现在不足半天就行,大大地简便了手续,节省了时间和费用,方便了货主。基本做到了合理收费,透明管理,一条龙服务。口岸联检中心正式运作一年多来,深受货主欢迎,除了收到一条在联检中心禁止吸烟的建议外,至今未发生一起投诉事件。由于口岸出运环境的改善,增强了港口的辐射力,增强了揽货能力,确保了集装箱出运的畅通,有力地吸引福建省的货源包括福州、泉州等地集装箱甘愿舍近就远到厦门港出运。

(四)谋求协调发展

厦门市根据港口集装箱运输涉及部门多、环节多、货主分散、货物出运时效性强的特点,特别重视口岸整体功能的发挥、部门的同心协力和物质文明与精神文明的协调发展。一是对各查验单位工作中的实际困难和要求,在全市统一规划、统一平衡、实事求是、精打细算的基础上,给予合理解决。如办公用品的集中安排,加班费的酌情支付等,较好地杜绝了重复建设、多头支付和一些不合理的要求,阻止和遏制了某些不良思想倾向。二是既抓物质文明的硬件建设,又抓精神文明的软件建设。他们在统一规划、集中财力,不惜花费1.4亿元巨资建设联检中心的同时,要求口岸查验单位正确处理中央利益和地方利益的关系,正确处理遵守原则与积极灵活的关系,并对口岸各查验单位实行严格的管理,对不合理的查验行为敢管敢抓。在口岸联检中心,设立投诉举报箱,建立和公开办事制度,开展优质服务评比和竞赛;还把各查验单位的服务质量及时向其上级反映,沟通情况,形成无形的监督和约束机制。中央和福建省有关领导对厦门联检中心给予高度评价,认为不仅是口岸查验服务的样板,还是口岸精神文明建设、纠正行业不正之风的榜样。三是特殊的组织机构设置,厦门市交通委和口岸办是两块牌子一套班子,港务局是处级单位,归属市委领导,交通委、口岸办领导善谋大思路,抓大事,敢抓事,加上这种特殊的组织机构设置使有关部门顾大局,讲效率,不扯皮。在货代企业管理上,工商部门与贸发委也能密切配合,形成合力。

二、对宁波港的几点建议

厦门港的经验对我们很有启发,现就宁波港发展国际集装箱运输提出一些看法。

宁波港作为我国四大国际深水中转港之一,长期以来得到了中央、省、市的关心和重视,改革开放后特别是1990年以来,宁波港发展迅猛,货物吞吐量连年上台阶,"八五"期间年均递增21.8%,1996年跨入全国沿海港口第三名,为到2000年实现亿吨大港奠定了重要基础。1996年国务院做出加快建设上海国际航运中心重大决策,并明确指出要充分发挥北仑深水港的优势,大力组织国际集装箱干线运输。在省、市领导的高度重视下,经过有关部门的共同努力,宁波港的工作效率、口岸服务、集疏运网络建设、揽货能力等有了一定提高和改进,集装箱吞吐量达到20万标箱,列全国沿海港口第九位。但是,与建设上海国际航运中心的要求,与中央领导对宁波港的期望,与先进港口相比,宁波港和口岸环境还有一定差距,尤其是集装箱吞吐量与"大港"不相吻合。我们认为宁波港发展国际集装箱运输的硬件较硬,软件较软,工作的重点要放在改善软环境和揽货方面,要狠下苦功夫,真抓实干。

(一)进一步改善口岸服务

1.要充分认识口岸服务在港口集装箱运输中的重要作用,要充分发挥政府在改善口岸服务上的积极作用。应该肯定,宁波口岸在宁波和浙江对外开放中发挥了积极作用,管理和服务水平有了较大提高,并且还将继续提高。同时,随着对外开放的不断扩大,宁波口岸工作也面临着一定的人力和物力困难。但是,我们清楚地意识到宁波口岸出运环境与兄弟地区先进口岸相比较还有一定的差距,与发挥宁波港优势的要求也有一定的差距。据统计资料分析,宁波口岸辐射力下降,1990年宁波口岸进出口值是宁波市进出口值的4.21倍,1996年下降到1.33倍;其中出口服务值基本与宁波市出口值相近,1990年宁波口岸出口值是宁波市的2.26倍,以后逐年下降,到1996年只有0.94倍。显然这与建设华东地区重要的对外贸易口岸的目标是不相称的,相差甚远。据悉,口岸报关办理单位巧立名目乱收费,擅自违反政府规定,视政府文件于不顾;萧山、绍兴,甚至宁波的部分集装箱舍近就远从上海港出运,1996年浙江省除宁波市以外的集装箱,仍有60%左右从上海港出运,除了外商指装、航线航班运价等原因外,宁波口岸出运环境差也是重要因素之一……凡此种种问题,进一步改善口岸出运环境,真正做到服务水平高于上海、收费水平低于上海乃是加快发展宁波港集装箱运输的关键之一和当务之急。我们认为如何正确处理遵守中央的政策法规与促进地方经济发展的关系,正确处理合法与合理的关系,正确处理把关与提高管理水平的关系,这是改进口岸服务的思想基础。为此,建议市政府及有关部门应向口岸各查验单位进一步讲清道理,统一思想认识,讲清没有口岸进出口规模的扩大,就不可能有口岸查验单位的地位提高。口岸进出口规模决定查验单位的地位,这是皮与毛的关系。口岸查验没有原则不行,缺乏灵活也不行。扩大宁波口岸进出口规模和辐射力的主要途径是改进服务,增强吸引力,真正做到既能有效监管,又能方便进出。如果没有口岸服务的改善,宁波市集疏运网络建设投入再大,其结果也会因口岸软交通卡壳而被其他港口和口岸所利用。如果政府在改善口岸服务上不狠下化解矛盾的功夫,提高口岸服务水平就会缺少推动力,也会助长一些不正之风。那宁波的港口建设、揽货建设、集疏运网络建设、口岸硬件建设等就收不到应有的效果。

2.加强口岸建设的统一规划,切实解决口岸查验中必须解决的实际困难,提高整体效益。近年来,随着对外开放的不断扩大,口岸查验力量和工作条件一时跟不上形势的发展。在市政府、宁波港务局、保税区、开发区、大榭岛和口岸各查验单位的共同努力下,增加了一定的口岸基础设施投入。但是,口岸查验单位比较分散,有的利用率不高,有的重复建设,各单位间也不平衡,整体效益不够理想。关键原因是缺乏统一规划和通盘考虑。建议市政府以建设华东地区重要的对外贸易口岸为目标,对口岸各查验单位的基础设施和功能布局进行合理的统一规划和调整,减少投资浪费,防止专项投资挪作他用等不良现象的滋生。同时,对口岸查验单位确因工作需要而又人力不足所造成的加班加点,应给予合理的经济补偿,对办公中的实际困难也应给予适当的解决。

3. 对现行出台的《关于加快发展宁波港国际集装箱运输的若干优惠政策》贯彻落实情况,要进行一次检查,违者要教育和查处,决不能含糊。

4. 向青岛口岸学习,尽快实现口岸报关无纸化,提高工作效率,降低费用,节省时间。

5. 加强协调,加强沟通,增强理解。建立口岸查验单位和港方与货方等单位沟通联络制度,定期或不定期召开会议,或走访,或接待,增进相互了解,及时沟通情况,取得互相理解,自觉改进服务,促进有关各方做好工作。

6. 建立口岸查验信得过单位免检制度,简化手续,加快放行。对出口信誉好的出口企业,实行免检免验,但不搞终身制。每年可抽查几次(票),如违反政策和法规者取消免检优惠。

(二)进一步发展集装箱揽货网络,加强揽货

1. 尽快建立内陆集装箱中转站,明确牵头部门、责任人、工作进展和要求,并加强协调和督促检查。

2. 进一步发展支线运输。温州、海门港到宁波港的支线已经开通,今后的支线运输可分三步走,第一步抓紧向交通部汇报和协商,尽快开通已具备条件的国际支线。第二步,争取开通乍浦港到北仑港的内支线,为实现浙江的货尽快从宁波港出运发挥重要作用,同时为吸引苏州、无锡等地货源创造条件。第三步,争取开通长江沿江和国内沿海到北仑港的内支线。

3. 完善集装箱揽货激励机制,制订奖励办法,加强对货代企业集装箱揽货指标完成情况的考核,对于超额完成揽货指标的货代企业进行奖励和税收优惠。

4. 培育竞争机制,增强揽货能力,规范货代市场。为了发展集装箱揽货,

既要规范货代市场,又要用足用活政策,引导社会力量参与揽货。发展揽货主体,培育竞争机制,增强揽货主体经营动力和风险意识,引导货代企业走向市场参与竞争,引导货代企业积极向外拓展市场,扩大揽货。要克服增加货代企业会影响现有货代企业效益、加剧货代间竞争和影响市场秩序的对立观点。要清醒地认识到,竞争规律是市场经济的根本规律,没有足够的经营主体,就难以开展市场竞争,没有竞争就没有经营动力和压力,就没有优胜劣汰,就不会有发展。市场秩序只有在竞争中规范和完善。因此,政府部门一要认真利用和发挥货代经营权及订舱配载权在发展揽货中的积极作用,在揽货经营权和订舱配载权实行总量控制的前提下,对每年度达不到一定数量揽货业务的货代企业,在年审时应取消其经营权,由政府或货代协会将经营权进入市场竞让。竞让对象可以是市内,也可以是市外,但竞让获得者必须要为宁波港提供一定数量的货源。二要积极发挥宁波港务局和船公司在货源组织中的积极作用,在大力发展一级货代企业的同时,要积极发展二、三级货代企业,并形成以一级货代企业带动二、三级货代企业,二、三级货代企业促进一级货代企业的发展模式,要赋予宁波港务局揽货经营权,鼓励船公司参与货源组织工作。三是货代协会要加强货代市场的管理和协调。

5. 抓紧开展"海铁联运",扩大揽货腹地。尽快提出开展"海铁联运"的实施方案,落实责任部门和人员,并尽快进入实质性工作,争取今年有铁路国际集装箱进入宁波港。

(三)进一步提高港口作业效率,加强码头作业管理

加强码头与查验单位的协调和配合,尽快使港口装卸效率达到国内先进水平,减少因码头吊箱不及时而造成的查验时间损失。

(四)进一步发展航线,以航线吸引货源

在箱源基础一定的条件下,航线和航班对货源出运港选择起着重要的作用,上海港和厦门港的实践证明了这一点。在航线发展上,我们不仅要发展干线,也不可忽视支线。因为只有较多的航线,才能形成宁波港繁荣的航运

市场,才能形成船公司间的竞争,降低运价,强化揽货,扩大吞吐规模。我们千万不要认为支线多了会影响干线发展。其实不然,港口航线发展的一般规律是:先支线,后干线试航,再干线正式运行,最后是增加航班密度。没有支线的充分发展,就不可能有干线的发展。一般来说,支线形成规模,干线提高质量。没有一定的规模基础,船公司就不会来开辟干线。目前,宁波港每月近70个航班不算多。因此,我们要在大力发展航线的总体指导下,不论是支线还是干线,只要有船公司愿意来开,就应欢迎和支持。

(原载于《经济丛刊》1997年第3期,有删改)

论宁波对外开放新思路

面对国际国内新形势，今后宁波市对外开放要紧紧围绕建设社会主义现代化国际港口城市的宏伟目标，积极实施以智取胜、以质取胜、以优取胜的发展战略，真正坚持效益第一的原则，抓重点、全方位、高层次实行双向开放，实现对外开放的新飞跃。

遵照上述指导思想，宁波市对外开放在"研、人、港、资、贸"五字上要有新的思路。

1. 研。也就是要加强对外开放的研究。对外开放研究工作是一项重要的战略性工作和基础性工作，也是摆在我们面前的一项十分迫切的重要工作。过去十几年，宁波市对外开放取得了较大的成就。但是，也有不足，主要表现为，一方面认为集大陆优惠政策之大成，具有很强的政策优势和港口优势，另一方面却没有充分利用和发挥优势，政策用得不活；对外开放在政策优势逐渐弱化、主要出口商品国内外差价缩小、汇率和出口退税税率变动的新情况下，缺少新思路、新点子、新措施；对外开放缺乏竞争力和发展后劲，缺乏新优势，缺乏战略、战术的指导，缺乏深谋远虑，干今天的多，思明天的少，差距拉大等等。这些与缺乏对外开放的研究密切相关。对外开放竞争日益激烈，不"研"则退。光凭过去"体力型"为主的对外开放难以支撑新的飞跃。对外开放已经进入了从规模型向效益型转变，低层次向高层次转变，"体力型"向"智力型"转变的新时期,如果没有研究工作为先导,就不能很好地实现这些转变。

当前,对外开放的研究任务很重,很迫切。例如,宁波市对外开放的发展战略、目标、重点、阶段任务、政策措施,宏观经济政策变动对宁波市对外开放的影响,我国参加世界贸易组织对宁波市对外开放的影响,对外开放的发展趋势,世界经济和市场变动趋势,如何重新创造新优势,如何按照国际惯例办事,如何进一步吸引外商投资,如何扩大出口,提高出口效益,如何发展对外经济技术合作,如何参与对外竞争等等,这些新问题、深问题都需要组织力量加以认真研究,理清思路,指导工作,制定相应的方针和政策。反之,我们就可能会盲干、蛮干,会在竞争中落伍。

最近,特别需要引起注意的是,社会上很多同志认为对外开放的优惠政策弱化了,特别是开发区的政策优势消失了。其实这是一种误解。不可否认,我国现行的一些对外开放政策有所调整,开发区建立初期中央给予的某些优惠政策已经到期。但是,从宏观上和发展趋势来看,我国要完成从计划经济体制向市场经济体制过渡,最终建立社会主义市场经济,向国际市场接轨,对外开放作为我国的一项基本国策,在今后不仅不会变,而且将更加开放,这是判断对外开放政策的大前提。那么,在对外经济政策体系上必须要继续实行全面的改革。作为开放政策的整体,其优惠性必将是始终存在的,只不过是表现形式会有所不同。不然,国家和政府就缺乏调控手段,很难继续推动对外开放。任何一项具体政策是相对于某一具体时间、具体形势、具体条件制定的。某项优惠政策消失后需要根据新的情况、新的问题制定出新的优惠政策。

中央不会轻易地把优惠政策送给地方。关键是地方政府会不会研究出新政策,会不会以充足的理由向中央政府争取优惠政策。前几月,浦东新区出台五条特殊的优惠政策,是浦东新区自身研究、积极争取,中央认可和支持的结果。所以,对外开放的优惠政策不会消失,取决于我们会不会研究和争取。还需要引起特别注意的是,今后中央制定优惠政策的趋势将由过去的地区优惠转向产业优惠。但也不能完全否定出台区域性优惠政策的可能,这种区域性优惠政策的最大可能是当条件成熟时,在某些地方实施自由贸易区的政策。在优惠政策的实施方法上,根据十几年的中央改革实践,还将是积极稳妥、先试点后推广的方法。试点就具有优惠性,具有率先效益。因此,政策研究要重视产业倾斜研究、自由贸易研究,争取试点。

在政策优惠上,我们更要引起注意的是,不能光向中央争取,地方政府本身也能有所作为。作为一级政府,拥有人权、财权等各种管理权限,只要能真正地解放思想,会用权,真抓实干,开明加高明地处事,优惠政策就在我们手中。

2. 人。对外开放要把人作为重要的内容。不论是招商引资,发展国际国内贸易,还是对外经济技术合作,都离不开人。人既是对外开放的主体,又是对外开放的客体。

从主体的角度来看,着重要开拓对外开放的思路,提高工作水平。一是要准确把握对外开放的目的和范围。对外开放的目的就是要以效益为中心,利用外部的市场和资源,促进本国或本地区经济和社会发展。这里的效益不是出口多少,而是利润多少。对外开放的范围服务于对外开放的目的。对地区经济来说,只要以效益为中心,符合本地区经济和社会发展的基本要求,国外是外,市外国内地区也是"外",都要把它们当作对外开放的范围。尽管这是一个极为简单的道理,但在实际操作中仍被束之高阁。很多企业放弃庞大的国内市场,宁愿少赚钱、微利甚至亏损也要大力发展出口。殊不知,外商投资中国,不就是看好中国市场吗?!有的企业置国内廉价的先进设备于不要,宁愿高价进口国外二手货、淘汰设备,甚至废品。有的企业和领导视国内投资商于不顾,宁愿"千辛万苦""跋山涉水"到国外去招商,殊不知,国内也有实力强大、技术先进、管理较好的投资者。当然,这些现象的产生有许多主客观因素,但从思想认识上没有真正按照市场经济效益第一的原则办事,那就是不论国外还是国内,不论是招商还是出口,只要符合国家法规和政策,只要对我有利,都要作为对外开放的对象,都要同样重视和优待。二是准确把握对外开放的流向。对外开放是双向的,我们不仅要组织国内货源,大力发展出口,还应根据国内市场要求,大力组织进口。我们不仅要招商引资,还要到市外、国外去投资。我们不仅要引进技术和人才,也要输出技术和人才。只有通过资源的双向流动和配置,才能获取最大的经济效益。三是要不断提高对外开放的工作水平,要根据形势的变化,不断研究新思路,制定新办法和新措施、新策略。

从客体的角度来看,一是要加大人才引进力度。建设社会主义现代化国际港口城市需要各种各样的中高级人才。目前宁波人才紧缺,有效的办法是制定优惠政策,大力引进人才,一方面从国内引进,另一方面要从国外引进。引进人才可以带动项目引进、资金引进、技术引进、先进的管理软件引进。引进人才有利于提高管理水平和劳动生产率,提高产品的质量。引进人才不仅要服务于生产和经营,服务于企业管理,还要服务于教育和培训宁波市干部、职工,提高宁波市管理者、生产者、经营者的素质。让外来人才培育本地人才。引进人才要有战略眼光,要舍得花本钱,不能急功近利。人才引进是最大的开放,其产生的效益是无法计量的。二是要扩大劳务及其技术输出。宁波市有丰富的劳动力资源,大部分劳动者具有一定的生产技能,劳动力成本与国外相比也有一定的优势,劳务输出潜力较大。输出劳务不仅能为国家创汇,提高输出者的收入,还能缓解社会就业压力,稳定社会,扩大国际市场信息来源,促进开放。因此,要有计划有步骤地组织好劳务输出,扩大劳务输出领域。认真研究劳务输出的方式和方法。积极做好劳务输出的预备队伍建设,加强输出前的基本技能、必备知识培训。根据当前宁波市劳务人员素质和国外生产、管理、环境的特点要着重探索团体劳务输出的新路子。

3. 港。港口国际化是宁波实现宏伟目标的重要内容之一,是宁波市发展战略的龙头。港口国际化决定了港口是宁波市对外开放的重点之一,围绕港口国际化应着力做好三方面的对外开放。第一,港口和集疏运网络建设。目前，宁波港已有大小生产性泊位50座左右，形成了较大的吞吐能力，1994年实际吞吐量已列全国第五位。但是，由于集疏运网络建设滞后，港口的经济腹地尚未打开，港口发展与港口国际化，与长江三角洲、长江流域开发开放的要求还相差很远，特别是国际远洋集装箱码头建设和航线开辟不能适应经济发展的需要。因此今后要大力引进外来资金加快码头和集疏运网络建设，提高港口的综合吞吐能力，特别是国际远洋集装箱的通过能力和沟通以上海为中心的长江流域地区的集疏运网络建设，扩大经济腹地，增强港口辐射力。第二，港口管理。港口国际化要求按照国际惯例管理港口。为此，要引进国际上先进的港口管理经验，聘请国外优秀的港口管理专家，或派员到国外先进港口去学习培训。加强口岸管理，完善口岸政策法规，提高口岸服务水平。第三，加强港口揽货能力，增辟国际远洋航线。要鼓励国内外货运、货代公司来宁波设立经营机构，到长江三角洲、长江流域设揽货点，扩大宁波港的货源和服务对象。同时，要吸引国内外船公司开辟宁波港国际远洋集装箱航线。通过上述三方面的努力，实现宁波港的国际化，真正成为上海国际航运中心的国际远洋集装箱枢纽港，成为我国原油、煤炭、液体化工、矿砂等大宗散货的转运基地，为中央的"长江战略"做出贡献。

4.资。也就是要继续吸引外来资金。今后引进外资要努力实现六大转变，即：从饥不择食向符合产业导向要求、优化投资结构转变，从直接引资为主向直接引资和间接引资相结合转变，从引进中小投资规模为主向大中投资规模为主转变，从中方引资为主向外方和外方合作引资转变，从投向加工业为主向投向工业、农业和第三产业转变，从依靠优惠政策引资为主向效益优越的投资环境、健全的制度和高效的管理、有吸引力的市场引资转变。在引资上，一要加强宁波自身宣传力度，积极向世界介绍宁波的发展战略、发展目标和优势，改善投资环境，吸引更多的国外客商特别是国际大公司、大财团到宁波兴办企业；二要吸引国内外实力强、管理和技术先进的三资企业、中方企业来宁波投资；三要积极探索间接利用外资的实现途径，诸如培育和发展规范化的股份集团到境外发行股票，吸引外资扩大资本来源，开展机械设备租赁业务，节约投资等等；四要建设和健全招商引资项目库，利用各种途径向外发布；五要正确处理企业开发招商，在政府宏观指导和区域产业功能培育、集中开发与分散开发、突出重点与面上发展、长远利益与眼前利益、引进与管理的关系。

5. 贸。也就是进一步发展对外贸易。一是要进一步创造条件，鼓励生产企业直接从事国际贸易，培植更多的出口主体。二是要进一步开拓多元化国际市场，在国外重点市场设立营销网络，建立营销机构，从事市场调研和预测、信息收集、产品推销业务。三是在积极发展出口的同时，要重视国内市场的开拓和利用，尤其是在人民币对美元的汇率上升，国内通货膨胀率较高，出口退税缩小，又不能如数及时兑现的情况下，发展国内贸易更为必要。一方面要像鼓励出口那样，鼓励市内生产和经营企业，强化国内市场销售网络建设，提高市场占有率，另一方面要依托港口和保税区的特殊政策优势，根据国内市场需求，有选择地开展进口贸易、保税贸易，建立矿砂、原油、重要生产资料和紧俏消费品为特色的保税区国际贸易集散中心。四是要提高出口产品质量，改进包装，树立和强化品牌意识，增强产品竞争力，实现以质取胜战略，提高出口效益，对具有质量优势的产品，要引导企业增加对品牌价值的投入，积极开展 CI 设计和产品形象系列宣传活动，对质量不高的出口产品，要加强指导，攻克难关，或改进管理，或引进先进工艺和设备，或改进包装等。据资料介绍，同样的产品，不同的质量，价格相差很大，同样的产品质量，不同的品牌，价格也相差很大，即便是同样的产品和质量，价格也有差别。总之，今后大力发展对外贸易，要在出口主体、产品质量、国际市场、国内市场、港口优势、保税区政策上狠下功夫，依靠庞大的出口企业队伍、多元化的市场、灵敏的国际信息、优质的产品，求得数量的扩大和效益的提高。

（原载于《回顾与展望·第 2 辑》，宁波出版社 1997 年 7 月出版，有删改）

入世对宁波港发展的影响与对策

一、我国加入世贸组织对宁波港发展带来了千载难得的机遇

1. 国际贸易将会更快发展，为港口运输服务创造更多的货源基础。我国加入WTO后，根据世贸组织的基本原则和与各成员方达成的协议，我国外贸出口可在各缔约国及地区享受最惠国待遇和非关税措施的减让，其中在发达国家和地区还可享受一种普遍的、非歧视的、非互惠的关税减让普惠制待遇，这将有力地增强我国商品出口竞争力，增加外贸出口。同时，由于我国降低关税，减少非关税措施，将有利于扩大外贸进口。目前世贸组织的134个成员方与中国的贸易占中国对外贸易的80%以上，我国入世后，可以预见这一比例必将提高。我国外贸进出口的90%是通过海运实现空间转移的。有关专家预测，随着外贸进出口的扩大，将使港口外贸海运量年均递增8%—10%。毫无疑问，这将给宁波港向国际中转枢纽港发展创造极为难得的良机。

2. 有利于宁波港建立和完善全球性的运输网络。目前宁波港已有国际集装箱运输境外航向9条，直达19个国家和地区，挂靠72个港口，矿石、原油、液体化工、木材等大宗散货与境外港口也有挂靠。加入WTO不仅能实施贸易自由化，使进出口贸易增加，而且有利于在134个成员方间实施市场多元化的战略，与更多的国家和地区建立贸易关系，真正实现全球性资源的最优化配置，从而有利于宁波港建立和强化全球性的运输网络，尤其是促进发

国际集装箱运输干线网络，与更多的国家建立直达运输，直挂更多的港口。

3. 有利于逐步解决外贸进出口不平衡矛盾，降低国际集装箱海运价格，增强宁波港的吸引力。长期以来，由于种种原因我国外贸出口大于进口，如1990年和1998年两者相比平均约为1.13:1。浙江省外贸适箱货出口金额与进口相比，1998年为2.79:1，其中宁波市为2.4:1，外贸进出口处于严重失衡状态。为了解决出口用箱需要，保证外贸运输正常进行，船公司必须从境外调运大量的国际集装箱空箱，而空箱调运费只能从出口重箱的运费中得到补偿，这样迫使出口运价上升。1999年宁波港集装箱吞吐量完成60.1万TEU，由于进出口贸易不平衡造成的空箱调运量占28.4%，其中出口空箱占出口量的9.4%（低于正常水平），进口空箱占进口量的48.3%，空箱调运率高于全球平均水平5个百分点以上，也高于上海港。目前从宁波港出运的国际集装箱运价高于上海港，空箱调运率偏高是主要因素之一。如果把宁波港的进口空箱调运率下降10个百分点，出口运价至少可下降5个百分点。入世后，进口的增加，对降低宁波港空箱调运率，降低海运价格，增强港口竞争力将产生极为重要的作用。

4. 有利于培育宁波港航运市场。航运市场是港口软件建设根本任务和集中体现，也是港口综合竞争力的重要组成部分。航运市场建设的基本要求是，创造运价低廉、运作高效、货物和船舶进出便捷、服务优良、保障有效的市场环境。其实现的途径是开放市场，建立竞争机制，规范市场运作。我国入世后，与运输有关的航线经营、集运、仓储、货运代理业、船舶代理业等将会逐步开放，国内外船公司将会到宁波港开辟更多的航线，给航运市场注入强大的活力，由此必将推动市场竞争，促使企业引进国外先进的技术设备，学习和借鉴国外先进的管理模式、经营理念和策略、现代化管理手段，降低成本，提高服务质量，加快航运市场建设。对政府来说会进一步重视航运市场建设，加强法制，规范市场行为，保障各方合法权益，促进市场健康发展。

5. 有利于扩大揽货，拓展宁波港腹地，促进宁波港进入良性发展循环。随着航线增加，海运价格下降，服务质量提高，货代企业揽货能力将大大增加。开放市场使船公司、货代、集运经营主体增加，按照"饥饿"理论和竞争规律，企业为了生存和发展，对现有市场开展激烈竞争的同时，必将向市外、省外开拓新的市场，增加货源，拓展业务，从而扩大宁波港的服务腹地，进而使宁波港进入航线多、运价低、服务好而带动货多、货多促进航线发展、运价更合理、服务更好的良性发展循环，强化马太效应。

6. 有利于带动与港口航运相关的产业发展。随着港口运输的发展，将会带动货代、船代、集运、公路、铁路、船舶检修、外供、保险、电信等行业的发展，促进实施市委提出的"以港兴市，以市促港"发展战略。

二、对宁波市航运业的挑战

1. 对宁波港码头建设提出了新的要求。目前，宁波港吞吐能力在总体上是能满足运输需要的，但在结构上与运输需求还有一定的差距，重点是国际集装箱码头吞吐能力在近年内还跟不上发展的需要。按照国际惯例，码头的吞吐能力利用率只能控制在60%—70%，以保证船舶靠离码头的时间要求。1999年底宁波港国际集装箱码头吞吐能力利用率已达85%左右，今年将超负荷运行。这种状况不利于吸引船公司开辟新的航线，不利于满足船公司的服务要求，不利于适应入世后外贸进出口的较快发展，也会制约港口自身发展。

2. 对宁波口岸服务提出了更高的要求。近年来，在有关各方的共同努力下，宁波口岸服务有了明显的进步。但与宁波港建立国际深水中转港特别是国际集装箱枢纽港的目标要求还有很大的距离，没有自由港的政策和运作机制及其服务质量，口岸服务还没有与国际接轨。

3. 与航运相关的企业竞争将会日益激烈。受影响最大的可能是货代企业，尤其是中小货代企业。因为货代业开放后，不仅经营主体增加，竞争加剧，而且外贸生产企业有可能继拥有进出口经营权后增加货代经营权，从而无须像现在这样货物出运必须通过代理订舱通关，自己可直接办理外运手续，达到减少环节、提高效益之目的。其次是集卡运输企业,一方面外资企业凭借其雄厚的资本和管理实力,用先进的集卡优良服务参与市场竞争,赢得客户;另一方面,货代规模大的企业凭借其货运量优势发展延伸服务,进入集卡运输业,这样服务差、集卡设备落后、规模较小的集卡企业必将受到严峻的挑战。

4. 建立公开、公正、公平,运作规范有序的航运市场是一项十分重要和紧迫的任务。目前,宁波港航运市场发育相对滞后,法制不健全,有的行业经营无法可依,有的执法不严,有的缺乏商业信用,行业管理不公正、不规范,甚至出现真空,不利于航运市场健康发展,也不利于宁波港航运业的快速发展。

三、发展对策

1. 认真学习世贸规则,特别是有关运输服务规定和我国入世协议的相关具体内容,进一步分析和研究对宁波港航运业发展的影响和对策,增强机遇意识、竞争意识、法规意识和服务意识,牢牢把握发展主动权。

2. 积极争取建立自由港。按照把宁波港建成国际深水中转港,特别是国际集装箱枢纽港的要求,借助入世良机,充分利用宁波港现有发展基础和宁波保税区的有利条件,抓紧研究把宁波港和保税区建成自由港的发展思路和实施步骤及其对策,争取国家支持成为首批试点单位,使宁波口岸查验、港口服务与国际接轨,尽快达到中国香港、新加坡等港口服务国际先进水平。

3. 抓住入世良机,加快与港口航运业相关的重点行业发展。在继续大力发展国际集装箱运输和大宗散货运输的同时,要积极抓好:一是利用入世带来的外贸进出口体制性扩大和给予外国出口商拥有分销权的规定,充分利用宁波深水港优势和现有航线条件、保税区优势,积极探索建立港口物流中心,包括粮食、油品、汽车、木材、塑料制品、原辅材料、工业消费品等等。二是利用关税下降和非关税措施的减让,以及国内经济新一轮增长导致对外需求的扩大,机械设备和汽车等大件商品进口必将增加的有利时机,充分发挥长江三角洲地区现有唯一的威尔森船公司开辟的宁波港至美西、美东的环球滚装货物定期班轮航线优势，积极争取把宁波港建设成为长江三角洲地区滚装货物中转基地。三是加快货代企业发展，从根本上扭转大港口小货代的不良局面，增强揽货能力，提高服务质量。四是宁波海运公司等航运企业要紧紧依托干线船公司，扬长避短，大力发展与干线相配套的内支线和内贸运输，发挥自身优势，站稳市场脚跟。五是发展船舶修理业，做好船舶油料、船员消费品供应及船员接待工作，保障后勤优质服务，带动宁波市第三产业发展。

4.加快北仑港集装箱码头建设，适应入世后外贸进出口快速发展的需要。一是对现有900米集装箱码头及其配套设施加快进行技术改造，使码头的吞吐能力既能弥补新建码头未投用之前的时差缺陷，又能提高码头的集约经营水平。二是在保证施工质量的前提下，加快国务院同意的1238米集装箱码头建设，有关各方要继续给予全力支持，确保工程顺利进行。三是按照码头能力建设适当超前的原则，抓紧研究和规划四期集装箱码头建设，做好前期论证、预可、工可等工作，适时报批建设，保证港口持续发展。四是对大宗散货码头也要按照各货种运量发展预测和实际运行情况，进行必要的扩能和扩建。

5.练内功，增实力，迎接挑战，参与竞争。宁波港和宁波市的货代、集运、船代、船公司等相关企业要抓住和充分利用我国入世后市场逐步开放的时间差，学习借鉴国外的先进技术和经营管理水平，加强技术改造和管理创新；按照国际惯例和标准规范经营行为，把满足用户需求作为提高市场竞争力的首要任务，不断提高服务水平和竞争能力；拓展市场服务网络，抢先占有新的市场份额；利用制度创新，通过股份制、合作经营等形式，与主要服务对象如集装箱运输船公司和货主结成经济共同体，实行利益共享，风险共担，建立长期稳固的经营关系；大力培养人才，特别是要培养一批熟知本行业业务和法规，善管理、懂经营、勇于开拓创新的复合型人才，与此同时在体制创新中，要把企业利益与职工利益尤其是优秀业务骨干的个人利益捆绑在一起，形成企业与职工共兴衰的发展关系，在机制上解决人才的组织培养、个人成长和稳定等问题。

6. 顺应开放大潮，积极做好航运服务业及相关产业的开放工作。一是要妥善处理开放与保护的关系。航运市场的逐步开放已势不可当，要顺应潮流，为我所用。要从长远发展、全局利益的战略高度把握对外开放，防止站在某一企业或某一行业的近期和局部利益的小天地对待开放。要积极地保护现有企业，让它们加快自身发展增强竞争力，迎接竞争，接受挑战，在竞争和挑战中求发展，求生存，防止不按国家制定的统一开放政策和步骤，延缓开放，以消极的态度保护现有企业。二是要把航运服务业及相关产业作为今后宁波市对外招商引资的重要组成部分，列入招商引资目录和计划，作为招商引资新的增长点。三是进一步营造优良的投资软环境，让现在投资于宁波市航运服务业及相关产业的外商企业顺利发展，带动更多的外商企业投资于宁波市航运服务业，实现以外引外。

7. 加快以宁波港为中心的集疏运网络建设和营运发展。一是要积极争取省政府支持，确立以宁波港为中心的我省货物运输集疏运网络系统，据此规划和建设我省各地连接宁波港的公路及铁路，规划和建设宁波港连接省外的省际交通。二是加快建设宁波连接金华和温州的高速公路，并利用甬温高速公路宁波到三门段，适时研究和规划建设三门到丽水的高速公路，建立省内各地市到宁波港的4小时交通圈。三是争取杭州湾乍浦通道列入国家"十五"重点建设项目，缩短宁波港与浙北、苏南、上海的陆上运输时间，为从根本上解决浙江省的外贸货物在宁波港转运和宁波港为苏南腹地服务创造交通条件，密切宁波与这些地区的经济联系。四是要加大发展集疏运网络经营力度，重点是鼓励船公司发展国际集装箱海铁联运，鼓励货主发展大宗散货海铁联运，使高投入的现代化集疏运网络系统为宁波港发展服务，也使宁波港为腹地经济发展做出更大的贡献。

8. 加强法治建设，保障航运市场健康有序发展。积极学习国外法治建设和航运市场管理的先进经验，从保障经营者和客户的合法权益，加强对行业协会和企业的监督管理，规范经营者和消费者行为，保证经营者平等参与市场竞争,享受国民待遇,促进市场竞争等出发,依据国家有关法规和政策以及国际惯例,结合宁波实际制定相关的地方性法规和规章,主要有货代业管理规定,集运业管理规定,堆场业管理规定,航运业收费规定等等。要充分发挥行业协会的作用,加强行业自律,沟通和密切与政府联系,协调和处理与外部的经济关系。要尽快建立集卡协会和船公司协会,明确归口管理部门,并加强对行业协会的管理和引导,建立依法治市、依法发展以宁波港为龙头的宁波市航运业的良好局面,使宁波港在新的世纪里发挥更大的作用,确立其应有的国际地位。

(原载于《宁波经济》2000年第1期,有删改)

关于发展宁波口岸汽车进口运输业务的思考

宁波是华东地区重要的对外贸易口岸，长期以来，在中央政府和海关总署的高度重视及大力支持下，宁波口岸依托改革开放政策和深水港优势，取得了迅猛发展，1999年外贸进出口额达77.42亿美元，比1990年增加5.16倍，年均递增22.4%。在世纪之交和我国即将加入世贸组织之机，发展宁波口岸汽车进口运输业务对贯彻落实国务院确定的把宁波建成华东地区重要对外贸易口岸，进一步提升宁波口岸的国际和国内地位，增强口岸服务功能，发挥宁波深水港和保税区优势，利用现有航线发展基础，完善长江三角洲地区口岸功能布局，促进长江三角洲和长江中上游地区经济发展，降低运输费用，满足消费者需求，都将产生积极的作用。

1. 宁波港水深，区位良好。宁波港处于大陆沿海与长江黄金水道"T"形航线的交汇点，水上可通海达江，陆上经公路和铁路可直达全国各地。进港航道水深最浅处17.6米，是长江三角洲地区唯一可全天候通行20万吨级船舶的港口，已建有万吨级以上生产性泊位24座，包括可停靠并能接卸国际第五代集装箱船舶的专用码头，与世界上80多个国家和地区的500多个港口有运输贸易往来。由于长江口船道水深7米，候潮只能通行2万吨以下船舶，利用宁波港比利用长江下游港口可节省船舶运输成本40%左右，以从美国进口小汽车为例，每辆车可节约海上运输费用150美元。

2. 具备与进口汽车装卸要求和运输路径相吻合的船舶和航线。1997 年，世界上最大的滚装货物运输班轮公司——挪威威尔森船务有限公司开辟了宁波至美西和美东航线，使长江三角洲地区有了一条唯一的可装载集装箱和滚装货物的定期班轮航线。该航线每航次可装载集装箱 2850TEU，汽车 1500 辆，每半月自宁波港始发，挂靠日本神户、名古屋、横滨，巴拿马，美国洛杉矶、迈阿密、萨凡纳、巴尔的摩、诺福克、纽约、新奥尔良、莫比尔等港口，航线走向和船舶结构不仅符合我国从美国和日本进口汽车的流向及装载要求，而且途中运输时间从日本进来仅需 5 天左右，从美国和欧洲进来仅需 20 天左右。通过该公司的全球航线布局，还可提供从欧洲、大洋洲等世界各地进口汽车以及滚装货物运输的班轮服务。

3. 利用滚装船承担进口汽车运输比其他运输方式更经济、便捷、安全。目前世界上 90% 以上的国际贸易车辆运输是通过滚装船完成的，是在世界范围内被广泛采用的先进的车辆运输方式，采用滚装船运输车辆不像集装箱运输那样，需租箱、装箱、拆箱、还箱，其费用约为集装箱运输方式的 60%，货损率仅为集装箱运输方式的 20%，并且装载简便，可以满足各种不同车辆特别是超高、超宽、超长车辆的运输需要。

4. 宁波口岸已具备了良好的集疏网络。目前宁波口岸已形成了以宁波港为中心的快捷的集疏运网络，杭甬高速公路、萧甬铁路复线、329 国道、34 省道和正在建设的沿海国道主干线、甬金高速公路均可直达港区，浙江省和宁波市政府还正在筹建杭州湾跨海大桥，进一步沟通宁波港与上海、江苏等地区的交通联系，缩短陆上运输时间，增强港口服务功能。

5. 利用宁波保税区，可为汽车进口提供保税和仓储支持，促进汽车进口贸易的顺利发展。

6. 具有良好的市场前景。随着我国经济发展和居民生活水平提高，国家对汽车进口政策的调整（如浙江省已取消购置进口汽车调节金），特别是我国加入世贸组织后，汽车进口将会有较大幅度的增加。上海口岸与宁波口岸的经济腹地是基本一致的,如果宁波口岸开通进口汽车运输业务,上海、江苏、江西、湖北、湖南、安徽、浙江、四川、重庆等省市汽车的进口可由进口商和消费者按照经济便捷的原则,在上海和宁波两个口岸中自由选择,有利于减轻进口商和消费者的不合理运输费用负担,有利于进口商和消费者就近就便办理有关手续,提高工作效率。

7. 有利于完善长江三角洲地区口岸功能,也有利于促进船公司发展。长江三角洲和长江中上游地区是我国经济最发达的地区之一,1998 年八省一市 GDP 占全国的 37.5%,其中长江三角洲的江苏、浙江、上海 GDP 占全国 20.45%。长江流域发达的经济和较高的收入水平对机械设备和汽车等大件商品进口的需求较大,并将进一步扩大。目前长江三角洲地区虽然有上海、宁波、南京等口岸和港口,由于政策、航道、港口经营开发等因素的影响,还未能形成滚装货物中转基地,口岸服务和港口运输不能满足经济发展及市场需要。与此同时,宁波口岸虽有定期的滚装货物运输班轮航线,船公司曾多次接到长江三角洲地区客户进口运输业务,由于国家还未允许宁波口岸开展这项业务,只得放弃。因此,如果宁波口岸开展进口汽车业务,必将有利于集聚滚装货物,累积运输需求,发挥宁波深水港和宁波保税区的优势,使其成为长江三角洲地区滚装货物中转基地,也有利于船公司的进一步投入和发展,使其航班由现行的半月班逐步发展到旬班或周班,从而进入口岸滚装货物运输发展的良性循环。

8. 利用宁波至美西、美东航线的滚装船装载进口汽车,是防范和打击汽车走私,加强口岸查验管理的有效措施。目前,汽车进口主要采用集装箱运输方式,给海关查验增加了一定的难度和工作量,也给走私分子有机可乘。如果发展宁波口岸汽车进口滚装运输,则可便于海关查验,不仅能减轻海关和企业通关工作量,而且能有效地打击和防范汽车走私。

总之,宁波口岸已经具备了开展进口汽车运输业务的条件,如果国家和海关总署准许,必将推动我国汽车进口贸易的发展,促使宁波港形成长江三角洲地区滚装货物中转基地,促进该地区的经济发展,有利于强化海关对进口汽车的监管,有效地防范和打击走私,也有利于促进宁波口岸发展成为华东地区重要的对外贸易口岸。

(原载于《宁波论坛》2000年第2期,有删改)

杭州湾大通道建设对宁波港
国际集装箱运输的影响

杭州湾慈溪—乍浦交通通道（杭州湾大通道）是浙江省21世纪初期计划建设的一项重大交通基础设施项目。建设杭州湾慈溪—乍浦交通通道对增强国道主干线同三公路交通功能，促进杭州湾两岸开发开放，接轨上海，形成上海、杭州、宁波间两小时交通区的"金三角"和以上海为中心的长江三角洲南翼城市群，开发和利用宁波、舟山海域深水港与深水岸线资源优势，扩大宁波港腹地，服务长江三角洲地区经济与社会发展，推进浙江省发展海洋经济和21世纪的新飞跃都具有十分重要的意义。本文仅就杭州湾慈溪—乍浦交通通道建设对发展宁波港国际集装箱运输的影响做些初步探讨。

根据杭州湾慈溪—乍浦交通通道的选址方案，该通道建成后，将使宁波到上海和苏南地区的代表节点——苏州、浙北地区的代表节点——嘉兴的公路运距发生明显的变化，由此会对这些区域的国际集装箱进出运口岸的流向和流量产生一定的影响。这种影响对发展宁波港国际集装箱运输和浙江省甚至江苏等地区的外贸发展是利大于弊还是弊大于利，是有关方面十分关注的问题。

研究杭州湾慈溪—乍浦交通通道建设对发展宁波港国际集装箱运输

的影响，主要考虑是不是有利于发挥宁波深水港优势，缓解上海港压力，保障船公司和货主利益，顺应船舶大型化发展趋势，促进上海国际航运中心建设，贯彻深水深用、浅水浅用原则，优化港口资源配置，合理港口功能布局，服务浙江和长江三角洲地区经济发展。具体地说表现在两个方面，一是通道建成后，宁波市的国际集装箱是保持现有走宁波港的水平，还是会使宁波市更多的国际集装箱舍近求远走上海港，增加上海港运输压力，妨碍上海国际航运中心建设；二是嘉兴和苏南地区的国际集装箱有没有走宁波港的可能。

一、宁波市的国际集装箱走上海港的可能性分析

影响海运国际集装箱进出运口岸及其流量的主要因素是：港口的集疏运条件、航线和航班、海运价格水平和口岸查验服务水平以及港口的国内外知名度。

因素之一：港口的集疏运条件

杭州湾慈溪—乍浦交通通道建成后使宁波市到上海港外高桥和上海市规划建设的深水港（假定以大小洋山港为例）的公路运距发生显著的变化，如下表所示：

到达港口	现行公路运距（公里）	慈溪—乍浦通道建成后（公里）
宁波市区—外高桥	391	273
宁波市区—SCT	371	244
宁波市区—洋山港	368	236

从表中可知，慈溪—乍浦通道建成后宁波市到上海港SCT和外高桥的运距将由现行的371公里和391公里缩短到244公里和273公里，每标箱的集卡运费还需2000多元，在不考虑其他因素的情况下，如果上海港的海运价

格比宁波港低250美元,就会增加宁波市国际集装箱流向上海港出运的可能性。

因素之二:航线和航班

港口航线布局尤其是干线分布及其航班密度,是影响货主选择国际集装箱出运口岸的重要因素之一。根据慈溪—乍浦交通通道建设计划方案,该通道争取到2006年完成。按此建设进度和今年宁波港集装箱吞吐量预计完成约90万TEU的水平,如果今后年均递增25%—30%,宁波港届时的集装箱吞吐规模将达到350万—430万TEU,参照上海港的航线和航班发展情况,到那时预计宁波港的每月航线约有100条,其中远洋干线30条,近洋50条,支线20条,每月航班将达到500个航次左右。到今年10月底,宁波港已开通外贸航线39条,国际远洋干线11条,近洋航线28条,内支线7条,每月航班近210班,按照目前的发展势头,实现这一目标是有可能的。这样的航线布局与上海港不会有明显的差距,而航班密度可能低于上海港,但完全可以满足外贸进出口的需要,不会影响宁波港对宁波市货源的服务力。

因素之三:海运价格

海运价格直接影响着货主选择出运口岸。海运价格水平取决于航线和航班的竞争程度及进出口集装箱的平衡程度。一般说来,当某一港口同一航向远洋干线较少时,由于船公司间的市场竞争不充分,加之港口的国际知名度较低,随之其指装货也较少,往往会造成进出口箱子不平衡导致海运价格较高。但当港口集装箱吞吐量达到300万TEU左右时,就进入了区域性的枢纽港行列,其海运价格水平与周边邻近港口基本一致,甚至更低,否则其枢纽港的地位无法确立。据此判断,尽管目前宁波港的部分海运价格高于上海港,不利于吸引公共腹地的集装箱出运,但当慈溪—乍浦交通通道建成时,其吞吐规模已达到了区域性的枢纽港水平。需要特别强调的是:1.预计今后两年半内全球船舶大型化发展进一步加快,将有近120艘超巴拿马型船舶下水,会给宁波深水港发展带来新的机遇;2.今年底或明年初我国将加入世贸组织,不仅出口会增加,而且进口会有较大幅度的增加,长期以来进出口不平衡状况将会有明显的改善,有利于降低海运价格;加上宁波港航运市场的发展,与上海港相比,目前存在的海运价格偏高影响宁波港揽货的问题将会基本解决,这样不仅能吸引宁波市更多的集装箱到宁波港出运,而且还能吸引公共腹地的集装箱。

因素之四:口岸查验服务

目前,宁波口岸与上海口岸的服务各有长短,货主对宁波口岸的服务基本满意,已不妨碍集装箱通行。随着口岸查验制度的深化改革,口岸服务将不断完善和提高,相信宁波口岸服务会有新的进步。

因素之五:港口的国内外知名度

由于宁波港发展国际集装箱运输起步晚,港口集装箱运输宣传不够,使得宁波港国际集装箱运输在国内外的知名度较低,加上海运价格偏高,不仅使省内还有许多进出口商品不走宁波港,也使外商在FOB贸易条款下不指装宁波港,直接影响外贸进出口利用宁波港。近年来,宁波港已重视港口在国内外的宣传,加强港口揽货,提高港口知名度。随着港口集装箱运输发展,特别是吞吐规模达到200万TEU以上时,宁波港集装箱运输知名度不高的问题将会明显改变,从而有利于争取占外贸出口15%左右的指装集装箱。

二、嘉兴、苏州地区国际集装箱走宁波港的可能性分析

目前,嘉兴和苏州的国际集装箱基本从上海港进出运。杭州湾慈溪—乍浦交通通道建成后,嘉兴和苏州到北仑港的运距将发生明显变化,如下表所示:

起点	到达港口	现行公路运距（公里）	乍浦通道建成后（公里）
嘉兴	SCT 码头	143	143
	外高桥码头	163	163
	大小洋山港	140	140
	北仑港	265	141
苏州	SCT 码头	110	110
	外高桥码头	130	130
	大小洋山港	210	210
	北仑港	343	219

从表中可见，慈溪—乍浦交通通道建成后，嘉兴市集装箱到 SCT 码头、大小洋山港和北仑港的运距基本一致，其中洋山大桥和杭州湾—乍浦通道的长度基本相等，经过这两桥的集卡通行费也可视同相等。嘉兴到北仑港比到外高桥略近 20 公里左右。苏州的集装箱到洋山港与到北仑港距离基本一致，其中到洋山港还需经过南浦大桥，比到北仑港增加了通过南浦大桥的通行费，到 SCT 和外高桥比到北仑港近 90—110 公里。

三、结论

综上分析，基本结论是：

1. 从发展的角度来看，不会由于杭州湾慈溪—乍浦交通通道建成后，促使宁波市集装箱比现在更多地舍近求远走上海港。

2. 杭州湾慈溪—乍浦交通通道建成后，嘉兴市的集装箱到宁波港与到上海港的陆上运距基本一致，使嘉兴市增加了一个与上海港相类同的外贸港口，有利于嘉兴市集装箱选择走宁波港，也有利于嘉兴市的外贸发展。

3. 苏州市的集装箱走上海港的 SCT 和外高桥码头比到北仑港有利，但到船舶大型化后,SCT 和外高桥码头的服务能力会因航道水深不足受到制约,迫使苏州等地区集装箱到上海新的深水港(假定洋山港)转运。从陆上运输费用分析,则不如到北仑港转运更有利。这样,苏州地区与嘉兴市一样,增加了一个与上海港相类同的外贸港口,也增强了宁波港对苏州市的服务能力。

总之,杭州湾慈溪—乍浦交通通道建设不仅不会对发挥宁波深水港优势、发展宁波港国际集装箱运输产生负面影响,恰恰有利于宁波港的发展,有利于宁波港为浙江省经济乃至长江三角洲经济发展服务,有利于上海国际航运中心建设。关键的问题是:要切实按照宁波市委第八次党代会制定的"以港兴市、以市促港"发展战略和第九次党代会提出的"港口建设取得新突破"的要求,积极培育航运市场,加快发展宁波港集装箱运输,大力开辟航线,增加航班,建设集装箱码头,提高港口吞吐能力,进一步改进口岸和港口服务,加快以宁波港为中心的集疏运网络建设,增强港口服务能力,千方百计地尽快把宁波港集装箱运输的吞吐规模搞上去,积极利用杭州湾慈溪—乍浦交通通道建设,促进开拓港口腹地,赢得更多的公共腹地货源,在上海国际航运中心和全球航运市场中确立其应有的地位。

(原载于《宁波经济》2000 年第 12 期,有删改)

建设通关综合服务枢纽的思路与建议

国际物流由于跨越国界或境界，运距长，流转环节多，运输和市场风险大，口岸管理和物流服务要求高，国际与国内市场行情差异和变化大，对时间和效率的要求特别高。在国际物流运作中，影响时间和效率的主要因素是：运输、通关、相关环节间的信息传递和处理、待运等，其中运输时间和待运时间受船舶、火车、汽车、飞机，以及装卸设备的技术和航（班）次密度、运力配置等约束，改善的难度较大，往往处于被动地位，压缩的空间十分有限；而通关和相关环节间的信息传递与处理时间，依靠现代信息技术和运行机制改革，可压缩的空间很大。因此加快通关以及信息传递和处理速度，对促进国际物流发展具有十分重要的意义。

一、现行的国际物流流程存在的问题

国际物流按其流向可分为进口物流和出口物流。进口物流环节较少，操作相对简单。出口物流环节多，操作比较复杂。如能解决好出口物流通关及其信息传递与处理问题，则进口物流的问题也可迎刃而解。现行出口物流流程存在以下主要问题。

1. 环节多。出口物流从工厂或外贸公司出货物清单、代理接单开始，到装船出运、寄发退税单、核销单、单船档案整理保管，要经过20多个环节，涉及工厂、外贸、货运代理、船公司或船代、车队、堆场、海关、国检、港区、税务、银行等部门和企业。

2. 效率低。每经过一个环节,都需办理一次手续,某一环节操作受阻或迟缓都会影响整个系统运作;每一环节都需重新输入一次单证,有些信息多次重复输入,造成重复劳动,浪费时间;货运代理企业接单后跑东家、奔西家,在途时间浪费较大;有些平行业务不能同时操作,延误时间。

3. 差错多。由于环节多,重复输入信息多,每一环节都需相应的经办人重新熟悉单证和输单,造成出错机会增多,效率下降,影响通关。

4. 信息传输手段落后。货代公司、外贸公司、船公司、堆场、集卡公司之间的信息传递有的仍用传真,甚至电话,致使信息转换效率低,也易出错。

二、建立国际物流通关综合服务枢纽的基本思路

近年来,随着国际贸易的快速发展和现代物流业在我国的逐步兴起,海关和国家出入境检验检疫部门(简称国检部门)按照"依法行政,为国把关,服务经济,促进发展"的总体要求,正在研究和积极探索无纸通关项目,深化通关改革,有的海关和国检局已取得了一定的进展和成效。但与国际物流系统化、高效率、低成本的管理和服务要求还有较大的差距。问题的根源在于通关的相关部门各自独立行政,缺少整体协同,上下环节缺乏高效联动。因此,建立国际物流通关综合服务枢纽势在必行,它将提高通关审单作业效率,加快物流信息传递,最大限度地降低国际物流总通关时间和通关成本。建设通关综合服务枢纽的基本构想是:实现五个走向,建立一个枢纽。

1. 实现五个走向。

走向联合:打破部门分割,汇集通关、税务、金融、保险等相关部门的有关管理和服务信息参数,实行资源共享,整合各有关部门的相关管理和服务功能,实行一个窗口开展单证综合服务,建立综合通关、收付服务平台。

走向企业：信息技术管理由查验部门内部运作为主走向服务企业。

走向效率：通过联合，实现一单输入，多部门使用，减少单证报审环节和差错，节省单证报审在途时间、审验等待时间，实行24小时全天候报审，降低成本，提高效率。

走向区域：立足于为腹地经济发展服务理念，建设好港口（包括内陆口岸和空港，下同）电子通关和信息综合服务基本功能，逐步向腹地拓展，形成高效、便捷的大通关服务网络。

走向未来：立足当前，着眼未来，与科技、经济发展俱进，与满足客户需求俱进。

2. 建立一个枢纽。

港口国际物流通关综合服务枢纽的基本功能是通关服务。首先，根据港口国际物流通关、金融、保险、税收等部门所涉及的管理和服务要求，设计通关和综合服务表格形式，由货主或代理按要求如实输入有关信息指标。其次，电子通关和综合服务枢纽对货主和代理输入的信息自动进行逻辑分检及发送，如各有关部门可同时审验的单证业务，属海关的发送给海关平台审验，属国检局的发送给国检局的平台审验，其他部门也都如此处理。若各有关部门通关和综合服务有先后次序关系，则前一部门工作完成后，自动转送到下一部门。再次，为了保证通关效率，各部门应实施限时服务，全天候服务。通关结果及时告知货主和代理，如未按通关表式要求输入信息或有疑问，应要求货主或代理及时修改和补充。港口国际物流电子通关和综合服务枢纽构架如下图所示。

图 1 港口国际物流电子通关和综合服务枢纽构架图

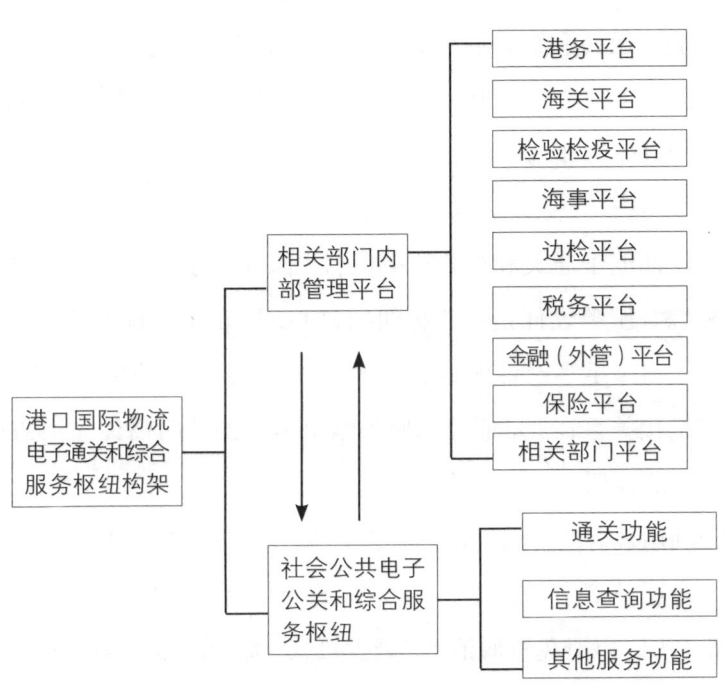

三、建立电子通关和综合服务枢纽的措施与建议

1. 统一思想，加强领导。建立电子通关和综合服务枢纽涉及海关、国检、边检、海事、税收、金融、保险、货主、代理等部门和企业，每个部门和企业都有各自的管理要求，具有很强的法规性、政策性、技术性和系统性，要在一个枢纽上实行统一的服务，需要统一思想，建立由政府牵头的工作班子，研究实施方案，充分发挥通关各方的优势和积极性，妥善处理各方关系，及时协调和解决运作中的有关问题，保证方案顺利实施。

2. 积极争取海关、国检等相关部门的上级支持，深化通关改革，实施电子综合通关，在技术上、环节上是一项创新举措，对现行的通关制度会产生一定的挑战。由于通关制度具有高度的中央统一领导和管理特性，改革现行制度不取得中央或上级主管部门的支持是不行的。因此，研究和制订电子综合通关方案，要请海关总署、国检总局等相关部门的领导和专家参与，在政策和技术上给予把关。

3. 建立电子通关和综合服务认证制度。实施电子通关和综合服务将由现行的面对面服务改变为网上操作,建立认证制度十分必要。重点是对货主和代理要实行资格认证,如进出口经营权、代理权、资信状况、金融资料、报关资质等。

4. 科学设计电子通关和综合服务软件,保证电子通关和服务顺利运作。电子通关和综合服务软件是整个枢纽的核心,要切实处理好这样几个关系:一是一票输入与满足多家管理和服务部门的要求;二是前后通关和服务环节之间的及时衔接关系;三是通关和服务结果信息的及时反馈与沟通;四是功能拓展和完善的预留。

5. 充分利用现有资源,防止重复建设,减少浪费,提高社会效益。公共电子通关和综合服务枢纽可新建,也可利用现有资源。一般来说能利用现有资源的应尽量利用,以避免资源浪费,减少投入,降低成本,从而降低货主和代理因新建枢纽所负担的通关成本。鉴于枢纽服务的公共性和垄断性,枢纽的投入主体宜由港务、海关、国检等部门的合适代表组成,以保障海关、国检的机密和进出口企业的商务秘密,营造公平、公正和安全的运行环境。同时要妥善处理社会效益与枢纽投入方追求经济效益的关系,服务收费应科学合理,不能给货主和代理增加不合理的负担。

(原载于《集装箱化》2002年第11期,有删改)

宁波建设大港口的实现途径

港口、产业、都市和文化互相依赖，互动发展。其中，港口具有基础性的龙头作用和地位，"以港兴市，以市促港"是世界上所有港口城市发展的普遍规律，也是各港口城市的基本共识。尤其在世界经济一体化，我国加入世贸组织，不断融入全球经济大家庭的背景下，加快建设大港口更具有十分重要的战略意义。

一、宁波要建什么样的大港口

通常而言，大港口是指吞吐量在一定范围的港口比较中具有领先的规模和地位的港口。从港口吞吐量来看可按总的吞吐量比较，如鹿特丹港2001年吞吐量达3.15亿吨，雄居全球第一；也可按某一货种的吞吐量比较，如香港港集装箱吞吐量雄居全球第一，秦皇岛港煤炭吞吐量在国内居第一，等等。从比较范围来看，有国内级的大港口，也有洲际级的大港口，更有世界级的大港口。

从促进区域经济发展分析，衡量大港口不仅要有较大的吞吐量，更重要的是它对所在区域的国内生产总值、财政收入和劳动就业等方面的贡献在一定范围的港口比较中具有领先水平。这应是港口所在地当局和人民对建设大港口的内在要求。因此，宁波建设大港口不但要追求港口吞吐量成为国际级的大港,还应追求港口对当地乃至腹地经济的贡献处于国际领先水平。例如,鹿特丹港不仅是世界上久负盛名的吞吐量大港,而且在1995年直接和间接创造的GDP就已达264亿荷兰盾,占当地GDP的34%。

二、宁波市建设大港口的条件分析

宁波市建设大港口具备良好的资源优势、发展基础和外部环境。

(一)港口资源丰富,优势突出

宁波市可供建港的岸线长达1516.23公里,其中大陆岸线742.18公里,岛屿岸线774.05公里。在大陆岸线中,水深大于10米的岸线达234公里,具有很好的开发价值。可供建港的四大区域陆域面积达3793.26平方公里;四大主要岛屿的总面积也达178.06平方公里,还有丰富的滩涂面积26.41平方公里。

宁波市四大港域,航道通达性较好,互不影响,可独立运作。

1. 北仑镇海港域有南北航道两条,其中北航道水深最浅7.0米,乘潮可通航2.5万吨级船舶;南航道水深最浅18.2米,20万吨级船舶可全天候进出,25万吨级船舶候潮进出。此外,南部还有条峃门航道可供备用。

2. 象山港港域,水深10—20米,中部胡头渡至大对山段水深达20—55米,航道宽广,少暗礁。

3. 杭州湾南岸港域以钱塘江作为天然通道,平均水深8—10米,候潮水深可达12米。大桥建成后,南通航孔通航标准3000吨,北通航孔通航标准3.5万吨。

4. 三门湾—大目洋港域,有牛鼻山水道,水深7米左右,候潮可通1万—2万吨级船舶。此外,宁波港有充裕的锚地资源可供开发利用,如镇海北仑港域已建成88.2平方公里锚地,可锚泊万吨级以上船舶近200艘。

(二)发展基础良好,起点较高

首先,宁波港的吞吐量已形成较大规模,2002年港口吞吐量超过1.5亿吨，集装箱吞吐量达到 185 万 TEU，进入世界集装箱港口的前 30 位。其次，以港口为依托的临港工业、现代物流业、国际贸易及相关产业正在逐步扩大，对国内外投资者的吸引力日益增强。再次，与建设大港口密切相关的集疏运网络日趋完臻，口岸服务、港口服务水平明显提高，将有力地推动着港口运输和临港产业的发展。最后，丰富而尚未充分开发的港口资源使建设大港口潜力无穷，并能实现高起点的规划和建设。

（三）经济需求强劲，市场广阔

一是国内经济持续高速发展，专家预计未来 20—30 年我国将保持 7%—8%的经济增长，这样势必会带动临港产业和港口内贸运输的发展。二是我国加入世贸组织和逐步与世界经济融为一体，按照世贸规则不断深化外贸管理体制改革，将极大地改善外贸、外资和外经发展的体制环境，极大地促进外贸、外资、外经经营主体的增加，极大地促进国际和国内市场的开放。尤其是浙江具有比较开放的市场经济体制，产品竞争力较强，还有比较能经商的企业和经营者群体，必将使宁波港腹地的外贸进出口继续高速发展，大大促进港口国际集装箱运输和现代物流业的发展，促进临港工业的发展。

三、建设大港口的实现途径和发展主体

按照建设大港口的衡量目标，它的实现途径主要有两条：一是继续大力发展港口运输，以发展港口运输不断提升港口的国际地位；二是继续大力发展临港产业，以发展临港产业提高对区域经济的贡献率，促进全面建设小康社会和提前基本实现现代化。

（一）继续大力发展港口运输

随着港口管理体制改革，按照"一城一港一政"的原则，改革后的宁波港包括全市的所有港口，而再不是现行宁波港务局的统计范围。这样，宁波港的吞吐量会因统计范围扩大而发生机械性的增加，预计 2003 年宁波港的吞吐量将突破 2 亿吨，有可能接近甚至超过香港港，跃升至世界港口第 5 位，而集

装箱吞吐量不会有机械性的跳跃,对此,我们要有理性的认识和客观的评价。

建设大港口,在吞吐量上我们要追求发展型的增长。

1. 在作业方式上,要大力发展水水中转运输。水水中转不仅对作业量和作业效益有倍增的功效,而且对集装箱运输而言,更具有有利于建成国际中转枢纽港的作用,意义非同一般。

2. 在装卸货种上,要大力发展原油、矿石和集装箱运输。

3. 在营销策略上,大宗散货运输要主攻货主,集装箱运输要主攻船公司。因为,大宗散货运输是由货主决定货物装卸港口,而集装箱运输是由船公司决定挂靠港口。

4. 在竞合关系上,要与大宗散货的货主和集装箱运输的船公司结成经济合作联盟,以稳定和扩大竞争性的货源;要大力发展临港工业、贸易和农业,以增加不可竞争的货源。

(二)继续大力发展临港产业

宁波市发展临港产业已有较好的基础,但是主要集中在镇海和北仑、大榭区域,其他临港岸线和陆域的临港产业开发尚未起步。今后应按"把握需求,通盘规划,综合利用,低进高起,分片开发,形成特色"的原则,着重考虑开发杭州湾南岸区域、象山港区域和三门湾——大目洋区域,发展临港工业、农业和贸易,为港口发展提供稳固的货源,为财政增收、扩大劳动就业、增加国内生产总值创造新的增长点。

(三)发展的主体

港口运输的发展主体应以港口企业为主,政府的主要任务是为港口运输的相关企业创造良好的发展环境。

临港产业的发展主体,在开发起步阶段,应以政府为主,企业为辅。进入正常的运作阶段,应以企业为主,政府服务为辅。因为,在开发的起步阶段政府要制定规划和政策,提供土地和水、电、路、通信等的公共基础设施条件,组织招商引资,解决开发过程的有关问题。没有政府的这些服务,临港区域的开发是无法实施的。

四、建设大港口的对策措施建议

（一）临港产业发展措施建议

1. 加强领导，推动建设大港口。按照建设大港口的目标，建议市委、市政府建立和完善宁波市建设大港口相应的行政管理体制，以加强对发展港口运输和临港产业的领导。建议充实市港口规划建设管理委员会的职能和相应的工作班子，切实抓好港口管理体制改革，积极稳妥地做好港口政企分开工作。成立宁波市临港产业发展委员会，统率全市临港产业发展工作。

2. 总体规划，明确功能，科学布局，各展所长，协调发展。首先，要对全市的港口资源进行一次全面的普查，摸清航道和岸线水深、岸线长度、滩涂和陆域纵深，气温、降水、风、雾等气象条件，潮汐、潮流、波浪等水文条件以及地质、地震等自然状况，评判开发现状，为科学规划提供基础依据。其次，对全市港口资源作总体规划，根据经济和社会发展需求、港口资源状况、产业和周边港口发展等因素，明确各临港区域和港口的发展目标、功能定位、开发步骤，以发挥各临港区域和港区的优势，形成规划科学、布局合理、协调发展的宁波市临港产业和港口运输发展体系。

3. 根据杭州湾宁波跨海大桥建设对宁波市接轨上海的促进作用和宁波市丰富的港口资源以及县域经济发展不平衡的特点，建议建立杭州湾南岸经济开发区、象山港湾经济开发区、石浦港水产品加工贸易区、三门湾经济开发区，并赋予相应的组织保障和政策保障。

4. 做好港口和临港产业开发的基础设施先行建设。按照港口和临港产业发展的总体规划、功能定位、开发步骤，适当超前搞好水、电、路、通信等基础设施建设，为招商和开发打好基础。

5. 制定鼓励政策，吸引国内外投资商前来开发。政策要立足于港口开发对区域经济的带动效应，防止就港口论港口；立足于长远发展，最大限度地降低开发门槛;立足于营造发展环境,提高开发效率和效益,防止传统的单一税收和地价优惠。

6. 加大宣传力度,积极做好推介工作。

(二)港口运输发展措施建议

1. 高度重视船公司在港口集装箱运输发展中的龙头作用。船公司在港口集装箱运输中拥有开辟航线、航班、海运价格的决策权,拥有比较完善的国际服务网络,是海运服务供给的源头,也是货源组织的主要力量。

(1)吸引船公司积极参与宁波港集装箱码头经营和管理,以船公司的入股,甚至控股等多种合作方式带动港口发展,特别要重视吸引世界著名船公司参与,以他们的参与带动航线、航班和货源的发展。吸引船公司参与要走主体多元化道路,形成港口服务竞争机制,防止"一主"独大垄断。

(2)继续大力发展航线、航班,完善航向,增加密度,均匀时间分布,促进海运价格趋向合理,降低货物待航时间,提高直达率。

(3)大力提高码头装卸作业效率,努力缩短船舶在港停留时间,让船公司从高效率中得到机会效益,增强对宁波港的偏好。要高度重视船公司这一跨国集团群体在建设大港口中的积极作用,做好各项服务工作。要按照国际惯例和市场经济规律正确对待船公司的经营理念和行为。要重视提高支线船公司的作业效率,做到干支线船公司享受同等服务待遇。

(4)积极发展国际中转,充分发挥深水港优势。随着境外国际中转成本的提高,周边港口水深条件的制约,宁波港集装箱货流的逐步增大和较低的中转成本,部分船公司对在宁波港发展国际中转的倾向日趋增强。为此,要制定相应措施,争取船公司前来建立国际中转基地。

2. 继续改善口岸服务环境,提高通关效率。口岸查验部门要进一步增强服务意识,正确处理为国把关、服务经济、促进发展的关系,确立港口与查验部门共生共荣的观念,主动听取企业意见,不断改进服务方式,积极探索创新,建设服务一流的口岸。积极深化实施"大通关",要把依靠现代科技提高通关效率作为"大通关"的第一要务。建议由市政府牵头,组织海关、出入境检验检疫局、港口等有关部门和单位参加,建设宁波港电子通关综合服务枢纽,实行一票输入,多部门使用,电子快速审单,让货主和代理随时随地能全天候输单,提高通关效率。积极发展内陆直通关,延伸口岸服务,尽快建立以宁波口岸为中心的直通关服务网。

3.大力发展现代物流,培育港口集装箱运输支柱。要通过引进、改造等途径培育一批现代物流经营主体,尽快提升宁波市现代物流服务能力;要在内陆货源较多的地区,与当地政府和企业合作,建立"无水港",发展国际物流,促进宁波港扩大服务腹地;要借助我国加入世贸,降低关税之机,充分发挥港口和保税区优势,大力发展进口物流;要积极与跨国公司制造商、国际零售巨头和消费集团合作,争取建立出口采购中心和进口分拨中心,形成稳定的货源;大力发展内贸集装箱运输,开发港口运输新的增长点;运用经济手段,引导腹地集装箱到宁波港转运,如在杭州湾跨海大桥建成后,对集装箱运输免收通行费。

4.继续加快港口和以港口为中心的集疏运网络建设,不断满足港口运输发展需要。继续加大北仑、镇海区域港口资源的开发建设力度,重点要争取与主要货主合作,抓好原油等大宗散货码头建设;抓紧做好建设北仑四期集装箱码头和大榭集装箱码头的前期准备。要重视镇海港区内贸集装箱码头建设,改善作业条件,为港口发展创造新的增长点。同时加大对现有集装箱码头技术改造的力度,增加投入,加强管理,不断提高吞吐能力和装卸效率,缓解码头供需矛盾。此外,根据各港域的开发步骤,要适时建设各类码头,以保证满足港口运输和临港产业发展的需要。要抓紧建设甬金高速公路、杭州湾跨海大桥,改造杭甬运河,争取建设甬温铁路、甬金铁路和进行杭甬高速公路全线拓宽改造,到2005年基本形成宁波港到杭州和浙东、浙西、浙南地区的三小时交通圈,2008年形成宁波港到全省各地的三小时交通圈。积极争取国家有关部门的支持,抓紧开通宁波港直达中西部地区和江西、湖南、江苏、安徽、河南等省的海铁联运,建立起快捷的省际物流通道。

5. 积极培育航运市场,培育公开、公正、公平、管理规范、运作有序、经营高效的港口发展环境。一是要根据即将出台的《港口法》,运用宁波"较大市"的管理权限,尽快制定宁波市港口管理条例,宁波市水上交通管理条例,集卡运输业、堆场服务业、国际货运代理业和内贸运输代理业等管理办法,使港口规划、建设、管理和运输服务做到有法可依,为港口服务业相关的经营主体创造公开、公正、公平和规范有序的法制环境。二是要高度重视中介组织在港口发展中的重要作用,建立和健全港口服务行业的中介组织。要创造条件尽快建立集卡运输业、堆场服务业、船舶运输业的中介组织。行业协会要引导会员企业规范服务、文明服务、创新服务,加强自律,积极协调和沟通,提高中介组织的工作水平,创造一流的行业服务和行业发展环境。

6. 大力发展进口贸易,促进港口运输发展。我国加入世贸组织后,进口关税将逐年下调;国内经济和生产与消费需求的上升有利于发展进口贸易;宁波又有港口和保税区的优势,还有国际贸易的大量顺差。因此,宁波发展进口贸易具有天时、地利、人和的优势。发展进口贸易对增加港口运输货量,降低进出口贸易的海运价格,提高宁波港的综合竞争能力具有十分重要的作用。为此,建议市政府要像重视出口一样,大力发展进口贸易,使宁波港和口岸服务功能、辐射功能提升到新的水平。

7. 深化实施港区一体化,争取建立自由港。要借助保税区优势,进一步推进港区一体化,争取把保税区政策扩大到北仑二、三期集装箱码头,实施境内关外监管政策。随着我国参加建设东盟自由贸易区,促进香港和大陆经济发展,在国内建立自由贸易区已经逐步升温,并提到了中央政府的前期研究日程。据悉,交通部正在组织力量研究大小洋山实行自由港政策课题,宁波港作为上海国际航运中心的重要组成部分应积极参与,努力争取,为发展国际中转运输在体制和政策上创造条件。因此,宁波市一方面要组织力量认真研究,另一方面要争取中央和有关部门支持,把宁波港纳入中央的研究范畴,力争成为第一批的自由港政策实施港。

8.要与大宗散货的主要货主在体制上建立牢固的经济合作关系,为巩固竞争性货源奠定基础。要借港口管理体制改革和我国认真履行入世承诺之机,深化港口企业制度改革,积极创造条件对矿石和原油码头进行股份制改革,将部分股权受让给主要货主,使码头的利益与货主的利益紧紧地融为一体。对周边竞争性的码头要积极介入,参与股份,甚至兼并控股,让竞争对手成为合作伙伴,营造港口发展良好的外部环境。

9.加强与港口发展相关的各类专业人才培育力度,为港口发展提供人才支撑。人才是港口发展和竞争的关键。要把港口发展的各类专业人才列入市人才工程的建设规划,大力培育和引进港口行政管理、经营管理以及仓储、运输代理、物流等相关的各类和各层次专业人才。与国内外有关港口建立互惠互利的友好关系,开展管理、技术、信息、培训、展览等交流和合作,不断更新港口管理和经营的观念,不断提高技术和服务水平,不断扩大港口国际影响,增强港口的发展力和竞争力。

(原载于《宁波通讯》2003年第2期,有删改)

宁波港集装箱运输的喜与忧及对策

一、喜

一喜集装箱吞吐量连年高位增长。以1996年1月中央做出建设上海国际航运中心的重大战略决策为标志,当年宁波港集装箱吞吐量达到20.26万TEU,随后的七年年均增长45.24%,2003年实现276.26万TEU,增幅居全国第一位(详见下表)。更为可喜的是,国际中转有了较好起步,2003年完成中转量8万TEU。

年份	1996	1997	1998	1999	2000	2001	2002	2003
吞吐量(万TEU)	20.26	25.7	35.3	60.1	90.21	121.31	185.9	276
比上年增长(%)	26.63	26.85	37.35	70.25	50.1	34.8	53.24	48.61

二喜在国内外排位逐年提高。在国内排位,1996年为第9位,到2003年已为第5位,今年将接近甚至超过天津港。与上海港集装箱吞吐量的差距由1996年只有上海港的十分之一,缩小到2003年的四分之一。在国际排位,1998年首次进入全球集装箱港口百强行列,居第99位,2003年进入前25位,今年必将进入前20位。

三喜全市上下特别是宁波港务局发展国际集装箱运输的经验日益丰富,

港口经营管理水平和集装箱吞吐能力有了很大提高,有的指标已达到国际先进水平,码头建设已有一定的主动空间,基本把握了集装箱运输的发展规律,全球航运界对宁波港非常看好。

二、忧

一忧扩大港口腹地难度较大。港口腹地按水陆运输的方式,可分为陆向腹地和海向腹地;按港口的区位和可控能力,可分为直接腹地、间接腹地和共享腹地。

就陆向腹地的市场占有来看,宁波港的腹地主要在杭州以东、以南地区。据《中国航务周刊》(2003年第51期)介绍,浙江省有近60%的外贸物资走上海口岸,其余通过本省口岸进出口。此外,宁波港要扩大腹地到省外也十分艰难。相反,上海港的腹地是:上海市的外贸货物(除大宗物资外)几乎100%、浙江省的60%、江苏省的40%和长江中上游地区的50%强都是通过上海港进出口。上海港凭借上海市经济、政治、区位优势和长江黄金水道的优势,正在筹划并实施长江战略,计划选择长江沿线8个港口,通过投资合作,组成以上海港为中心的干支线转运格局,成就上海国际航运中心陆向腹地的市场占有目标。目前已与南京、南通、重庆、武汉、扬州、安庆等港建立了各种合作关系,包括宁波市的大榭岛。

就海向腹地的市场占有来看,评判标准主要是港口的国际中转量,这也是港口能否成为国际中转枢纽港的重要指标。目前上海港因水深等因素制约,国际中转量占总吞吐量的比重不到1%(据《人民政协报》2004年1月7日),笔者预计2003年可能为10万—15万TEU,与集装箱吞吐总量相比,两港的国际中转量差距相对较小。但是,随着2005年上海建成投用洋山港,其国际中转必将有飞跃性的发展,两港的差距随之拉大。对此,我们要有充分的认识。

二忧港口的宏观政策支撑。目前,上海港在外高桥港区实行港区联动,其载体是设立上海外高桥保税物流园区,已经海关总署批准,作为特定监管的港区联动试点项目,享受保税区的特殊政策。近期,上海正在积极争取实施以洋山港为主要载体的自由港政策。据悉,上海、深圳、厦门已进入国家有关部门计划实施自由港政策试点的备选对象。这一政策可能成为建设上海国际航运中心的重大配套政策,在洋山港建成后随之出台,其覆盖的范围可能包括外高桥港区和洋山港区。

三忧运作主体。目前上海港的经营主体主要有三大块:上海港务集团、与和记黄埔合资及与世界最大的集装箱航运公司马士基合资。此外,上海港还正与马士基、中海、和黄等其他船公司和国际著名投资商洽谈洋山港合资事宜,这对港口发展国际中转业务具有决定性的作用。

应该充分肯定,宁波港经过多年的努力,经营管理水平有了很大的进步,综合竞争力明显增强,对外合作也在积极努力之中。但与上海港相比在与船公司合资和争取国家宏观政策的支撑上,在港口腹地开拓上,还有较大的差距。总体分析,上海港具备了较强的天时、地利、人和优势。这是我们必须充分认识、考虑和学习借鉴的。

三、对策建议

1.认清形势,审时度势,利用时差,把握重点。腹地是港口生存和发展的货源基础。在杭州湾宁波跨海大桥建成和宁波港在浙北没有投资码头之前,我省杭州以北的陆向腹地货源走宁波港的难度较大;江西、湖南等地外贸进出口量小,货源少,且经长江水运到上海港比陆运更经济,走宁波港的难度也较大;江苏及长江中上游地区的货源走宁波港的难度也很大。因此,想方设法使杭州以东、以南腹地的货源走宁波港是我们发展陆向腹地的主攻方向,要不断提高这一地区货源走宁波港的比重。

高度重视海向腹地在港口发展中的战略地位。宁波港从支线港到干线港,最终要建成国际枢纽港,这是历史赋予的使命,也是时代的要求。国际枢纽港的重要标志通常是国际集装箱中转量的比重至少在20%以上。目前中国香港港、新加坡港、中国高雄港、神户港和横滨港的国际中转业务分别占其总业务量的40%、70%、53.4%、21%和15%。宁波港已完成了从支线港向干线港的跨越，能否实现干线港向国际枢纽港的第二次跨越，取决于海向腹地的开拓。宁波港参与上海国际航运中心建设，参与国际航运市场竞争，应把开拓海向腹地，发展国际中转作为今后长期的战略要务。

为此，在宁波港集装箱运输连续七年高速发展的时刻，我们必须要保持清醒的头脑，增强忧患意识，进一步理清和完善发展思路，积极填补洋山港投用前和投用后两三年的时间差，促进上海国际航运中心加快发展。

2. 依托船公司，大力开拓腹地。国际集装箱船运公司是国际集装箱运输的最重要主体，也是开拓港口腹地尤其是海向腹地的主体。受货主之托，他们掌握着国际运输货源特别是中转货源，掌握着航线和运价的决策权，根据国际货物运输路径和港口区位、成本等综合因素，决定船舶挂靠和中转港口，掌握着全球的物流服务网络；在国际货物的全程运输成本中，海运价格约占80%—90%，船公司的少许让利就能给货代、集卡运输等企业一定的利润，就能调节货物的口岸流向。

在港口的不同发展阶段，腹地开拓和揽货的主要依靠对象是有区别的。支线港的揽货和腹地开拓主要是货代，支线船公司的能力较小，一般不具备自身的揽货条件，货物运量小，海上运距较短，海运费的让利空间也小，船公司对货代的依赖性较强；在干线港阶段，由于干线船公司能力强，往往设立分公司，甚至区域性的总部，可以直接揽货，货物运量大，运距长，成本和运价高，边际效益和让利空间大，货代对船公司的依赖性增强，使船公司处于主导地位；在国际枢纽港阶段国际中转货物掌握在船公司手中，尤其是在进入全球物流时代和我国绝大部分货代企业无全球揽货服务网络的条件下，船公司处于绝对的主动地位。

总之，船公司在国际集装箱运输链中具有龙头地位和作用，对建设国际枢纽港来说必须作为首要的依靠对象。国际上有许多成功的实践,例如马来西亚的丹戎比里巴士港 2000 年在全球集装箱港口的排名中还是无名小卒,但其采取有效措施,把马士基、长荣等几家国际上著名的船公司从新加坡港吸引过去,经过短短两年的发展,2002 年吞吐量达到 266.9 万 TEU,列全球第 23 位,2003 年可能超过 300 万 TEU,已成为全球国际中转港中冉冉上升的一颗新星;天津港正是由于东方海外航运公司的参与,在 1997 年开通西安至天津港的海铁联运,使西安成为其腹地;青岛港正是利用日本阪神大地震的机遇,吸引中远公司到青岛港,开辟了高速发展的新局面。

依托船公司,一是继续大力发展航线和航班,二是选择国际著名船公司参与宁波港的投资,让其扎根宁波港,增强其在宁波港发展的利益砝码。前项工作近年来发展势头很好,需要保持。后项工作正在积极努力,但与上海相比,需要加快进展。从单纯的码头经营管理和经济效益来看把集装箱码头与外资合营并不十分必要和紧迫。但从开拓腹地、建立国际枢纽港的发展战略来看,这是一条紧迫而必经之路。对此,我们要算大账、竞争账、主动账、动态账、战略账、长远账。此外,对外合资经营码头有利于争取各方支持,促进港口发展。例如,青岛港与英国的铁行渣华和丹麦的马士基合资,2003 年英国首相布莱尔访华,亲自剪彩,不仅向全球做了次影响很大的免费广告,更重要的是赢得了两国政府对该项目的大力支持,意义非同一般。

3. 积极争取建设国际枢纽港的政策支持。纵观国际枢纽港的建设,几乎都有自由港的政策支持。上海港正在努力争取,并已实施港区联动政策。宁波港需要迎头追赶,否则会陷入硬件(水深和避风等自然条件)较硬,软件(宏观政策和服务效率)较软的不协调局面。建议从两个方面下手,一是打好上海国际航运中心组合港的牌,积极争取中央有关部门的支持,按照中央建设上海国际航运中心组合港的决定,在洋山港和外高桥港区实施自由港政策时,把北仑港作为组合港的一部分同时实施,从而加快上海国际航运中心整体建设。二是借鉴上海外高桥的做法,争取海关总署的支持,尽快在北仑港实施港区联动政策。

4. 深化实施口岸大通关，为建设国际枢纽港提供服务支撑。围绕扩大港口陆域腹地和建设国际枢纽港，口岸大通关一要继续提高通关效率，与船公司和内陆地区合作，积极发展宁波港的内支线和内陆"无水港"，依靠科技进步，延伸口岸服务，发挥支线港口岸服务和当地货代的揽货能力，结成联盟，实现双赢。争取海关总署的支持，妥善处理宁波口岸与支线港口岸和内陆口岸的进口关税考核关系，形成合力，扩大内支线和内陆腹地。二要学习中国香港、新加坡国际枢纽港的先进做法，以提高国际中转效率为中心，完善和创新口岸通关服务，大力培育国际中转运输市场，创造全球一流的国际中转环境和效率，让船公司在宁波港中转得到更多的经济利益，促进宁波港成为国际枢纽港。

5. 不断提高港口管理总体水平，适应港口集装箱运输高速发展需要。近年来宁波港集装箱运输超常规发展对港口系统管理和作业效率提出了新的要求，如引航的能力、港区内外的堆场能力、门吊的能力、相应的操作人员配备、系统作业效率的提高、与港口集装箱作业相关人员的积极性发挥等等。从集装箱船舶进入锚地到离港，某一环节出问题或效率不高，都会影响整个港口的作业效率，从而影响船公司和相关客户的利益。因此，要不断加强港口系统管理，以客户为中心，经常听取船公司和集卡、货代、堆场等企业的意见，采取有效措施，完善服务，提高港口效率；以人为本，大力培养和储备港口集装箱运输所需的各类专业人才，完善岗位责任和分配等制度，最大限度地调动职工的工作积极性，努力保持宁波港高速持续发展的良好势头。

（原载于《宁波通讯》2004 年第 2 期，有删改）

我国港口集装箱中转运输的问题与对策

建设国际集装箱中转枢纽港，实现由港口大国向港口强国的转变，是我国港口建设一项战略性的重要任务。近年来，随着集装箱吞吐规模的不断扩大，部分港口的国际中转业务已经起步，但是发展比较缓慢，个别港口还出现下滑态势，应当引起高度重视。

一、影响我国港口国际集装箱中转运输发展的主要因素

1. 法规、政策和制度。现行的国际海运法规，国内海运政策，外贸结汇、退税政策，通关查验制度及转关管理等不利于我国大陆建设国际集装箱枢纽港。

（1）国际海运法规的影响。2001年12月1日颁布的《中华人民共和国国际海运条例》第28条第2款规定："外国国际船舶运输经营者不得经营中国港口之间的船舶运输业务，也不得利用租用的中国籍船舶或者舱位，或者以互换舱位等方式变相经营中国港口之间的船舶运输业务。"该规定的出发点可能是为了体现国家主权和国际海运的对等原则，保护国内支线船公司的利益。

外国国际船舶运输经营者经营中国港口之间的运输业务可能采取4种方式：（1）纯粹经营中国港口之间运输业务，没有国际航线经营业务；（2）利用

其经营的国际航线为其他外国国际船舶运输经营者捎带经营中国港口之间运输业务;(3)为了自身在中国大陆港口开展的国际中转运输业务需要,经营中国港口之间捎带运输业务;(4)为了规避大陆国际海运政策,利用干线船捎带大陆某一港口的国际集装箱并绕道境外,再到大陆另一港口将其装载至自己的中转干线船。笔者认为,前两种经营方式应予以坚决禁止,而对第 3 和第 4 种经营方式应加以研究。这是因为,一方面我国大陆要建设国际集装箱枢纽港,这是国家战略、国家主权和大局利益所在。国际集装箱枢纽港的建设经验表明,建设集装箱枢纽港不仅需要本国的国际船舶运输经营者参与,还需要大量的外国国际船舶运输经营者参与。我们希望国外船舶运输经营者把国外货物运到我国大陆港口进行国际中转,但如果没有我国大陆港口中转货物的补充和配合,仅依靠国外货物国际中转可能达不到一定的运输经济规模,外国国际船舶经营者缺乏利益动力,不会把货物运到我国大陆港口进行国际中转,那么我国大陆建设国际集装箱枢纽港的难度就会增加。另一方面,从实际运作情况来看,国外国际船舶运输经营者掌握的货源、流向、流量规模、运输成本和转运港口安排等与国内支线船公司的运力、运输规模、运输成本、挂靠港安排等难以对接,较难形成合作关系,即使是国内 3 大国际航运巨头中远、中海和中外运,也未必能与国内其他支线船公司顺利合作。例如,国际船舶运输经营者计划经营从大连到上海的国际集装箱中转运输业务,但是,如果委托国内支线船公司运输,运价是 190—220 美元 /TEU,而到韩国釜山港的运价是 170 美元 /TEU,毫无疑问其将会把集装箱运到韩国釜山港去中转。这样,外国国际船舶运输经营者为了遵守《中华人民共和国国际海运条例》的有关规定,只能将可以在大陆港口中转的大陆货物运到国外中转。

显而易见,禁止第 3 和第 4 种经营方式不利于我国大陆港口建设国际集装箱枢纽港,反而给周边的国外港口增加国际中转货源,而对国内内支线经营者也没有带来实质性的好处。据 2007 年 4 月 24 日的《航运交易公报》报道,"韩国釜山港最近披露地中海航运已计划将其转运中心由宁波港迁回釜山港,估计此举可为釜山港每年带来 40 万 TEU 的吞吐量,地中海航运曾于 2005 年将其区域转运中心由釜山迁往宁波。"在短短 1 年左右的时间里,地中海航运区域转运中心再次迁址,原因正在于我国大陆国际海运政策的限制。据有关资料介绍,2005 年韩国釜山港国际中转箱量 518 万 TEU 中大约有 450 万 TEU 是我国北方港口喂给的,而其中绝大部分是可以在国内港口中转的,这一现象值得业界深思。

(2)国内海运政策的影响。国内海运政策对水路运输的支持还不够,如进口船舶需缴 27.4% 的增值税和关税,水运企业与公路、铁路运输企业执行同样的营业税和所得税政策等,这不利于充分利用水路资源和港口资源,与贯彻科学发展观也有距离。

(3)外贸结汇、退税政策和通关查验制度的影响。目前,我国大陆外贸集装箱直接出口到境外中转就能办理结汇、退税,但如果装上国内支线船至沿海其他港口中转,要从中转港出运后才能办理结汇、退税。沿海中转的结汇、退税时间比直接出口到境外中转延迟一星期左右,若遇到中转港查验,时间更长。在通关查验方面,沿海中转的外贸集装箱在始发港通关装船后,到国内中转港还必须复查,一般需要 3—5 天才能装船出境。如果中转港的二程船有所改变,还需要返回始发港重新报关,更改船名与关封,同时还要发生移箱费、查验费和时间损失等。这样的通关模式仅局限于少数几个经国家海关总署批准的港口,大多数外贸集装箱沿海中转的始运港还不能报关,必须到达装运出境的中转港才能报关。这些均不利于我国大陆建设国际集装箱枢纽港。

(4)转关管理的影响。在海关的转关管理上,尽管有"应转尽转"的规定,但这与海关内部关税指标的考核和排位发生一定的矛盾,从而影响转关运输和中小港口、内陆无水港的发展,也影响枢纽港建设。

2. 港口间的竞争心态。在我国大陆,为满足开放型经济和区域经济的发展需要,从北到南许多港口都在竞争国际航运中心或集装箱枢纽港以及干线港。各地港口为了实现自己的发展目标,在市场经济体制下,开展必要的竞争是难以避免的。但是,有的港口只讲竞争不谋合作,宁愿把箱子运到国外中转,也不愿到国内有关港口中转。这种在"宁做鸡头,不为凤尾"心理驱使下的竞争,只会使我国大陆的货源流向周边国家,不仅延缓大陆国际航运中心或枢纽港的建设进程,而且会让周边国家港口从中受益。

二、对策建议

1. 自觉遵循港口发展规律,认真落实科学发展观。港口有其自身的发展规律,建设国际航运中心或枢纽港以及干线港不仅要有深水港资源和良好的作业气候条件,还要有充足的货源、高效的集疏运系统、完善的城市综合服务等条件。在我国大陆各个港口争建国际航运中心或枢纽港以及干线港对某一区域来说有其必要性,也有其建设的一些有利条件,但如果放到全国的范围考虑,就会发现自身的某些不足。有些不足条件尽管可以通过行政的力量人为创造,但不能违背自然规律和经济规律,不能不计资源、环境和经济的代价,而应该认识规律,把握规律,努力降低发展成本。开发港口资源实施以港兴市战略,各地应走多元化港口发展道路,不能局限在发展港口运输上。

港口不仅可以发展航运,还可发展临港工业和相关的服务业。从发展区域经济的角度,发展临港工业可能比发展航运业对当地经济的带动作用更大、效果更好,还可避免港口间的一些竞争,实现错位发展。从发展航运的角度,不管是发展国际航运中心还是枢纽港、干线港、支线港,只要以经济效益为导向,发展哪种类型的港口都是可以的。如果是发展国际航运中心和枢纽港、干线港,也要以大局为重,遵循经济规律,既要有所为,又要有所不为,放下架子,加强合作,依据市场需要,建立互喂机制,共同做大做强,不能单打硬拼。在发展航运的过程中,还应考虑建设综合性港口还是专业性港口,找准定位,错位发展。需要借鉴工业经济从追求产值向追求效益转变的发展经验,以港口政企分开为契机,尽快转变发展模式,从追求吞吐规模向追求港口经济效益转变，不仅要名更要求利。只有提高港口企业经济效益，建设港口强国的目标才能建立在扎实的微观经济基础上，港口企业的自身发展也有持续的利益保障。

建议中央政府按照2006年8月16日国务院审议通过的《全国沿海港口布局规划》，加强宏观调控，扶持具备条件的大港向国际航运中心或枢纽港发展，引导港口之间建立转运关系，建立大陆港口间的转运体系，进一步提升我国港口的国际地位。

2. 研究制定有利于国际集装箱枢纽港建设的国际海运政策。抓紧修订《中华人民共和国国际海运条例》第28条第2款的相关规定，该规定源自1990年12月5日发布的《中华人民共和国海上国际集装箱运输管理规定》第6章第6条第3款："外国企业不得经营中华人民共和国港口之间的海上集装箱班轮运输。"经过近20年的发展，我国港口集装箱运输发生重大变化，1990年大陆港口集装箱吞吐量仅有142.7万TEU，其中国内第一位的上海港也只有45.6万TEU，当时港口发展目标是推进干线港建设，而2006年大陆港口吞吐量已经达到9361万TEU，其中沿海港口完成8579万TEU，超过百万TEU的港口就有14个，500万TEU以上的港口有天津（595万TEU）、广州（666万TEU）、宁波（706.8万TEU）、青岛（770万TEU）、深圳（1847万TEU）和上海（2172万TEU）。现在的港口发展目标是建设国际航运中心或国际集装箱枢纽港，这是港口的发展阶段和规律所决定的。建设国际集装箱枢纽港不仅要使国内的国际集装箱在国内中转，还要吸引境外的国际集装箱在国内中转，这是国家主权和国家战略利益、港口国际地位的基本要求。据了解，面对我国大陆外贸和港口国际集装箱运输持续高速发展的难得机遇，许多境外国际船舶运输经营者正在实施将国际转运中心移往大陆的战略计划。这正是我国大陆港口发展的难得机会。

建议政策允许外国国际船舶运输经营者在我国港口开展国际中转运输业务及与之相配套的我国港口之间船舶运输业务，而对未在我国港口开展国际中转运输业务的外国国际船舶运输经营者,则不允许他们经营我国港口之间的船舶运输业务,而允许利用租用的中国籍船舶或者舱位,或者以舱位等方式变相经营中国港口之间的船舶运输业务。建议实施这一规定的优点在于,既有利于体现国家主权,又有利于减少我国外贸货物运到国外中转,促进我国大陆国际集装箱枢纽港建设,提升国际港口地位,实现国家利益,有利于降低外贸运输成本,促进我国开放型经济发展。

3. 制定有利于国内水运发展的政策。降低船舶进口的增值税和关税,或在国内设立保税船舶注册区,对水运企业在税收上给予扶持,引导货物运输从公路、铁路转向水路。

4. 制定有利于建设国际集装箱枢纽港的结汇退税政策。对在国内沿海港口中转的国际集装箱在始发港通关装船后,视同出口,办理相应的结汇退税。沿海中转港将出运的中转箱及时函告始发港,防止不法商骗取结汇、退税牟利,对违规者予以重罚。参照境外中转港做法,改进口岸查验,提高效率,降低成本。

5. 完善海关内部关税考核和排位管理方法。海关内部增加转关服务考核和排位,促进港口、海关、沿海与内地的协调发展,促进水路运输与公路铁路运输的协调发展。

(原载于《集装箱化》2008 年第 2 期,有删改)

宁波港跨越式发展的启示

宁波港正式开埠于752年，距今已有1000多年的历史，是我国对外开放最早的港口之一。鸦片战争之后，宁波港与广州、厦门、福州、上海港口一起被辟为五口通商口岸之一。尽管宁波港历史悠久，到1949年港口吞吐量也只有4万吨。中华人民共和国成立后，宁波港有了一定发展，但是港口发展十分滞缓，1978年宁波港的吞吐量才增加到214万吨，29年间年均增加仅约7万吨。

改革开放30年，是古老的宁波港焕发生机和活力的最佳时期，也是宁波港发展最快的30年。在这30年，宁波港实现了从内河港向河口港和海港的跨越，实现了从单一的件杂货装卸港向铁矿、原油、煤炭、液体化工、国际集装箱综合转运港的跨越，实现了从运输港向运输港与工业港相结合的跨越，实现了港口腹地以浙江省为主向服务长江三角洲乃至全国的跨越，实现了从地方小港向国际大港的跨越。2007年，宁波港完成货物吞吐量3.45亿吨，其中集装箱吞吐量完成935万标准箱，分别居世界港口第4位和第11位，已成为我国重要的国际集装箱干线港，成为上海国际航运中心的重要组成部分。

改革开放30年，宁波港实现跨越发展，从中可以得到诸多启示。

启示一：改革开放带来港口发展的机遇，创造了港口发展的动力和活力

港口作为对外开放的重要基础条件，与国家改革开放息息相关。改革开放以来，我国积极开展招商引资，大力发展外贸进出口，为港口运输奠定了货源基础。1978年到2007年，我国外贸进出口年均增长17.42%，其中出口年均增长18.11%，成为世界出口贸易第二大国。1982年到2007年，宁波口岸进出口年均增长30.31%，其中出口年均增长29.73%，成为国内第六大口岸。实践证明，改革开放在宏观层面上为港口发展创造了体制环境和市场需求，同时港口的发展又促进了改革开放。

30年来，中央先后对港口管理体制进行了改革，包括把港口管理权下放地方，实行双重领导，实施政企分开和引航体制改革，既调动了地方政府建设港口的积极性，又使港口企业能集中力量做好码头运营商服务工作。在微观层面，宁波港大力推行用工制度、分配制度、人事制度和企业改革，建立股份制企业和法人治理结构，激发了职工创新创业热情，极大地增强了企业活力。

启示二：港城互动，协调发展；港为城用，城以港兴

宁波发展的优势在港口，发展的潜力在港口，发展的希望也在港口。基于这样的认识，宁波市委、市政府在1984年初召开宁波发展战略研讨会，与会省市领导和专家提出了"以港兴市，以市促港"发展战略和指导思想，优先发展港口以及与港口配套的集疏运网络，以港口发展促进宁波经济、贸易和整个社会发展。依托港口优势，先后建立了宁波经济技术开发区、宁波保税区和大榭开发区，进入了大力发展临港工业的新时期。长期以来，宁波市委、市政府始终把港口放在十分重要的战略地位，围绕港城互动发展战略和目标，着力开展了大规模的港口和以港口为中心的集疏运网络建设，培育航运市场和港口服务产业，改善口岸服务，吸引了一大批外商来宁波投资，吸引了国际

班轮公司集聚，推动了宁波工业化、现代化、城市化、国际化的进程，促进了外贸和港口发展，促进了经济结构和产业结构调整，提升了城市和港口的地位、综合实力和国际竞争力。根据有关数据显示，港口生产经营与其他产业及间接诱发的经济贡献为1:5，提供就业比值为1:9，宁波港每增加1元产值，就为宁波市带来89.6元的社会效益。2007年，宁波市完成GDP3433.08亿元，进出口565亿美元，实际使用外资25.05亿美元，规模以上的临港工业总产值达到3398亿元，占宁波市规模以上工业总产值的43.6%。与1978年相比，宁波市GDP年均增长14.7%，财政一般预算收入年均增长18.74%，城市居民可支配收入和农村居民人均纯收入年均增长分别达到15.94%和14.46%。经过20多年的努力，宁波市港口、产业、城市互动发展的模式已经形成，并取得了辉煌的成就。

启示三：抓住机遇，加快发展

改革开放30年，我国进入了工业化快速发展时期。发展重化工业需要国际原油和铁矿资源，国内廉价的劳动力资源和巨大的加工生产能力需要国际消费品市场。基于对这种机遇的认识和把握，宁波港适时建设了20万吨级兼靠泊30万吨级船舶的铁矿码头、25万吨级原油码头、5万吨级液体化工码头和能靠泊超大型的万箱级集装箱船舶码头，吸引了国内外客户在宁波港开展转运业务。目前，宁波港百里港区拥有生产性泊位311座，其中万吨级以上深水泊位64座，形成大中小泊位配套，多功能、综合性的现代化大港。

1995年11月25日，中共浙江省委、省政府向党中央国务院提交了《关于建议组建上海—宁波—舟山组合港，加快建成上海国际航运中心的报告》。1996年1月中旬，国务院做出建设以上海为中心，江苏和浙江为两翼的上海国际航运中心战略部署。浙江省和宁波市紧紧把握这一历史性发展机遇，在交通部、国家发改委的大力支持下，把国际集装箱运输作为港口发展的重中之重，投入巨资规划建设集装箱码头，大力发展航线和航班，积极培育航运市场,不断改善口岸和码头服务,使港口集装箱吞吐量由 1995 年的 16 万标准箱跃升到 2007 年的 935 万标准箱,年均递增 40.35%。

抢抓机遇,需要正确判断形势,坚定信心。1995 年,宁波港开始谋划北仑三期集装箱码头建设,当时由于对国内港口发展定位存有争议,有人认为宁波港只能发展大宗散货运输,集装箱运输应由上海港来做;有人认为宁波港腹地小,其腹地只能在杭州以东和以南地区,做不大;还有人认为宁波港 1996 年美东航线没有开辟成功,没有条件发展集装箱运输。北仑三期项目上报后,上上下下反复论证,前后历时约 8 年,直到 2002 年项目才得到正式批准。宁波港边申报,边建设,边发展,2002 年港口集装箱吞吐量完成 186 万标准箱,航线达到 83 条,其中远洋 24 条、近洋 30 条、内支线 18 条、内贸线 11 条。如果没有北仑三期码头的建设,港口集装箱吞吐量至少减少 100 万标准箱左右,必将影响后续的发展。港口能力的建设,既满足了国民经济发展的需要,宁波港自身也得到了快速发展。

启示四:改善口岸服务和集疏运设施,为港口发展创造条件

口岸服务是港口发展的重要环节,也是货主和船公司十分关心的问题。宁波港根据自身的特点,与口岸联检单位建立定期的联席会议制度,及时沟通情况,共同探讨和解决有关问题。宁波口岸联检部门本着为国把关、服务经济发展的宗旨,不断改进查验服务,增强了宁波港对腹地货源的吸引力。

集疏运网络是港口发展的基础条件,对开拓港口腹地起着十分重要的作用。1996 年之前,宁波是一个交通末梢城市,对外交通没有高等级公路,只有萧甬铁路和比较狭窄的国道,严重制约着宁波港腹地拓展。在中央和浙江省政府的支持下,宁波市着手规划和建设高速公路,经过十多年的努力,杭甬高速、同三沿海大通道的甬台温高速、甬金高速、杭州湾跨海大桥相继建成,以宁波港为核心的高速公路集疏运系统已经基本形成,省内货物走宁波港的陆运效率提高一倍以上,宁波港服务嘉兴和苏州地区已经成为可能,为扩大腹

地创造了重要条件。下一步，宁波市将进行以港口为核心的铁路集疏运系统建设，港口腹地将着重向省外拓展。

启示五：遵循港口发展的规律，科学发展

1. 根据不同的运输货种与客户搞好合作。港口的客户主要是船公司和货主，在大宗散货和集装箱运输中船公司和货主的作用是各不相同的。大宗散货运输的特点是货源掌握在货主手中，货主少、货量集中、运输港口批次少、运输量大，船公司跟着货主走；而集装箱运输的特点是货源掌握在船公司手中，货主多、货量分散、运输批次多、运输量小，货主跟着船公司的航线、航班和运价走。根据这样的特点，港口在组织货源时，大宗散货运输要主动与货主加强合作，集装箱运输则要主动与船公司加强合作。只有这样，才能抓住货源组织的牛鼻子，促进港航运输的发展。

2. 尊重船公司的选择，开放航线。宁波港作为深水大港，在1998年前，出于大力发展远洋干线的考虑，适当限制了发展近洋航线，认为发展了近洋航线会分流远洋干线的货量，从而影响远洋干线的发展。实践证明：按照这种思路，加上当时港口吞吐规模较小，远洋干线很难发展。事实上，船公司到某一港口发展航线需要一个培育货源的过程。一般从近洋航线或与其他船公司合作经营航线开始，通过货源积聚，达到一定要求时才会开辟远洋干线。在总结实践经验的基础上，宁波港及时调整思路，每年主动到境外推介港口，开放航线，不论是干线还是支线，一律欢迎，使航线总量快速增加，由1997年15条发展到2007年的201条，航线遍及全球各大航区，月航班超过了800班。

3. 打造服务品牌，培育航运市场，努力营造便捷的运输环境。宁波港践行"尊客爱货，诚信为本"的服务理念和"细节始终，优中见优"的质量理念，坚持为船公司提供24小时的靠离泊服务，确保班轮准班运营。对班轮实行"保质量、保安全、保准班"的"三保"承诺，开展生产求助电话"110"等服务，为客户排忧解难，打造了原油转运"一条龙"、集装箱作业"M35"、煤炭作业"三优"

等服务品牌,得到客户的认可。宁波港还经常走访客户,听取客户意见,改进港口服务;同时,不断完善港口服务功能,建立订舱服务平台,以提高宁波港为腹地服务的能力。

4. 依靠科技进步,提升竞争力。港口作业点多、面广、环节多、时效性强,传统的人工作业已经难以适应港口发展的需要。宁波港面对船舶大型化的趋势,不断投入新设备,改造老设备,提高作业效率。同时,加强信息科技队伍建设,在管理、调度、引航、码头、堆场等环节大力应用信息技术,既节约了劳动成本,又提高了码头效率和全员劳动生产率,满足了客户的需求。

启示六: 加强合作,共同发展

市场经济是竞争经济,也是合作经济。宁波港在积极参与市场竞争的同时,也十分注重与相关港口和内陆腹地的合作。宁波港与上海港在激烈的市场竞争中,两港的高层有一个基本的共识,即加强合作,共谋发展。自2007年开始,两港建立了合作平台,每年召开两次高层恳谈会,商议发展中共同关心的问题,建立了战略交流、业务交流、信息交流、技术交流机制,两港的合作正从务虚到务实,逐步深入发展。宁波港积极实施浙江省委提出的"港航强省"战略,与省内外其他港口加强合作,与舟山港、温州港、台州港、嘉兴港、太仓港、南京港等开展投资合作,实行优势互补,风险共担,利益共享。此外,宁波港与国际码头运营商、国际班轮公司的合作也取得了积极成效。与香港和记黄埔、地中海航运、意邮、东方海外、中远等的合作,对发展航线,增加航班,提高码头管理水平,发展国际中转业务都起到了积极作用。

启示七: 不断争创新优势,促进港口持续发展

天然的深水良港是宁波港的最大优势。但是,随着建港技术的提高和经济实力的增强,国内深水港不断增加,宁波港深水优势正在淡化。为此,宁波市和宁波港在体制上争创新优势,经国务院批准设立了保税物流园区和保税

港区；在拓展市场上争创新优势，与铁路部门合作建设铁路和枢纽场站；在码头上与班轮公司合作，共同建设集装箱码头，发展国际中转业务；在业务上与国际著名物流公司合作，拓展现代物流；在品牌上与国内咨询公司合作，加强企业品牌规划和建设，提升软实力，为宁波港的持续快速发展提供重要保障。

展望未来，宁波港站在国际大港的新起点，要紧紧围绕建设现代化国际港口城市的宏伟目标，坚持"以港兴市，以市促港"发展战略不动摇，实践强港报国、服务世界理念，立足宁波、依托浙江、服务长三角、辐射中西部、对接海内外，坚持科学发展，争创一流港口，把握机遇，迎接挑战，认真总结经验，积极创新发展思路和举措，不断增强国际竞争力，向世界强港目标奋进，努力实现第二次历史性的跨越，并与国内同行一起为建设港口强国做出积极的贡献。

（原载于《港口经济》2009年第1期，有删改）

论宁波加快建设国际强港

2011年3月1日,浙江省人民政府披露国务院正式批复《浙江海洋经济发展示范区规划》,标志着浙江海洋经济发展示范区建设上升为国家战略。批复认为,建设好浙江海洋经济发展示范区关系到我国实施海洋发展战略和完善区域发展总体战略的全局。《中共宁波市委关于制定宁波市国民经济和社会发展第十二个五年规划的建议》提出:加快建设国际强港,促进海洋经济跨越式发展。这是中共宁波市委贯彻落实《浙江海洋经济发展示范区规划》,立足宁波港发展现实基础,洞察外部环境,把握历史性发展机遇,首次做出的建设国际强港发展战略目标,必将引领宁波港进入新的发展阶段,具有十分重要的战略意义。

一、国际强港的基本认识

(一)强港的定义

国际强港包含三层含义:国际、强、港。"国际"是指港口的影响和比较范围。"强"是指港口的竞争力、影响力、贡献率、发展水平。"港"是指港口业务范畴。三者的关系是:港口是基础,强是核心,国际是强度。

目前,国际上还没有权威的国际强港定义。定义是认识主体使用判断或命题的语言逻辑形式,确定一个认识对象或事物在有关事物的综合分类系统中的位置和界限,是对事物本质属性界定的认识行为。按照国际通行的三次产业理论划分,港口属于第三产业范畴,是为航运业提供服务的基础设施。服务是港口经营商的产品,强港的本质要求是以港口为平台,突出服务的强性。因此,国际强港是在国际港口中,具有较强的为客户服务的能力,集聚客户需求,实现客户期望,处于国际领先发展和较强影响力的港口。

(二)港口服务的对象和内容

港口服务的对象主要有运输的货物和旅客、运输设备及其管理和操作人员,包括船舶、汽车、火车、管道及其操作和管理人员等。

港口的服务对象决定其服务内容,一般认为有三大类服务内容:

1. 基础性服务,旅客上下船、候船、候车、港口装卸、仓储、理货、拖船、引航等。

2. 辅助性服务,代理服务有船舶和车辆代理、货物代理;船舶和车辆供应有船舶和车辆燃料、物料、淡水、备件、伙食、海图、地图等供应;修理服务有船舶、汽车、火车、管道修理、集装箱修理、船用设备(通信导航)修理、港口设备修理等;驾驶人员劳务有船员劳务、货车司机劳务、清理货舱、船舶和车辆保安;货运服务有内陆运输、集装箱和散货场站、报关、报检;运输经纪有船舶和车辆买卖与租赁、货运业务中介、旅行业务中介等;运输设备检验有船舶和车辆、管道检验、设备检验等。

3. 金融和知识性服务,运输金融有融资、抵押担保、结算;运输保险有再保、分保、互保、运输损失估算、保险理赔;运输信息有信息收集、加工与发布、研究与咨询、媒体、信息网络交换与交易;运输法律有陆上运输法律服务、海事法律、海事仲裁;运输教育与培训有各类运输专业学校教育、培训机构、学术团体、研究所、设计院等等。

(三)国际航运中心与国际强港

国务院《关于推进上海加快发展现代服务业和先进制造业 建设国际金融中心和国际航运中心的意见》(国发〔2009〕19号)提出:"国际航运中心建

设的总体目标是：到 2020 年，基本建成航运资源高度集聚、航运服务功能健全、航运市场环境优良、现代物流服务高效，具有全球航运资源配置能力的国际航运中心；基本形成以上海为中心，以江浙为两翼，以长江流域为腹地，与国内其他港口合理分工、紧密协作的国际航运枢纽港；基本形成规模化、集约化、快捷高效、结构优化的现代化港口集疏运体系，以及国际航空枢纽港，实现多种运输方式一体化发展；基本形成服务优质、功能完备的现代航运服务体系，营造便捷、高效、安全、法治的口岸环境和现代国际航运服务环境，增强国际航运资源整合能力，提高综合竞争力和服务能力。"这一战略目标非常清晰地阐述了国际航运中心的内涵和上海国际航运中心的构成体系，即：航运中心、国际航运枢纽港、多种运输方式一体化的集疏运体系和综合服务体系与服务环境。马硕先生（世界海事大学副校长、教授，上海国际航运研究中心专家委员会主任）认为：国际航运中心可以被描述为一个在世界范围内对那些以国际流动性为特征的服务型和知识型航运业务具有竞争力，从而在这些领域里市场份额大、国际排名领先的城市国际强港，是国际航运中心的发展基础和重要组成部分，国际航运中心是国际强港的高级发展阶段，具有更丰富的内涵和更高的要求。

（四）国际强港的主要条件

国际强港一般指货物运输港。要成为国际强港需要具备以下一些条件：

1. 优越的港口自然条件。包括航道和码头前沿水深能满足船舶大型化趋势、有较高的全年可作业天数率、不冻不淤等。

2. 良好的区位优势和广阔的服务腹地。一种是位于国际航运要道，以海向腹地为依托，适宜于开展水水中转运输；另一种是有较大的内陆腹地依托，且处于各种运输方式最佳交汇处，宜于开展水陆中转运输；再一种是既有优越的海向腹地，又有广阔的陆向腹地，具有开展水水中转和水陆中转的综合优势。

3. 四通八达、高效便捷的集疏运网络。包括水路、铁路、公路、管道、航空运输方式比较完备。

4. 巨大的市场运输和物流需求，国际前茅的港口发展规模，特别是国际集装箱发展规模。市场需求是港口业务发展基础，国际前茅的吞吐规模是港口做强的前提条件。

5. 优良的口岸服务环境。在维护国家利益的前提下，具有国际领先的通关、通检效率。

6. 完善的港口服务功能和国际领先的码头作业效率。具有能适应各种货物和船舶运输的专业化和现代化码头及其设施，码头和引航作业效率国际一流。

7. 港口资源的高效利用，最大限度实现港口与区域经济和社会互动发展，具有国际领先的产出率和贡献度。

8. 具有与国际接轨的体制和机制。包括自由港政策、国际港口安保制度、国际港口卫生制度与国际接轨的港口商务制度等。

9. 具有完善的综合服务体系和市场环境。包括法律服务、信息服务、金融服务、引航服务、教育和培训服务、后勤保障服务，公开、公正、公平和高效有序、运作规范的运输市场发展环境。

10. 具有对国际港航界较强影响力和集聚力的服务品牌。包括国际航运和物流巨头的集聚，成为国际航运管理和服务中心，或成为国际物流体系的枢纽等。

二、宁波建设国际强港的必要性和紧迫性

（一）宁波建设国际强港的必要性

改革开放30多年，是古老的宁波港焕发生机和活力的最佳时期，也是宁波港发展最快的30多年。

在这30多年，宁波港实现了从内河港向河口港和深水海港的跨越；实现了从单一的件杂货装卸港向铁矿、原油、煤炭、液体化工、国际集装箱、滚装汽

车多功能综合转运港的跨越;实现了从运输港向运输港与工业港相结合的跨越;实现了港口腹地以浙江省为主向服务长江三角洲乃至全国和国际中转的跨越;实现了管理体制由计划经济管理向市场经济管理的跨越,主要表现为三大转变:从中央政府主管部门管理为主向地方政府主管部门管理为主转变,业务运营由计划经济向市场经济转变,港口经营主体由单一的政企合一向公共码头运营商为主、货主码头为辅转变;实现了从地方小港向国际大港的跨越。2010年,宁波港完成货物吞吐量4.1亿吨,其中集装箱吞吐量完成1300万TEU,居国内港口第3位、世界港口第6位,宁波港已成为我国重要的国际集装箱干线港,成为上海国际航运中心的重要组成部分。

宁波港"六大"跨越式发展对宁波市和浙江省发展定位、发展战略、开发开放、区域经济发展、扩大就业、经济结构和产业结构调整、国家战略资源配置、区域交通规划与建设、建设上海国际航运中心、提高国际知名度都产生了不可替代的极其重要的影响,港口与区域发展互动成就举世瞩目。今后,要实现国家海洋经济发展战略、浙江省和宁波市区域发展战略目标,乃至促进中西部开发开放仍需发挥宁波港优势,这也是宁波港肩负的历史使命和发展方向。

港口发展大有极限,强无止境。尤其是港口资源不可再生,提高港口资源的利用率和综合效益是港口发展的主要目标,也是建设国际强港的基本要求。

未来,宁波港要实践科学发展,遵循港口发展规律,转型升级,争创国际领先,建设国际强港是必由之路。

(二)宁波建设国际强港的紧迫性

一是要为建设港口强国做出宁波港的应有贡献。中国已是世界港口大国,自2003年以来,港口吞吐量和集装箱吞吐量超过美国,保持世界港口大国地位,但与港口强国相比还有较大差距,中国港口在国际港航界的影响力和话语权还不够大,宁波港要从国家战略利益出发,为建设港口强国添砖加瓦。

二是参与国际港口竞争的需要。鉴于港口在国家经济和社会发展中的特殊地位和重要作用，近年来，日本、韩国针对中国港口发展做出了相应的竞争举措，包括港口规划、建设和整合、改革港口管理体制、制定优惠的政策措施等；新加坡长期致力于港口服务优化，大力发展港口信息技术，提高服务水平，培育国际码头运营巨头，积极发展海外码头投资，建立全球码头运营格局等；鹿特丹港、新加坡港积极发展港口物流，集聚国际物流巨头，提升港口附加值；越南计划在胡志明市附近建一个全球最大的集装箱运输港，可以停靠目前全球最大的集装箱运输船舶，挑战中国香港和新加坡在全球贸易运输体系的地位。

三是国内港口发展迅猛，形势逼人。沿海地方政府高度重视港口地位和作用，高目标规划，高起点发展，高强度建设，高水平运作，港口供求格局发生重大变化，宁波港前有标兵，后有追兵，面临重大挑战。

四是中西部内陆地区发展，产业转移和结构调整，对港口货源组织和服务提出新的要求。在中央政府的大力支持下，中西部地区综合优势凸显，发展势头十分强劲，正在迅速崛起，已成了国内诸多港口必争之地。抢抓中西部地区发展机遇，以优质的服务、快速的时间、较低的物流成本拓展腹地，是港口企业吸引客户的重要法宝，也是做大做强的必然要求。

五是船舶大型化新机遇和新挑战。随着世界经济逐步复苏和科学技术不断进步，为了进一步降低航运成本，2011年2月21日国际航运巨头马士基公司宣布，向韩国大宇造船及海洋工程有限公司订造了10艘18000TEU型集装箱船舶，预计在2—4年后陆续投放亚欧航线运营，并附加20艘同类型船选择权，形成新的国际航运竞争力，将带动全球船舶大型化进入新的发展阶段，也必将推动国际枢纽港布局的重新调整。宁波港作为国际深水良港要取得新一轮的船舶大型化发展机遇必须加快建设国际强港。

三、宁波建设国际强港的战略重点和实施途径

（一）宁波建设国际强港的战略重点

建设国际强港，良好的港口自然条件、硬件设施和领先的吞吐规模是前提和基础，而先进的港口发展机制和优越的港口发展环境则是建设国际强港的关键所在。宁波建设国际强港不仅要按照市场需求，适度超前推进码头、航道、锚地、公路、铁路、场站等能力建设，保持吞吐规模领先水平，还必须把着力推进发展机制建设和市场环境培育，推进港口发展模式创新作为长期的战略重点来抓。

（二）积极推进十大机制建设

1. 积极探索建立自由贸易港区机制。《中共中央关于制定国民经济和社会发展第十二个五年规划建议》提出："实施互利共赢的开放战略，进一步提高对外开放水平"，"引导和推进区域合作进程，加快实施自由贸易区战略……"建立自由贸易港区是实施自由贸易区战略的重要窗口和通道，也是建设国际强港最重要的体制条件。宁波要抓住国家进一步对外开放的战略机遇期，在扎扎实实建设好梅山保税港区的基础上，加快研究建设自由贸易港区的实施方案，积极争取国家支持，力争在国内率先实施自由贸易港区体制。

2. 建立港口基础设施规划、建设、运营保障和推进机制。按照科学发展观要求，优化配置岸线资源，大力发展公共码头；对利用率较低的货主码头，要积极创造条件，通过资产重组、业务合作、统一调度等多种形式，在满足货主自身业务需求前提下，向公用码头转变，提高码头利用率。要根据市场需求，完善港口各货种的吞吐能力结构，把握码头能力建设进度，系统规划港口服务链各环节的能力，克服瓶颈制约，提高港口整体能力。加快以宁波港为中心的铁路、航道、锚地规划建设和改造，加强航道、锚地安全运营保障，严厉打击破坏航道、锚地正常使用的不当行为。紧紧依靠现代科技建设国际强港，大力发展智慧港口、智慧场站、智慧运输和港口服务信息平台，积极探索应用

物联网技术,提高管理和服务水平。大力发展公路双重运输和甩挂运输,大力推进船舶岸边直供电、龙门吊油改电、集卡油改气等节能项目,加强本质安全管理,建设节能型、环保型、安全型港口。

3. 建立国际强港经营主体和人才培育机制。一是要做大做强宁波港股份有限公司,在港口建设用地指标安排、用地价格、税收、业务和资本运作、国内外市场开拓、发展后劲培育等方面继续给予大力支持,使之成为宁波建设国际强港的龙头企业。二是大力培育和引进建设国际强港各类专业人才,有选择地分期分批组织与建设国际强港密切相关的部门、单位和企业负责人到国内外有关院校、研究机构、先进港口和物流企业考察学习,开阔视野,拓展思路,丰富知识,提高发展水平。三是大力发展与建设国际强港相关的各类经营和服务主体、研究机构,健全市场功能,增强发展活力。

4. 创新货源组织机制。传统的港口货源组织机制是依托港口和集疏运条件、港口和口岸服务、货运代理服务等集散货物。新型货源组织机制应是在传统机制基础上,以港口和工农业、消费需求为依托,大力发展国际国内贸易平台和现代物流,以贸易平台和现代物流集聚货源,促进港口转型升级,提升竞争力。

5. 研究设立国家海铁联运发展示范区机制。腹地大小是决定港口强弱的重要条件之一。宁波港是陆向腹地型港口,铁路运输具有明显的比较优势和较大的发展空间,随着中西部地区开发开放,对港口的运输需求会日益增加。与水路运输、公路运输相比,铁路运输更具有集权性、计划性、系统性的特点。根据我国铁路管理特点和发展现状及其发展趋势,为了满足国民经济发展需求,优化铁路管理,完善铁路经营发展机制,加强铁路与港口更加紧密合作势在必行,也是实现铁路、港口、内陆地区多赢之举。为了更有效地扩大宁波港腹地,宁波市需要进一步加强与铁道部、国家发改委联合,研究建立国家海铁联运发展综合示范区,重点在海铁联运经营发展层面积极探索港口与铁路的优势互补,争取铁道部和国家发改委在班列运输审批、运输组织、运力保障、货源组织、信息服务、市场培育、运价优惠、发展国际多式联运、发展集装箱铁路双层运输和货物来回双重运输等方面的重点支持,创新合作模式和经营思路,实现共赢,争取中央政府在铁路建设投资、用地、税收等相关方面的支持,为宁波港创造发展先机,为中国发展海铁联运事业做出样板。

6. 口岸"大通关"合作机制。随着腹地扩大,建立宁波口岸与内陆地区口岸"大通关"合作机制,延伸宁波口岸和港口服务,不仅是强港建设的重要内容,也是内陆腹地发展的客观要求。要积极争取海关总署、国家出入境检验检疫局、环保部等部门的支持,完善口岸管理法规和政策,与时俱进,依靠现代信息技术,大力创新通关通检服务方式,提高口岸服务效率。加强与内陆口岸的人员和业务交流,建立监管有效、服务高效、合作密切的"大通关"发展机制。

7. 建立与国际物流巨头的合作机制。要把国际物流巨头作为建设国际强港重要的招商和业务合作对象,加强向国际物流巨头推介宁波港综合优势,包括港口发展、产业特点、贸易规模、集疏运条件、物流成本、口岸服务、腹地经济、综合配套服务等等,制定相应的优惠政策,促使国际物流巨头把宁波港作为其国际物流体系布局中的重要枢纽,推进宁波港转型升级和现代物流发展,提升国际地位。

8. 建立国内外港航联盟机制。一是大力发展国内港口联盟,通过资本、管理、技术、业务等合作,发挥各自优势,建立利益共同体,形成以宁波港为枢纽的沿海、沿江干支线转运格局;二是积极发展内陆"无水港",通过投资、租赁、合作等多种灵活方式,完善沿公路、沿铁路的"无水港"布局,形成以宁波港为枢纽的公水、铁水联运格局;三是进一步加强与船公司的合作,大力发展国际水水中转运输,提升港口中转水平。

9. 建立港口发展环境培育机制。优越的港口发展环境是国际强港的软实力,也是强港的主要体现。港口发展环境具有利益性、系统性、动态性、复杂性和无限性。政府要运用法律、行政、经济等手段,按照港航市场公开、公正、公平、功能完善、安全便捷、运作高效、服务优质、规范有序的总体要求,打造国际一流的市场环境,提高综合竞争力和服务能力。积极争取宁波港尽快享受上海国际航运综合试验区政策。大力培育开放合作、优质服务、运作高效、规范有序、争创一流的国际强港文化,为建设国际强港和持续发展奠定思想基础。

10. 建立港口国际合作交流机制。国际强港是品牌,是形象。国际强港是比较而言,动态发展,永无止境。发展港口国际合作交流是建设国际强港的必然要求和重要途径。积极主动参与或组织国际港口论坛、学术团体、协会、展览、建立港际或城际友好关系等活动,开展港口国际合作与交流,了解国际港口最新发展动态和成果,捕捉发展机遇,结交合作伙伴,完善发展思路,吸国际港口发展之精华,集国际港口之大成,宣传宁波港发展成就,扩大国际影响。瞄准国际强港标杆,建立友好港口关系,派遣政府主管部门和港口企业有关人员到标杆港口学习挂职,或邀请对方相关人员来宁波港进行学术讲座、考察、指导帮助。

(原载于《中国港口》2011年第6期,有删改)

注:宁波市原市长,现江西省委书记刘奇同志曾对该文做出重要批示:孟达同志的文章较系统地阐述了"国际强港"建设的内涵以及宁波打造"国际强港"的必要性、紧迫性,阅后较有启发,我认为他的一些观点和建议值得我们在今后工作中思考和吸纳。请酌。

深入推进宁波—舟山港口一体化的建议

深入推进宁波—舟山港口一体化是建设浙江海洋经济核心区的重要内容，是构建"三位一体"港航物流服务体系的重要依托，也是深入贯彻落实浙江省"港航强省"和"港口联盟"战略的龙头工程，更是宁波—舟山港转型升级、实现由世界大港向世界强港跨越的必然选择，对宁波、舟山区域统筹、联动发展，深入扩大对外开放、打造"21世纪海上丝绸之路"先行区以及参与上海国际航运中心建设都具有十分重要的战略意义和深远的历史意义。

一、发展现状

宁波—舟山港位于我国沿海中部、南北和长江"T"形结构交汇处，紧临全球最繁忙的国际主航道，是我国港口资源最优秀和最丰富的港口。截至2013年年底，已建成各类生产性泊位超过601个，其中万吨级以上泊位超过137个，吞吐能力超过6亿吨，是我国拥有深水泊位最多、超大型巨轮进出数量最多的港口。2013年完成货物吞吐量8.1亿吨，连续五年雄居全球海港排名首位；集装箱吞吐量1735万TEU，居国内港口第三位，全球排名第六位，基本形成了"一干线四大基地"的发展格局，是我国长三角及长江沿线地区重要能源物资的转运枢纽和南北沿海中转的重要节点，构成了上海国际航运中心的重要组成部分。

宁波—舟山港口一体化是浙江省"港航强省"和"港口联盟"战略的核心，按照浙江省委、省政府提出的统一品牌、统一规划、统一建设、统一管理"四个统一"的整体部署和要求，2005年12月，宁波—舟山港口管理委员会挂牌成立，作为具体推进两港一体化工作的协调管理机构。2006年1月1日，"宁波—舟山港"名称正式启用，自此，港口统计数据统一按"宁波—舟山港"这一口径进行汇总、上报和发布；2009年4月，《宁波—舟山港总体规划》获交通运输部和浙江省政府联合批复；2010年7月25日，作为宁波—舟山港口一体化战略决策的起步和示范工程的舟山金塘大浦口集装箱码头第一阶段2个泊位投入试运营，与之相配套的港口物流服务类项目（包括引航、拖轮、理货、船代）也已于2011年年中完成合资合作，相关服务业务顺利开展；甬舟两市合作共建的30万吨级虾峙门口外航道、15万吨级条帚门航道项目顺利建成投用。此外，铁矿石物流体系舟山凉潭武港码头项目完成交工验收投入试生产，衢山鼠浪湖矿石中转码头项目建设正在积极推进中，预计将于2015年建成投产。2012年宁波—舟山港口管理委员会启动《宁波—舟山港总体规划》修编工作，2014年1月新的《宁波—舟山港总体规划（2012—2030年）》顺利通过专家预审。

二、问题及障碍

浙江是我国最早提出和实施港口一体化的省份，然而从"四个统一"的要求来看，宁波—舟山港口一体化进展比较缓慢，还未形成优势互补、资源整合和一致对外的整体合力，两港域项目及业务合作无论从规模还是质量与一体化发展愿景差距较大。

首先，从"统一品牌"方面看，宁波—舟山港品牌更多的是停留在两港名称统一和港口吞吐量数据的加总上，业界对这种两个行政区域港口和两个不同经营主体业务数据的人为加总并不认可，不认为是其实力增强的象征。

其次，从"统一规划"方面看，尽管两港域相关港口建设项目已有《宁波—

舟山港总体规划》作为指导,但该规划仅仅明确了各港区的功能原则定位,对两港域相关专业化码头之间的相互配套及系统化协调发展方面并无涉及,从规划层面上难以避免两港域间相关专业化码头的重复建设和同质化竞争。

第三,从"统一建设"方面看,目前宁波港域可开发的深水岸线比较有限,但拥有丰富的港口建设管理、经营经验、市场资源、资本和人才优势的宁波港域港口运营商,今后有相当数量的港口建设项目将在宁波行政区域外发展。而拥有丰富港口资源、港口建设需要大发展的舟山市,在港口建设的发展路径上,宁波港口运营商并非其优先选择的对象,似与两港一体化有差距。国内有专家评价,宁波——舟山港口一体化似有貌合神离现象,也有"多元化"之感,对两港发展均不利。

第四,从"统一管理"方面看,浙江省宁波——舟山港口管理委员会只是调查研究、议事协调机构,没有港口行政管理职权,按照《港口法》规定,两地港口相关行政管理仍由属地港口主管部门行使管理职权,直接协调两港一体化有关事务比较困难。口岸的海关、出入境检验检疫、海事、边防等管理分别由浙江(或杭州)和宁波的相关部门按行政属地行使管理职权,与两港一体化要求不相协调。

总体看,宁波——舟山港口一体化面临的一系列问题,究其根本原因在于受区域行政体制和利益关系等因素制约,而非一体化的经营管理和技术问题。

三、总体思路

总体思路:稳存量,合增量,循序渐进,最终实现全面一体化。

1. 近期目标(2012—2016年):研究建立稳存量、合增量机制。

在浙江省委、省政府的统一领导下,由省政府有关部门牵头,甬舟两市和港口及相关单位参加推进甬舟两市在港口领域建立全面战略合作伙伴关系,减少或消除行政壁垒、市场壁垒的束缚,实质性推进宁波——舟山港口一体化。在维持目前两港域现有港口和口岸管理、码头产权、生产经营等不变的情况下，研究建立两港域未来新开发的经营性码头项目以资本为纽带、互利共赢的统一建设、统一经营的合作新体制。

2. 中期目标（2017—2030年）：循序渐进实现全面一体化。

在稳存量、合增量的前提下，总结经验，创造条件，按照建立专业化物流链和先易后难的要求，逐步对同质功能的码头进行资产和业务整合，不断扩大两港存量资产的统一经营面，最终实现全面的一体化。

四、对策建议

港口一体化涉及政府领导决策、行政管理、口岸监管、港口企业经营管理等相关主体诸多层面的利益及关系，往往还伴随着方方面面旧有的体制机制的调整与改革，问题多、难度大，需要中央和浙江省政府的重视、领导、推动与协调，还需要港口所在地政府、相关行政管理及口岸部门、港口企业的贯彻落实与积极配合。需从以下几个方面分主体、多层面地合力推进港口一体化相关工作。

1. 加强领导，加强合作。

（1）加强政府引导，统一思想认识，深化沟通协调，推进体制机制改革与创新，营造宁波—舟山港口一体化发展的良好行政环境。浙江省政府进一步加强对宁波—舟山港口一体化的领导与协调，打破行政区域制约，通过体制机制改革与创新，推进港口相关行政管理重心下移和授权管理；甬舟两市政府及其港口管理部门要站在浙江海洋经济发展全局的高度、核心区发展的定位，将思想认识统一到省委、省政府的战略决策部署上来，深化沟通与协调，共同营造宁波—舟山港口一体化发展的良好行政环境。宁波要发挥雄厚的产业、资本、技术、港口经营等优势，继续积极参与两港一体化，服务发展大局；舟山要站在长远发展战略高度，把握好两港一体化发展目标和内涵，充分发挥资源、政策等优势，扩大对外开放，深化和加强与宁波方面合作，借机借力,实现快速发展。

(2)建立适应宁波—舟山港口一体化发展目标的经营合作新机制。按照"存量项目维持现状,增量项目建设和经营统一"的设想,宁波港域和舟山港域的公共码头经营主体维持对存量项目的经营现状,并探索对相关同质码头开展物流链业务合作;对增量的经营性项目通过资本合作建立新的项目主体,依照相关投资法规和双方约定,实施统一经营。

(3)协调支撑港口发展的区域集疏运网络体系的规划与建设。甬舟两市港口拥有共同的经济腹地,共用航道、锚地等基础设施,在共同服务区域经济发展时,两港域水陆集疏运网络既有互补,又有交叉重叠的部分,交叉重叠部分的规划与建设往往牵涉两地政府财政、国土、海洋、交通等方面审批,两地政府需在上一级相关机构的领导下,在财政分摊、政策支持、项目审批方面加大协调,深化沟通,强化合作,共谋发展,充分发挥各方优势,为宁波—舟山港口一体化打造有竞争力的集疏运网络体系。

(4)推进"港口物流信息一体化"建设,实现信息数据交换的标准化及信息资源的互通共享。在甬舟两市港口领域战略合作框架下,由两市政府签署合作备忘录,推进甬舟两港域港口、物流、口岸相关信息系统对接、互通共享与信息标准化,使得甬舟两港域港口、物流、口岸相关信息能为两市国民经济和社会发展、港口规划建设与行政管理、港口企业业务合作与经营管理提供良好决策支持。

(5)充分发挥政策导向作用,在财政补贴、税收优惠、项目审批、项目贷款、专项基金支持、规划用地和用海等方面,向积极践行港口一体化战略的企业及项目开发建设主体大力倾斜。

2. 口岸监管层面。

口岸服务是港口发展的核心软件,通畅、高效、便捷的良好口岸环境是区域港口一体化发展的重要保证。

(1)通关通检。浙江省委、省政府应高度重视,加强与海关总署、国检总局的沟通与协调，以海关总署推行无纸化通关为契机，实质性加快推进浙江省内大通关、大通检，积极推行"属地申报口岸验放"监管模式，同时，积极对接长三角区域大通关建设，推进区域海关通关一体化改革，主动加强与省外腹地相关海关、国检单位的交流与合作，为宁波、舟山港扩大腹地揽货、一体化发展，打造高效、通畅、便捷和有竞争力的良好口岸环境。

（2）海事监管。探索、创新合作交流机制，加强甬舟两市海事监管部门之间的信息共享与交流协作，特别是相邻海事监管单位之间在处理突发应急事件时力量上的有效互补，共同提高维护水上安全、防止船舶污染的监管能力，保持宁波—舟山港域航运、港口作业的安全与顺畅。

（3）出入境边防检查。根据宁波—舟山港口一体化过程的实际需要，针对出现的新情况、新变化，创新边检管理模式，推进监管信息的数字化、网络化，实现两地边检部门信息数据的互通共享，以高效便捷的监管，更好地服务畅通型口岸建设和港口一体化发展。

（4）争取海关总署、国检总局支持，把杭州海关与宁波海关，浙江出入境检验检疫局与宁波出入境检验检疫局合并，在浙江省内实现海关和国检的统一管理与服务。

3. 港口配套性基础设施规划建设及维护管理层面。

由甬舟两市政府共同牵头对港口配套性的航道、锚地等基础设施规划建设相关项目进行论证与协调，并在此基础上逐步建立起在该方面两市协作的常态化机制，实现宁波—舟山港共用港口基础设施规划建设与维护管理的一体化。

4. 港口作业辅助服务层面。

引航、拖轮、海上过驳等港口作业辅助服务是支撑港口生产作业的有力保障，对港口作业的安全顺畅、港口效能的充分发挥至关重要。鉴于目前两港域在港口作业辅助服务发展方面的不平衡，可借鉴金塘大浦口码头相关辅助作业服务项目合资合作的运营模式，由两大港口经营主体新设合资公司共同开展相关辅助作业服务，或者将现有合资经营主体的服务范围从金塘大浦口码头延伸至舟山港域的其他港区，通过管理输出、劳务外派、航次租赁、船舶租赁等多种形式开展业务合作，快速提升舟山港域港口作业辅助服务的能力和水平，服务港口一体化发展。

5. 港口运营主体层面。

（1）建立宁波—舟山港口运营主体间高层定期会晤机制。借鉴宁波港集团与上港集团高层定期会晤机制的成功先例，建立甬舟港口集团间高层定期会晤、互访沟通工作机制，就港口建设开发项目投资、业务合作、工艺技术创新、商务政策、市场拓展和发展战略等双方共同关心的问题定期进行交流、沟通与洽谈，努力促成两大港口运营主体围绕宁波—舟山港口一体化发展这一大局开展经营与合作，实现互利共赢、共同发展。

（2）推进基于各大基础货种港口物流链的业务系统一体化。宁波—舟山港两港域间相关公共性专业码头结构性能力不足较为突出、泊位吨级匹配性差，部分码头功能具有一定程度的同质化，在对外货源竞争上缺乏整体合力和整体优势。为此，要充分利用甬舟两港域已有相关专业码头的现有作业能力及条件，在功能优势互补、泊位吨级相匹配的基础上，加强两港域码头经营主体间的业务合作，以航运为依托，以提供整体物流解决方案为导向，积极推进两港域基于各大基础货种港口物流链的业务系统一体化，形成集装箱、原油、煤炭、铁矿石、液体化工、散粮等专业物流体系，并可在此基础上进一步延伸物流链、挖掘价值链，提升各专业物流体系的附加值。

（3）利用项目合资合作机会，以资本为纽带，进一步提高港口经营主体间的战略合作紧密程度。甬舟两市港口经营主体近年来在资本、项目方面开展了多项合作，开启了两大港口企业在港航物流领域进行合资合作的先河。未来，随着舟山群岛新区的开发建设，后续大部分新的港口相关投资项目将主要落在舟山港域，两地港口经营企业要以现有资本、港口相关合资合作项目为契机，巩固、加强和提升双方战略合作伙伴关系，提高双方战略合作紧密程度,逐步实现两港域新建港口项目的统一建设和统一经营。

(4)其他方面。宁波—舟山港两大经营主体要充分利用国家和地方优惠政策、国内外影响力及地区发展潜力等独特优势,联手进行统一的品牌宣传,引进国内外航运巨头、大型货主、国际贸易代理等,共同拓展更广阔的海向、陆向经济腹地,支撑宁波—舟山港口货物吞吐量持续快速增长,为新码头的增产、增收创造有利条件。

此外,宁波—舟山港两大经营主体要以港口一体化发展为契机,积极联手向国家争取如设立自由贸易港(区)等建设国际强港的相关配套政策,实现优势政策的先行先试。在做大做强宁波—舟山港的同时,两大经营主体可携手拓展高端的港航物流及相关的金融、资本运作领域,助力港口一体化发展。

(原载于《中国港口》2014年第8期,有删改。与姚祖洪、蔡志德合著)

注:此文为国家科技部软科学研究计划浙江海洋经济核心区发展战略研究2013GXS2D025。

关于建立中国(宁波)丝路国际贸易中心的建议

尊敬的刘奇书记：

习近平主席倡导的"一带一路"倡议构想，已经在国际社会引起强烈反响，沿带沿路国家积极响应和参与，中央正在规划并组织实施。可以预见，这一战略的实施，对中国和平崛起、对世界经济格局将产生深远的影响。

宁波作为古代海上丝路的重要起点之一，应有新的作为和地位。按照中央对丝路"五通"建设的总体设想，结合宁波现实基础和优势及国内其他地区发展情况，建议积极向中央争取在宁波设立"中国(宁波)丝路国际贸易中心"。

一、主要理由

1. 宁波港口优势。2013年港口货物吞吐量全球第四、集装箱吞吐量全球第六，航线全球通，航班密度高。港口区位好，集疏运条件优，特别是铁路直通港区，在长三角优势十分突出，是连接"一带一路"两翼的枢纽。

2. 国际贸易优势，腹地经济发达，规模大，与丝路国家经济互补性强。

3. 宁波有现代化的东部国际会展中心硬件条件。

4. 国家新一轮对外开放的主线和主要特点是与有关国家和地区建立自由贸易区，抗衡美国主导的TTP和TTIP，大力发展国际贸易必将成为一带一路建设的核心内容。

5. 建立"中国（宁波）丝路国际贸易中心"将确立宁波未来在国家乃至全球发展战略中的新地位和新优势，推动宁波港城互动发展模式的转型升级，推动宁波城市国际化，推动宁波港由运输港向商贸物流港转变，加快实现国际强港建设目标。特别是能把宁波的发展与国家战略紧密结合在一起，是千载难逢的历史性机遇！

二、实施途径

1. 总体思路

以习近平主席有关"一带一路"系列讲话为指导，以国际市场为导向，立足丝路国家和企业共赢，充分发挥香港中华总商会和"一带一路"有关国家商会组织的特殊作用，充分发挥政府推动和政策引导作用，凝聚"一带一路"企业积极性，积极争取国家支持，创新国际贸易发展模式，集聚交易、展示、物流、金融、信息、服务、政策等要素资源，把宁波建设成为中国丝路国际贸易中心，促进宁波实现现代化国际港口城市建设目标，为国家实施"一带一路"倡议做出宁波市的积极贡献。

2. 操作步骤

建议由宁波市政府和香港中华总商会联合成立"中国（宁波）丝路国际贸易中心"课题研究小组，请宁波市政府主要领导和香港中华总商会蔡冠深会长挂帅。课题着重研究国家战略意义、条件分析、运作模式、实现途径、保障措施等等。

宁波市政府着重争取浙江省政府和中央政府支持。香港中华总商会着重组织和联合"一带一路"有关国家商会，为建立"中国（宁波）丝路国际贸易中心"创造市场基础。实现政府与企业、行政手段和市场手段的良好结合。

2014年11月18日上午，我在香港与蔡冠深会长洽谈业务时顺便对在宁波建立中国丝路国际贸易中心提出建议，他表示了浓厚的兴趣，认为宁波有条件，可以进行研究。

妥否？仅供参考。

宁波港股份有限公司　童孟达
2014 年 11 月 19 日

宁波建设港口经济圈的几点思考

国家主席习近平在浙江工作期间,对宁波的发展十分重视。他指出,港口是宁波的最大资源,开放是宁波的最大优势,只有把最大的资源和最大的优势这两个作用都发挥到极致,才能实现效益的最大化。要坚持以港兴市,推进宁波—舟山港口一体化,不断拓展港口腹地,打造辐射长三角,影响华东片的"港口经济圈"。2015年,浙江省和宁波市的政府工作报告都把建设宁波港口经济圈作为今后一项十分重要的战略目标,并希望能为"长江经济带"和"一带一路"建设做出积极的贡献。

那么,如何理解港口经济圈?如何建设港口经济圈?如何服务国家战略,并把港口经济圈建设上升为国家战略?如何把握建设港口经济圈的重点、路径和措施?这些既是理论问题,又是实践问题。而且,首先是理论问题,只有科学的理论,才有成功和高效的实践。

一、港口经济圈的定义理解

科学界定港口经济圈的定义是谋划建设港口经济圈的理论依据,目前尚无权威的表述。笔者认为,所谓港口经济圈就是港口和以港口为依托的经济活动及其影响范围。它由三大要素组成:港口、经济和圈。港口是源头,是基础,是前提,也是港口经济活动最原始、最基本的表现形式;经济是核心内容,是开发港口资源而形成的经济活动,也是港口经济辐射力和集聚力的主要部分;圈是港口经济的影响范围,圈的大小取决于港口经济的发展水平。在港口经济圈这个新颖而抽象的术语中,港口犹如光源,经济犹如光体,圈犹如光圈。

二、港口经济圈的特性

1. 具有非垄断性

只要有港口的地方就会产生港口经济圈。由此确定,宁波发展港口经济圈要赋予国家战略意义,扬长避短,错位发展,要具有自身特色,培育竞争力,确立战略地位。

2. 具有自然性

一是港口区位、前沿和航道的水深、作业天数、风浪、气温等条件的自然性;二是经济活动依赖资源的自然性。自然性对港口经济圈的大小具有重要作用。例如,新加坡港得天独厚的区位优势,使其成为国际枢纽港具有先决条件。

3. 具有社会性

港口资源的规划、建设、管理,以港口为依托的经济发展目标定位、重点、步骤、实施路径和举措,特别是国际航运中心、经济中心、金融中心、贸易中心及其相关体制、机制和制度创新与保障,都是相应管理当局智慧的结晶,具有非常强的社会性。例如,中国香港、新加坡的自由港制度,决定了其港航业及相关产业的繁荣。

4. 具有可变性

一是总体的可变性,随着港口和港口经济的发展,外部市场需求变化以及相关港口经济圈的竞争影响,港口经济圈的大小也会发生变化。二是结构的可变性,在港口经济圈中,不同的经济活动功能具有不同的市场影响力,也会产生不同的经济圈。例如,在 20 世纪 80 年代,宁波港铁矿进口量曾占全国进口量的 60% 以上，但是随着钢厂布局的扩大和沿海港口矿石码头发展，现在宁波港的铁矿进口量占全国的比重不到 10%；又如，在 20 世纪 90 年代中期，浙江省集装箱走宁波港的比重只有 30% 左右，经过近 20 年的努力，不仅浙江省约 60% 的集装箱走宁波港，而且全国有 20 多个省市的集装箱在宁波港经陆路和水路转运，2014 年宁波港的水水中转比重已经达到 23%，其中国际中转达到 12.83%，海铁联运完成 13.5 万 TEU，覆盖新疆、甘肃、陕西、四川、湖北、江西、东三省等地区。

此外，港口经济圈还具有发展的阶段性和服务腹地的地域性。

三、港口经济圈与"以港兴市"和"以市促港"战略的关系

20 世纪 80 年代初中期，宁波初步形成要紧紧抓住国家对外开放战略机遇期，依托港口开发带动城市发展的理念。随后，中央出台了一系列促进宁波发展的重大举措，在 1984 年 1 月 27 日，国务院批复同意新建滨海新区，1987 年 9 月 14 日，更名为北仑区；1984 年 10 月 18 日国务院批准设立宁波经济技术开发区；1986 年 12 月 11 日，设立宁波市北仑港工业区；1992 年 10 月 21 日，开发区与工业区合并，开发面积扩大为 29.6 平方公里。

1992 年 5 月 26—27 日，宁波市委召开七届六次全会扩大会议，在总结港口与城市互动发展实践探索的基础上，提出了"以港兴市，以市促港"发展战略。从此，具有宁波特色的港城互动发展模式正式形成。1992 年 11 月 19 日设立宁波保税区；1993 年 3 月 5 日，设立大榭开发区；2004 年 8 月 16 日，设立宁波保税物流园区；2008 年 2 月 24 日，设立宁波梅山保税港区。

30 多年的实践证明，宁波市实施"以港兴市，以市促港"的发展战略十分正确，取得了巨大成就。宁波港从地方小港成为世界级大港；宁波成了中国改革开放的热土，集聚和实践了中央对外开放政策，吸收外资和出口占浙江全省的 1/4 到 1/3，开放型经济成为发展主体；彻底改变了宁波"轻、小、集、加"的经济结构和产业结构，临港工业占全部工业的 2/3 左右；以港口为核心的

综合运输网络已经建立；城市综合实力和知名度大大提高，充满活力的现代化国际港口城市奋斗目标正在逐步变为现实。

据估算，2013年宁波港经济活动创造的经济贡献总计约2668亿元，占同期宁波市GDP的37.4%。其中，港口直接经济贡献255亿元，占同期宁波市GDP的3.6%；间接经济贡献1422亿元，占19.9%；其他关联经济贡献991亿元，占13.9%。宁波港每产生1吨的吞吐量，对GDP的贡献总计是538元，其中直接经济贡献51元，间接经济贡献287元，其他关联经济贡献200元。

过去30年，宁波港总吞吐量平均每上涨1吨，宁波市的GDP会有204元的协同增长。其中外贸量平均每增长1吨，会有389元的协同增长，集装箱平均每增长1TEU，会有5863元的协同增长。

但是，现有的港城互动发展模式也遇到了新问题、新挑战，一是港口作用主要体现在运输和发展临港工业功能上，如何进一步提高港口对城市乃至区域经济的贡献度？二是港口与城市的连接桥梁主要在临港工业上，如何化解土地、环保、用工等要素资源对发展临港工业的制约？

任何发展模式都需与时俱进，绝不能因循守旧。宁波必须要在"以港兴市，以市促港"的发展模式和发展基础上，审时度势，转型升级，建设港口经济圈。港口经济圈的港口，要从运输港转向商贸物流港。港口经济要从临港工业转向港口经济，临港工业仅仅是临港经济的一部分；产业是具有某种同类属性的经济活动的集合或系统，经济则是各种经济活动的总和。港口经济圈要从以港兴市转向以港兴圈，城市是圈的一部分。港口带动的产业和服务层次越高、服务腹地越大，对港口城市和区域、国家的贡献也越大。从港城到港圈是质的飞跃，是历史的必然选择。

四、发展港口经济圈的基本思路

宁波发展港口经济圈要紧紧围绕港口、经济和圈去谋划。研究港口经济圈发展，不仅要研究港口发展，也要研究港城互动发展的模式，创新研究圈的发展水平及其需求。研究港口经济圈发展,还要站在全国乃至全球的范畴去思考,要从相关港口的相互联系和影响中去研究。

1. 港口

按照建设国际强港的战略目标,立足宁波港"一体两翼三路"的总体布局,加快建成国际一流的综合性深水枢纽港和我国重要的现代港口物流中心。"一体",即积极推进宁波—舟山港口一体化,凝聚合力,整合资源,科学分工,扩大和增强母港服务功能,夯实枢纽港基础,提升辐射力和集聚力。舟山港域重点发展大宗散货水水中转,其中洋山港区主要发展集装箱水水中转,服务"长江经济带"为主;宁波港域重点发展水陆中转和水水中转,发挥水铁、水公中转优势,服务好本省的同时,主动对接"一带一路"和"长江经济带"的铁路和公路运输,建立服务"二带一路"的新枢纽,使宁波港域和舟山港域形成水水和水陆"两条腿走路"的服务新格局。"两翼",就是以宁波—舟山港为龙头,加强与南北两翼港口合作,形成紧密的港口合作服务关系,实现优势互补,合作共赢。"三路",就是要做强水路,优化公路,拓展铁路。特别要紧紧抓住"一带一路""长江经济带"建设和船舶大型化战略机遇期,进一步发挥深水港优势和铁路通港区的运输便捷优势,大力实施沿海和近洋战略,大力发展海铁联运,大力发展公路双重运输,提高以港口为枢纽的集疏运服务水平。做强两条软硬通道,一是要完善以港口为枢纽的集疏运网络,加快建设甬金铁路、穿山铁路支线,并健全公路网络;二是要建设功能完善、服务高效的宁波港综合性的公共信息服务平台,积极探索大数据在港口服务和管理中的应用,大力增强软实力。

2. 经济

在新的历史时期,港口经济应在提高临港工业发展质量的前提下,学习和借鉴义乌小商品市场对国内生产带动和对全球消费市场辐射的成功经验。充分利用我国建设自由贸易区战略机遇,与义乌市场错位发展,着力"建设一个枢纽,引进两个主体,发展两个中心",即:建设宁波港商贸物流枢纽,引进国际著名贸易商,引进国际著名物流服务商;发展进口商品贸易中心,进口商品分拨中心。大力发展临港进口贸易,以进口贸易带动出口贸易,以贸易带动物流,以贸易和物流促进工业发展,促进金融、信息、旅游、人流等相关服务业发展,促进港口发展,促进宁波城市国际化和城市文明,提高综合实力,带动内陆腹地发展,建立更大范围的港口经济圈。

其理由:一是从微观来看,随着临港工业的快速发展,土地、环境、水资源、劳动力率先开发开放政策等资源要素都遇到了传统数量扩张型的瓶颈。内陆地区开发对沿海地区现有发展模式提出了新的挑战和要求,工业投资正在向内陆地区转移。二是从宏观来看,我国对外开放正在进入以与有关国家和地区建立自由贸易区为特征的新阶段,展望未来,我国对外开放的特点是将由过去的出口为主、招商引资为主转向进出口并重、"走出去"投资的新状态,其中内陆地区将会成为出口的高增长区域,沿海地区成为进口贸易中心和物流配送中心。三是港城互动的发展模式需要创新发展,任何发展模式都有其生命周期,不能一成不变。四是中国生产力和经济发展在总体上处于工业化中期,很多内陆地区正在由工业化初期向中期过渡,沿海地区发展贸易和物流是生产力区域梯度布局和进步的必然选择,与内陆地区形成优势互补、共赢发展。五是在现有的国际经济运营体系下和社会再生产的四大环节中,按照微笑曲线理论,发展贸易和物流能比工业经济获取更好的边际效益,也是发展绿色经济的理想选择。

3. 实施途径

发展临港贸易,要重点做好五大转变。一是线下为主向线上与线下相结合转变,传统的贸易是线下贸易,在信息技术和电子商务、网上交易发达的时代,要大力发展线上贸易,特别是跨境电商贸易,主动对接浙江杭州跨境电子商务综合试验区,借船出海,扩大贸易辐射范围,提高交易效率,降低交易成本。二是出口贸易为主向进出口并重转变,顺应自由贸易区建设,大力发展进口贸易,提高进出口平衡度,发展双重运输,减少空载运输,降低物流成本,促进国际贸易良性循环，促进国际经济和谐发展。三是贸易全球化向立足全球贸易与突出"一带一路"贸易相结合转变，顺势而为，促进国家战略实现。四是沿海出口贸易为主向沿海与内陆贸易相结合、重国际贸易为主向国际和国内贸易并重转变，实现沿海与内陆、国际与国内优势互补，共同发展。五是重贸易轻物流向贸易与物流并重发展转变，共生共荣。

4. 主要举措

发展临港贸易和物流，核心要明确发展模式，培育贸易和物流发展的主体和外部环境。

一是要确立政府主导、企业运作的发展模式。借鉴临港工业开发经验，政府要在总体规划、市场培育、资源供给、政策引导、法规保障、建立贸易促进基金等方面发挥好作用。

二是要培育国际进口贸易主体。大力引进国外著名贸易经营商，特别发挥国际著名商会中介组织的带动作用，联合招商，从招商引资变为招商引货，发展一大批具有一定能级的国际贸易合资经济主体，发挥好外商熟悉国际市场和国内贸易商熟悉国内市场的两种优势，做好国外供给与国内营销的有效对接，组织常年的国际商品展示、展销会，创建"万国商品展"，引进符合中国市场需求、具有国别和区域特色的国际名特优商品，使宁波成为国际购销中心；国际宁波周活动要重视进口商品的宣传推介，重视引进国际著名贸易商。

三是既要与国际贸易和物流发展规则接轨，又要积极参与国际贸易和物流规则制定与完善，争取话语权。

四是积极复制和推广上海自贸区的经验，不断优化口岸服务环境，切实解决企业在贸易和物流经营中面临的困难和问题，让企业能获取比其他地区更为便利的贸易条件，获取更多的利益。

五是大力改善物流发展的交通和仓储等基础设施，特别是内陆地区的集疏运条件。争取建立国家级海铁联运综合试验区，给予出口退税、沿海捎带、铁路运输组织、价格政策市场化、过境运输资质等方面支持。加强与铁路部门合作，拉长铁路短板，继续着力发展海铁联运，对接"一带一路"和"长江经济带"，尽快开通宁波港国际铁路联运班列，成为服务"一带一路"倡议的国际海铁联运枢纽港。

  六是要加强法治，规范贸易行为，防范市场缺失，打造质量保障、诚信可靠、运行高效、服务完善、规范有序的营商环境。

（原载于《中国港口》2015年第4期，有删改）

关于宁波市申报自由贸易港的若干重要问题建议

尊敬的郑书记、裘市长：

现将我对宁波市申报自由贸易港的肤浅认识报告如下，不当之处请指正。

一、遵循和突出国家战略是谋划自由贸易港方案的前提

习总书记在十九大报告中指出："拓展对外贸易，培育贸易新业态新模式，推进贸易强国建设""赋予自由贸易试验区更大改革自主权，探索建设自由贸易港""建设交通强国、网络强国、数字中国"。汪洋副总理解读十九大报告，在《推动形成全面开放新格局》中提出"加快构建开放型经济新体制，倡导发展开放型世界经济，积极参与全球经济治理"。这就对谋划自由贸易港指明了国家战略遵循和前提。

一是要创新贸易新业态和新模式，推进贸易强国建设。

二是赋予自由贸易试验区更大改革自主权，探索建设自由贸易港，是加快构建开放型经济体制的重要部署和着力点。

三是倡导发展开放型世界经济，表明中国开放已由过去的国内开放为主转变为谋求建立开放型的世界经济，引领世界发展，做出中国贡献。

四是积极参与全球经济治理。传统的全球经济治理组织和方式是联合国、国际货币基金组织、世界银行、世界贸易组织、双边和多边组织谈判等等。改革开放以来，特别是十八大以来，我国在全球经济治理的地位有了很大提高，取得了显著成效。但是要达到民族振兴、世界强国的战略目标还需要做出更大的努力。我国正在采取多种举措推动全球新型的经济治理，发挥大国应有的积极作用，如推动人民币国际化、推动"一带一路"倡议落实、推动中国与有关国家和地区的自由贸易区建设等等。

五是谋求交通强国、网络强国、数字中国与贸易强国、建设开放型世界经济、参与全球经济治理、自由贸易港建设的统筹结合，多举并重齐发，功能叠加，协调发展，形成强大的推动力，促进中华民族崛起。

上述五点应是宁波市谋划自由贸易港方案必须遵循的国家战略，也是国家建设自由贸易港的战略要求。

二、宁波市谋划自由贸易港方案的基本要义

一是自由贸易港的基本理解。顾名思义，自由、贸易、港是自由贸易港的三大基本要素，其中：自由是体制和条件，贸易是核心内容，港及其陆域是载体和基础。自由的体制要靠国家赋予，宁波拥有优越的港口条件及其陆域和发展水平是国际公认的，在国内有关省市竞相获得自由贸易港的背景下，唯有充分遵循、承接和服务国家战略，才能赢得国家的认可和支持，给予十分稀缺的自由贸易港的开放体制条件。

二是自由贸易港的产业链。纵观世界自由贸易港，基本都是以港口为依托，以转口贸易和离岸贸易为龙头，面向全球市场，带动航运、物流、金融、保险、租赁、流通加工、制造、信息、研发、教育、咨询、人流、商务、法律、海事等综合服务产业发展。

三是贸易源于需求，依托实业，没有实业也就没有贸易，但贸易的辐射力和集聚力远大于实业。义乌小商品市场和阿里巴巴淘宝在全球的影响和地

位就是最好的实践证明。

四是创新贸易新业态和新模式是建设贸易强国的根本所在，是参与全球经济治理的重要途径和抓手，也是宁波市谋划自由贸易港的关键所在。贸易新业态和新模式犹如国际贸易的发展通道，转口贸易、离岸贸易，各类商品、各类服务贸易只是贸易通道上跑的"各种类型车"。不同的贸易业态和模式决定不同的通道，从而形成不同的游戏规则。由于历史原因，现行的国际贸易业态和模式的游戏规则是以美国为首的西方国家制定和控制的。只有创新国际贸易业态和模式，才能弯道超车，重塑国际贸易游戏规则，在全球经济治理中发挥中国的引领作用，赢得发展主动权。

五是习总书记指出"探索建设自由贸易港"，给我们谋划自由贸易港建设方案留下了很大的创新空间。

三、宁波市谋划自由贸易港方案的核心内容

以遵循国家战略为前提，以转口贸易和离岸贸易、本国进出口贸易（注：中国是国际贸易大市场，与实行自由贸易港的某些小国家和地区不一样）为龙头，以信息技术为手段，以优越的深水良港为依托，面向世界，服务世界，集聚浙江全省优势，与舟山市联合，共同打造全球顶级以生产资料和生产性服务贸易为重点的网上 B2B 的交易平台，逐步开发数字贸易，助推中华民族复兴，实现世界强国目标。

其重要的国家战略意义：

1. 成为全球资源交易和配置中心。

2. 建立全球生产资料和生产性服务贸易交易价格指数，开发衍生金融业务。

3. 制定网上 B2B 交易规则，赢得全面参与全球经济治理话语权。

4. 建立中国为主导的网上"WTO 组织"。

5. 汇聚国际相关产业在同一平台上交流和竞争，可在全方位、宽领域、深

层次形成带动系数很强的产业链、服务链、研发链、管理链,促进我国经济由高速度增长向高质量发展转变。

6.通过交易平台晴雨表,可比任何全球国家更领先、更直接地了解全球经济发展动态,掌握世界经济发展脉搏和话语权。

7.促进人民币国际化。

8.促进全球经济一体化,结成命运共同体。

9.促进贸易强国、网络强国、数字中国、交通强国建设。

四、可行性条件分析

1.以"一带一路"为重点,以合作基础较好的中东欧等国家为切入点。

2.与阿里巴巴合作,借助淘宝交易平台模式,共同开发全球生产资料和生产性服务贸易网上 B2B 交易平台及其交易规则体系。

3.IPV6 应用、云计算、大数据、5G 技术甚至未来的 6G 技术、量子计算机开发及其应用,都将为建立全球网上 B2B 交易平台提供了千载难逢的历史性机遇。

4.从长期发展来看,经济全球化的趋势不可逆转,并将不断扩大。

5.以生产资料和生产性服务贸易作为宁波市自由贸易港的贸易重点,与国家期待的宁波舟山港发展大宗商品战略储备、交易,保障国家经济安全也是完全相一致的,与阿里巴巴淘宝网的 B2C 交易平台也是互补发展的。

6.宁波和舟山良好的港口条件和发展基础。2017 年宁波舟山港吞吐量突破 10 亿吨,其中散杂货占 45% 左右,连续九年名列全球第一,拥有全球通的集装箱航线布局,其中梅山港区和穿山半岛港区集装箱码头可全天候靠泊满载的世界上最大的集装箱船舶,预见五年内集装箱吞吐量可达到 2000 万 TEU 左右。2017 年穿山半岛港区集装箱吞吐量已经超过 1000 万 TEU,单体码头吞吐量在全球名列前茅,其中国际中转占 30%,在中国沿海港口中占比最高。港口集疏运通道完善,特别铁路直达内陆腹地和欧洲大陆,是"一带一路"的贸易和运输枢纽。

7. 上述设想有别于上海和舟山的自由贸易港建设方案，具有宁波的特色，符合国家的战略要求。

浙江海港集团　宁波舟山港集团　童孟达

2018 年 1 月 10 日

送：宋越舜常务副市长、李关定副市长、王仁洲副市长

中美贸易冲突对港航业的影响及对策

美国总统特朗普上台后大力推行"美国优先、美国至上"理念和政策,对部分国家实施直接或间接的军事打击,对中国等一些国家包括其盟友实施贸易战,对世界经济和贸易、金融、投资持续稳定发展产生严重影响。港口作为全球开放的门户,航运作为国际贸易实现的主要通道,在特朗普挑起的这场国际贸易冲突中也必将受到严重的影响。

一、特点

1. 复杂性

一是美方无诚信。自从特朗普挑起对中国为重点的国际贸易冲突后,中国政府顾全国际经贸发展大局,担当大国责任,始终本着"不愿战、不怕战、奉陪到底"的策略,积极与美方在华盛顿和北京进行多级别、多方式沟通和洽谈。但是,美方毫无诚意,言而无信,多次食言,进而施压,企图讹诈更高利益。二是不按常理出牌,不可预测。特朗普"创新"中美交锋"以人权、民主、自由、普世价值、意识形态"等惯用的博弈方式,直接将长期以来中美关系的压舱石和稳定器——经贸关系,作为对中国斗争的"核弹",而且涉及的加税商品及其贸易规模不断升级加码:2018年3月22日美方宣布对中国出口美国500亿美元商品加征25％关税;2018年9月17日美方再次宣布对中国出口美国 2000 亿美元从 9 月 24 日起加征 10% 关税,年底提高至 25%,占据了中国 2017 年向美国出口总额的 38%—46%。在公布 2000 亿美元关税清单的同时,特朗普还进一步威胁称,如果中国针对美国农民或其他行业采取报复措施,将会立即启动"第三阶段",对约 2670 亿美元的中国产品加征关税。此言若兑现,那就意味着美国将对其统计口径下的 2016 年所有从中国进口的商品加征关税。似有不把中国打垮誓不罢手之态势和目的,发展趋势不可预测。贸易冲突规模之大,实属罕见!三是美方对其欧盟等传统盟友的某些产品采取欲盖弥彰、虚张声势的策略,声称提高关税,继而暂缓执行,给世界造成山雨欲来风满楼之势。

2. 长期性

中美贸易之争,表面是贸易,实质是两国的国际地位之争,是新兴大国与守成大国之争。而且,这次针对中国的贸易冲突在美国国内的共和党和民主党之间达成高度一致的共识,其目的就是要扼杀中国的和平崛起,保住美国永久地成为世界老大的国际地位。可以预见,在中国和平崛起的发展过程中,中美的贸易博弈将是长期的,也是复杂的!

3. 集中性

这次特朗普挑起的国际贸易冲突不仅针对中国,而且还不同程度地针对加拿大、墨西哥、欧盟、伊朗、土耳其、俄罗斯、日本、韩国等国家和地区,居然在比较集中的时间里对多国发动国际贸易战,也实属罕见。

4. 综合性

这次美国对中国贸易冲突不仅动用常规的关税手段,而且还想退出 WTO,重塑国际贸易规则和秩序,在国际投资、科技、台湾问题和南海问题上运用外交、政治、军事、主权、技术等综合手段对中国进行直接或间接的施压。

二、影响

一是对出口影响大于进口。所谓的中美贸易逆差是特朗普发动这次贸易冲突的借口,毫无疑问缩小逆差是其首要目的。按照美方的要求和做法,中国对美国的出口必将会有较大影响。

二是对集装箱运输影响大于散货运输。中国对美国出口的主要是适箱货,基本上用集装箱船舶运输;中国从美国进口的主要是农产品、能源和高科技产品及废品,相当一部分是用散货船、特种船运输的。

三是对远洋运输影响大于近洋运输。如果对美国出口减少,毫无疑问远洋运输的集装箱必将受到直接影响,同时,贸易商为了规避美国的打压,可能会改用第三国出口,使得近洋运输货量会有所增加。

四是对船公司影响大于港口。其一,对美国航运业务量占比高于中国对美国贸易比重的船公司,或者以美国航线经营为特色、美国运输业务比较集中的船公司,其影响会大于港口,而港口"吃的是船公司百家饭",可以东头不亮西头亮。其二,在特朗普上台后,美国采取贸易保护主义和中美贸易战的前奏中,中国外贸企业已经敏感地察觉到形势的变化,并逐步做出积极调整,实施国际市场多元化,开发新的重要市场,如"一带一路"和非洲等新兴市场,而船公司要调整航运市场格局的难度远大于贸易商,这从船公司的国际排位比较稳定和联盟经营中可以得到印证。

五是对外贸港口影响大于内贸港口。

六是对需求弹性小的商品影响大于需求弹性大的商品,对替代性小的商品影响大于替代性大的商品,商品供给国不可替代或替代较小的商品影响大于替代大的商品。

七是对引资影响大于投资。为了规避美国贸易保护和投资打压,国内的引资会受到一定的负面影响,有些外来投资可能会转向东南亚国家,中国部分产品的国际分工和生产地位可能会发生变化,对美国的成品出口减少,对东南亚国家的中间产品出口增加。同时,对中国企业走出去对外投资会产生一定的刺激作用。

三、对策

1. 认清中美国际斗争本质和港口发展阶段,坚守港口科学定位,提升港城互动发展模式。

要清醒地认识到中美博弈是长期的、复杂的、艰难的过程,新兴大国与守成大国的较量不可能一朝一夕解决,要做好长期斗争的思想准备,要从战略高度去谋划港口和航运的长远发展。在国际贸易的产业链上,港口的功能和作用是做服务,在国际贸易战的背景下,港口处于受影响的被动地位,在短期内也不可能改变国际贸易的总规模。但是,港口可以以其优质的服务促进一个国家或地区的国际贸易发展,影响一个国家或地区在全球国际贸易中的地位和结构,这也是被世界港口与城市协同发展实践所证明的。因此,从长远发展战略出发,加快港口从运输港或者工业港向商贸物流港转变,自觉不断优化港口与城市互动发展模式,实现更高水平的港城之间科学、持续、协调、健康发展是以不变应万变的最佳之策。

2. 坚持改革开放基本国策,加快建立自由贸易港,积极推广自由贸易综合试验区经验,为提升港口发展水平创造制度优势和条件。

自2003年以来,中国超过美国成为世界第一大港口国家,可以预见,未来世界上哪个国家的港口货物和集装箱吞吐量想要超越我国是比较困难的。但是,我国还不是港口强国。十九大已经做出建设交通强国的战略决策,业界对港口强国有较多的研究和讨论,大多集中在发展航运服务上,这是非常重要和不可或缺的方面,但不是内容的全部和发展的根源。没有港航运输充分和全面的发展,港口和航运服务也不可能有充分和全面发展的现实基础。纵观我国各地港口发展,有三大共同特点:一是为本国国民经济服务的出口与进口运输,国际中转贸易及其国际中转运输比重极低,国际拼箱运输服务更少。这种现象虽然与我国港口所处的国际航运区位有关,但是与我国自由贸易港建设滞后,国际贸易及金融等开放不够也密切相关。二是力求建立货种齐全的服务功能和运输方式完备的多式联运体系。三是港口发展基本处于运输港阶段，追求吞吐量，追求成为国际航运中心，宁争鸡头，不愿做凤尾。当前，按照中央的决策部署，加快建立自由贸易港，加快推广自由贸易综合试验区经验，以开放促改革、促发展，从制度层面有效应对国际贸易波动，大力发展第三国国际中转贸易和运输，提升港口发展水平，是建设港口强国的根本之路。为此建议中央政府对发展国际中转贸易和运输条件较好的港口给予更开放的外部条件，加快开发海向港口服务腹地，主动参与国际经济斗争。

3. 加快港口企业自身发展模式转型升级。

我国港口企业的经营模式基本上是以装卸为主，主营业务占比很高。营业收入和利润来源主要是沿着岸线发展的"一"字形码头业务。未来，要全面提升港口企业综合实力，加快转变发展模式。要主动服务"一带一路"和"长江经济带"建设，积极走出去，加强与国际上有关国家或地区和港口合作，逐步建立和完善全球港口和物流的服务链与价值链。

进一步加强与船公司合作，发挥各自优势，共同开发新的市场。进一步加强与铁路部门合作，大力发展海铁联运和跨境国际运输，紧紧抓住沿海地区高质量发展和内陆地区高速发展之机，实现多方共赢。进一步加强与国内外著名物流公司合作，发展全程物流和进口物流，细分物流市场，创新物流发展方式，满足各种货物物流需求，提高港口吸货和增值能力。进一步依靠科技进步，加快建设智慧港和智能港，因地制宜地发展自动化码头，发展智慧型和智能型的公共服务平台，创新内部管理和外部服务模式与方式，建设国际港口强企。尽快实现从"一"字形发展模式向"T"形发展模式转变，即在做强码头业务的基础上，积极发展以港口码头为依托的现代物流业，从简单服务向综合服务、低级服务向高级服务转变，更好地满足国民经济发展需要，提升码头资源的附加值，提高港口竞争力和可持续发展力。

（原载于《中国港口》2018 年第 10 期，有删改）

自动化码头是大势所趋

2018年8月17日,天津港集团与振华重工等五方在"天津港智慧型自动化集装箱码头"建设方面达成共识。9月8日,振华重工与青岛港集团举行了青岛港全自动化码头二期工程签约仪式。自动化码头建设再次引发业界关注。

1993年,世界上第一个集装箱自动化码头在荷兰鹿特丹港DeltaSealand投产。2016年3月,中国厦门远海码头投入商业运营,是世界首个第四代集装箱自动化码头。2017年5月11日,青岛港集装箱自动化码头投入商业运营。2017年12月10日,上海洋山港四期集装箱自动化码头投入试运营,成为全球最大的智能化集装箱码头。

集装箱码头自动化快速从第一代发展到第四代,究其原因,一方面是科技进步提供了支撑,另一方面是以其高效率、高效益、安全、绿色环保被全球港口界所认同。

展望未来,按照中共十九大做出的建设交通强国的战略部署,港口强国必将是重中之重,而集装箱码头自动化无疑是建设港口强国的重要内容。可以说,中国集装箱码头自动化的春天已经悄然到来,这是大势所趋。

港口业应该抓住以信息化、智能化为核心的现代科技机遇,主动应对中国社会的老龄化、劳动力成本提高的挑战,承担起绿色环保的社会责任,科学推进自动化。

在发展理念上，要实事求是，科学规划与论证，切忌跟风而起，摆门面，急于求成。

在具体推进上，自动化有整体自动化和局部自动化或结构性自动化之分，要全面理解集装箱码头自动化的内涵和本质要求——高效率、高效益、安全、绿色环保、可持续发展。

随着世界经济和贸易增长的放缓，预计未来中国集装箱码头增长也将放缓。因此，要高度重视现有集装箱码头的自动化和智能化建设，这是投入少、时间省、见效快的最佳途径，符合码头自动化建设的本质要求。

对现有集装箱码头能力利用率还有较大提高潜力的港口，应以结构性的自动化和智能化改造为主，避免重复建设。同时，在科技飞速进步的形势下，可以避免投资浪费，实现借梯上楼、后来居上、弯道超车！

对现有集装箱码头能力已经趋于饱和，或者利用率较高、未来腹地市场需求较好的港口，应实施改造与新建相结合的策略。积极总结和汲取世界现有集装箱码头自动化的成功经验，汲取现代最新科技，一方面对现有集装箱码头进行改造，另一方面对新建码头实施自动化和智能化的建设规划，既满足市场需要，又实现自身发展，更要引领全球集装箱自动化码头发展，为建设国际强港做出贡献！

（原载于《中国船务周刊》2018年第42期，有删改）

用优质环境促进跨境贸易便利化

近日,首届中国国际进口博览会在上海召开,对于持续增长的进口需求,跨境贸易便利化的话题再次引发关注。

事实上,2018年10月13日,李克强总理签发《优化口岸营商环境,促进跨境贸易便利化工作方案》,明确了20条具体措施,对推进全球投资和贸易一体化,应对美国贸易保护主义,建立国际经济命运共同体,促进我国经济稳定健康发展,提升国际地位都有十分重要的作用。

衡量营商环境优劣的本质指标是效率和成本。营商是某一经营活动的系列环节组合,环境是影响营商活动中每一个环节的效率和成本的外部条件。口岸营商环境是营商环境的重要内容和环节之一,对提高货物国际流通效率,降低物流成本,吸引投资,具有非常重要的直接作用。

笔者认为,围绕"20条工作措施",还必须确立国际一流的口岸营商环境目标;必须抓住效率和成本的本质要求;必须建立优化口岸营商环境的长效机制。

在国际一流的口岸营商环境发展目标方面。十九大决定中国未来"三步走"发展战略,建成现代化强国,要进一步对外开放,全面融入世界经济一体化,走进国际舞台中央,引领世界发展,没有国际一流的口岸营商环境是不可能的。因此,要在维护国家主权和保障安全监管的前提下,主动对标国际先进口岸的营商环境，对标市场需求，全面检查现行口岸管理法规和行政措施，凡是不利于提高效率和降低成本的都必须进行改革。

效率和成本提升方面。在国际贸易全过程中，口岸服务具有不可替的枢纽作用。要充分发挥口岸服务的特殊地位，围绕提高效率和降低成本的本质要求，延伸前后两端服务，系统性地建设一流的营商环境。例如，延伸沿海口岸服务功能至内陆腹地，实现异地同等服务；加大信息化建设力度，提高无纸化应用水平；全面建立单一服务窗口，打通部门间服务梗阻；推动有条件的国际航线铁路箱下海，促进海铁联运；探索建立"一带一路"有关国家跨境铁路运输集装箱租赁公司，提高集装箱利用效率；大力发展进口贸易，提高海上和陆上双重运输比重，降低空箱调运成本等。

在口岸营商环境优化长效机制建设方面。优化口岸营商环境没有最好，只有更好，要借助国际有关组织对口岸营商环境的评价机制，建立中国特色的口岸营商环境优化机制。中央和地方政府要由主要领导亲自抓，明确口岸营商环境优化的主管部门和责任主体，把优化口岸营商环境作为党委和政府的一项长期性、战略性任务，加强立法和政策制定，明确年度优化目标，每年进行考核评估，尽快建立起国际一流的营商环境。

（原载于《中国船务周刊》2018年第48期，有删改）

中国港口整合向以经济手段整合转变

一、发展阶段

中国港口整合始于1996年。1995年12月8日,时任国务院总理李鹏同志在中共浙江省委《关于建议组建上海 — 宁波 — 舟山组合港,加快建成上海国际航运中心的报告》上批示:"我一直认为把上海建成国际航运中心是开发浦东使其成为远东经济中心,开发整个长江的关键。"因此,我认为首先利用宁波北仑集装箱码头是最快、最现实、最有效益的方案。为此,必须打破行政区划,把航运机构设在上海,以充分利用上海金融交通的优势。也可以考虑成立股份制公司,上海占大股,宁波参股,发挥双方积极性。

随后,1996年1月16日下午,李鹏同志在上海召开会议,研究建设上海国际航运中心的有关问题,做出以上海为中心,浙江、江苏为两翼的格局进行港口组合的决定,成立上海组合港管理委员会。在20多年的实践探索中,由于种种原因,两省一市的港口整合并未达到预期效果。但是,它对推动中国港口整合引发了积极思考。这也可以说是中国港口整合的第一个发展阶段。

第二个发展阶段是2005年,当时习近平同志在浙江省任省委书记,他认为港口是浙江最大的优势,宁波港和舟山港整合可以创造世界第一,带动浙江国民经济发展,服务国家战略。于是,浙江省委、省政府做出决定,将宁波港和舟山港进行整合,实行"统一品牌、统一规划、统一管理、统一建设"。随后,北部湾港口集团和河北港口集团分别于2007年和2009年相继成立。

第三个阶段是2015年5月,习近平总书记视察浙江,关心浙江港口整合发展。同年8月,浙江省委、省政府做出决定,以宁波舟山港为龙头,对全省港口实施以资产为纽带的一体化整合,成立浙江省海港委和海港集团、宁波舟山港集团。接着,交通运输部发文推动全国港口整合。江苏省、山东省、辽宁省、广东省等相继成立省级港口集团。到目前为止,中国18000多公里的海岸线,基本完成了以省为单位的港口整合及其经营集团组建。

第四个阶段是省级港口集团之间的合作正在兴起,如浙江海港集团与江苏港口集团的战略合作,安徽港航集团与上海港集团、浙江海港集团的战略合作,等等。

二、特点与思考

整合的推动力。港口整合的推动力可以分为两类:行政手段和经济手段。从上述港口整合的发展历史可以看出,前三个阶段是发挥了中国公有制的体制优势,以行政手段推动为主。第四个阶段将是以经济手段为主,是企业间的"自由恋爱"。

中国港口整合已经从行政手段整合向以经济手段整合为主转变。其中:浙江省以行政手段整合港口对推动中国港口整合起到了引领作用,对促进长江经济带重化工业发展发挥了重要作用;上港集团在2002年开始实施的长江战略,是中国港口以经济手段整合的典范,对促进长江经济带外贸发展发挥了积极作用。

整合能否成功,取决于利益能否取得一致。严格地说第一阶段的港口整合没有达到预期目的,关键在于协调好两省一市利益关系的条件还不成熟,行政手段的作用也有一定的局限性,上海组合港管理委员会是研究、协调、调查为主要职能的机构,并没有被赋予实质性的港口管理职能。第二、第三阶段整合能够实现,关键在于行政手段的作用在一省的行政管辖区域内能得到充分的发挥。

以行政手段推动的港口整合主要适用于省级行政管辖的省域范围，整合的是整个区域港口，涉及行政管理体制，程序虽然比较复杂，但依靠省级的行政管理权限和中央的支持能够得到协调解决；而以经济手段推动的港口整合和合作可以跨越行政管辖范围，整合和合作对象与区域的选择比较灵活，一般不会涉及行政管理体制，程序比较简单，纯粹是投资行为，整合的对象主要是单体码头或者某一港区，合作的形式和内容可以多种多样。

两种整合手段的作用和目的不一样。以行政手段整合对区域经济带动力强，以服务国家战略，追求宏观效益和社会效益为主；而以经济手段整合，追求的是企业经济效益，这种整合建立在市场经济基础上，实行优势互补，互惠互利，合作共赢。从长远发展出发，无论是以行政手段整合，还是以经济手段整合，都必须以经济效益为基础，离开了经济发展这个中心和基本点，国有资产也难以增值和保值，服务国家战略的美好愿望也难以持久和实现。

港口整合对港口法提出了新的课题。《中华人民共和国港口法》规定了"一城一港一政"的港口管理体制原则，在港口以省为单位整合的新形势下，如何处理好省、市、县的港口行政管理关系，调动三级积极性，协调统筹好三级利益，如何依法治港，需要深入研究和探索。港口整合后如何防止垄断，提高服务水平，加强对港口经营监督，协调好港航关系，建设港口强国，促进国民经济发展，这是国家和省级港口管理部门需要深入思考的重大问题。

（原载于《中国港口》2019年第1期，有删改）

浙江省自由贸易港建设思路的思考

习近平总书记在十九大报告中指出"探索建设自由贸易港",这是中国在新时代向世界做出对外开放的新举措。

积极响应习总书记的号召,浙江不仅要建设好中国(舟山)自由贸易综合试验区,还要继续发扬"干在实处、走在前列、勇立潮头"的浙江精神,努力谋划好自由贸易港建设方案,为中国在新时代探索建设自由贸易港做出积极的贡献。

一、建设自由贸易港的宏观背景

我国建设自由贸易港的宏观背景主要是:推动世界经济一体化,反对贸易保护主义和单边主义,促进建立更加开放、互补、协调、稳定、包容、共赢的世界经济体系和人类命运共同体,贡献中国智慧和力量;促进建立贸易强国,服务国家实现"新三步"发展战略。

二、谋划自由贸易港方案的关键要义和核心内容

顾名思义,自由、贸易、港口是自由贸易港的三大基本要素,其中:自由是体制;贸易是经济形态,也是核心内容和服务对象;港口及其陆域是载体和基础及其条件。

自由的体制是开放的内容，开放的广度和深度、进度由中央政府决定。赋予哪个省份可以积极探索建设自由贸易港，也由中央政府决定，但取决于自由贸易港谋划方案是否具有国家战略意义，更取决于设计者对自由贸易港的理解，对世界经济形势、贸易发展规律和趋势的把握，对国家发展战略的理解和把握。

浙江省拥有国际上公认的优越的港口条件及其陆域，宁波舟山港货物吞吐量连续9年名列世界第一，集装箱吞吐量已居全球前三。

贸易是谋划自由贸易港的关键要义和核心内容。一要按照习总书记"拓展对外贸易，培育贸易新业态新模式，推进贸易强国建设"的战略决策，二要学习领会和贯彻落实全国政协主席汪洋在《推动形成全面开放新格局》中提出的"加快构建开放型经济新体制，倡导发展开放型世界经济，积极参与全球经济治理"的要求，作为谋划和建设自由贸易港的国家战略与根本遵循。在国内有关省市竞相获得自由贸易港体制的背景下，承接国家战略，发挥浙江优势，开创国际样板，展示浙江智慧，再做浙江贡献，是获得中央给予自由贸易港体制支持的必然选择。

三、全球自由贸易港发展类型

自由贸易港的概念最早产生于欧洲。1547年，意大利正式将热那亚湾的里南那港定名为世界上第一个自由贸易港，从事单一的转口贸易。目前，全世界有100多个自由贸易港和2000多个与自由贸易港有相似内涵和功能的特殊经济和自由区。随着时代的变化，自由贸易港也由早期单一的"转口贸易型"进一步发展出了"工商型""旅游、购物型"和"综合型"等类型。国内有关省市正在谋划争取的自由贸易港主要是"工商型"和"旅游、购物型"，例如上海的"工商型"，海南的"旅游、购物型"，其贸易的运营模式和规则基本沿袭国际通行的传统方式——线下贸易为主。

四、浙江开创全球自由贸易港新模式的基本思路

创新贸易新业态和新模式、新规则是建设贸易强国的根本所在,是参与全球经济治理的重要途径和抓手。贸易新业态和新模式犹如国际贸易的发展通道,转口贸易、离岸贸易,各类商品、各类服务贸易只是贸易通道上跑的各种类型车。不同的贸易业态和模式决定或选择不同的通道,从而形成不同的游戏规则。由于历史原因,现行的国际贸易业态和模式的游戏规则是以美国为首的西方国家制定和控制的。因此,只有创新国际贸易业态和模式才能弯道超车,重塑国际贸易游戏规则,在全球经济治理中发挥中国的引领作用,赢得发展主动权和话语权,确立贸易强国地位。

为此,建议浙江省谋划建设自由贸易港的基本思路是:以遵循和承接国家战略为使命,以面向未来、面向世界的战略眼光,以充分发挥中国独有的浙江"三大优势"(阿里巴巴网上交易大平台、宁波舟山大港口、义乌小商品等大市场)为依托,以自由贸易体制为保障,以信息技术为手段,创新国际贸易业态和模式,创建自由贸易港新规则,开创以全球顶级的网上交易大平台、线下交易大市场、港口大物流三位一体为特色的世界新型自由贸易港(简称"三合一自由贸易港"),建立全球"eWTO"浙江总部,服务和引领世界贸易发展,助推中华民族复兴和实现世界强国之目标。

五、浙江建设"三合一自由贸易港"的总体布局

浙江"三合一自由贸易港"总体布局是:全球网上交易中心(杭州),全球港口物流枢纽中心(宁波舟山港),全球商品交易中心(义乌、余姚、绍兴等)。

六、浙江建设"三合一自由贸易港"的条件分析

浙江省独有的三大优势;全球经济、投资和贸易一体化趋势不可逆转,并将不断扩大;网上交易的规模越来越大,未来将有80%以上的国际贸易在网

上交易,服务于全球80%以上的中小企业;IPv6应用、云计算、大数据、量子计算机开发及其应用、5G甚至可能研发的6G通信等,都将为建立全球网上交易平台提供千载难逢的历史性机遇和条件;建立"eWTO"符合世界贸易发展和治理需要,也是当今世界的迫切期待;创新自由贸易港体制符合习近平总书记提出的"探索建设自由贸易港"的要求,符合国家发展战略,可引领世界发展。

七、浙江建设"三合一自由贸易港"的战略意义

成为全球商品交易和配置中心,特别是重要战略资源;建立全球消费品、生产资料和生产性服务贸易交易价格指数,开发金融衍生业务;制定网上交易规则和标准,赢得全面参与全球经济治理话语权;建立以中国为主导的"eWTO"组织;汇聚国际相关产业在同一平台上交流和竞争,可在全方位、宽领域、深层次形成带动系数很强的产业链、服务链、研发链、管理链,促进浙江和我国经济由高速度增长向高质量发展转变;通过交易平台晴雨表,可比全球任何国家更领先、更直接地了解全球经济发展动态,掌握世界经济发展脉搏和话语权、主动权、控制权;促进人民币国际化;促进全球经济一体化,结成命运共同体;促进贸易强国、网络强国、数字中国、交通强国建设。

(原载于《中国港口》2019年第2期,有删改)

第三章 发展海铁联运

宁波港发展集装箱海铁联运的思考

一、宁波港发展集装箱海铁联运的必要性

1. 发展集装箱海铁联运是实践科学发展观的必然要求。目前，宁波港内陆集装箱集疏运以公路为主，铁路运输几乎处于空白。公路运输与铁路运输各有自身的最佳服务半径和优势。一般说来，在 500 公里之内，以公路运输为宜，在 500 公里之外，以铁路运输为宜。铁路运输具有运量大、准点、安全、节能等优势。因此，发展海铁联运，对完善港口集疏运体系、实践科学发展观的理念具有十分重要的意义。

2. 发展集装箱海铁联运是建设强港的需要。经过长期的努力，特别是宁波港实施"二次创业"战略后，宁波港已经成为世界级的大港，比其他港口具有更大的服务腹地是强港的重要体现之一。作为以腹地型为特征的宁波港，发展集装箱海铁联运是扩大港口腹地、建设强港的必然选择。

3. 发展集装箱海铁联运是参与港口竞争的需要。与周边港口相比，宁波港发展集装箱海铁联运具有铁路直达港区的自身优势。

4. 目前，中国铁路建设和运输正处在大发展的新阶段，铁路基础设施大建设、客货分离、高速铁路双层集装箱班列正在研究和实施，铁路部门的观念也在转变。可以预见，不远的将来，中国必将进入铁路发展新时代。谁能抓住这个重要的战略机遇期，谁就会赢得发展主动权。我们起步已晚，必须急起直追。

二、宁波港发展集装箱海铁联运的优势

1. 铁路直达北仑港区，具有运输环节较少、成本较低的优势。

2. 与铁路部门的合作优势。2009年2月17日，宁波港与上海铁路局签署了战略合作关系，与南昌铁路局也建立了良好的合作关系，港铁合作共同推进宁波港的铁路集装箱运输。2009年2月28日与中铁联集合资成立北仑港区集装箱办理站（以下简称港站）经营公司，有利于发挥港口和铁路的综合优势，此外与铁路各方的合作也正在不断深化。

3. 宁波港的区位优势。宁波港到浙赣沿线的江西地区、成都、重庆等地的铁路运输距离，与其他港口相比有竞争力。

4. 国际集装箱班轮航线和航班优势。宁波港的国际集装箱航线、航班仅次于上海港，远高于厦门港、广州港，而上海港洋山港区作业的部分美国线、欧洲线走海铁联运的成本要高于宁波港。

5. 宁波市政府大力支持宁波港发展集装箱海铁联运，与铁道部建立了发展宁波地区铁路运输的战略合作关系。2009年4月20日出台了《关于加快宁波港海铁联运发展若干扶持政策的意见》，还将与浙赣沿线的有关城市建立海铁联运合作关系。这些为宁波港发展集装箱海铁联运创造了良好的外部环境。

6. 经过近半年的努力，海铁联运工作初步积累了一些发展基础。一是在江西赣东、赣西地区召开了宁波港推介会，开展了市场调研和客户开发工作。二是与南昌铁路局、上海铁路局就发展宁波港海铁联运工作进行了商议，制定了具体实施方案。三是搭建了铁路代理公共服务平台。四是上饶、鹰潭等地到宁波港的国际集装箱海铁联运已经启动，有的客户已经做出决定将国际集装箱通过铁路运往宁波港。

三、宁波港发展集装箱海铁联运的不利因素

1. 对铁路运输的认识还有待提高。从地位上看铁路运输还处在辅助的角色，没有像水路运输一样给予高度重视，与宁波港腹地型的特征不够吻合。从投入的力量看，从事铁路运输的力量弱于水路运输，跑船公司的多，跑铁路部门的少，跑沿海港口的多，跑省外内陆腹地的少。从经营业务运作看，重疏运，轻集运，重操作，轻经营，一方面铁路出港运力不足，拼命向铁路部门争取要求增加车皮，另一方面进港运力严重浪费，导致铁路综合效益较低。

2. 宁波港发展集装箱海铁联运起步较晚，经营力量比较薄弱，市场占有率低。

3. 宜发展海铁联运的市场主要在内陆开放型经济发展比较晚的地区，这些地区外贸量增幅较大，但基数较小，且可选择的港口较多，货量分散，尤其是走宁波港的货量很少，与集装箱班列运输的规模要求差距较大，需要有较长的培育过程。

4. 口岸部门对发展海铁联运的查验、转关、转检服务还有待摸索，有的还习惯于以公路运输的通关通检方式处理海铁联运业务，不能满足海铁联运运作的需要，在有的内陆地区，海关、国检部门的业务操作水平还需要有一个在实践中提高的过程。

四、宁波港发展集装箱海铁联运的主要措施

1. 统一思想，提高认识，大力推进宁波港集装箱海铁联运发展。长期以来，宁波港重视海向腹地及水路运输发展，积极与船公司发展业务合作，取得了显著的成效。但在内陆腹地开发上，与铁路部门的合作逊于与船公司的合作，这里有铁路运力不足、市场化和服务欠缺的因素。与周边港口相比，宁波港具有海铁联运的优势。与水路运输相比，发展国际集装箱海铁联运的难度会大些，主要源于铁路部门管理体制、运能紧张、运输计划的不稳定性、铁路

运输路径的设计、车次的安排、铁路部门各管一段而引发的各相关路局车辆调度计划的衔接、内陆口岸与沿海口岸的对接、货运量的培育、途中运输时间和运价的安排等等。但是，作为腹地型的港口，如果不重视发展铁路运输，必将成为市场竞争力残缺的港口，其内陆腹地也是无法搞大的。尽管铁路部门还没有像船公司一样开放，但我们需要从长远发展出发，踏踏实实地去做，精心地去培育，齐心协力，不畏艰难，去开辟一条条宁波港至内陆腹地的海铁联运专线。

2. 加快海铁联运经营主体培育，尽快让铁路北仑港站进入经常运作。与中铁联集合资经营北仑港站经营主体的协议和章程已经签署，近期需要尽快把实体成立起来，投入运行。其职能主要是港站装卸操作及与铁路、码头、车队、场站、代理业务衔接，对外市场开拓经营、信息服务联络等。在股份公司内选拔懂经营、善管理、能开拓的优秀人员从事海铁联运业务；争取铁道部支持，完善港站功能，提高服务能力。

3. 加强市场调研，研究制定可行的海铁联运物流方案。针对内陆腹地国际集装箱货源较少的特点，要在深入调研的基础上，实施以内贸带动外贸运输的策略，逐步培育市场，以公路运输或成组运输起步，过渡到外贸出口集装箱与到达宁波地区内贸货物混合编组的技术直达运输，再向"五定班列"运输发展；要以铁路内贸货物运输、义乌和绍兴重要批发市场集散中心等为基点，充分利用送空的外贸集装箱组织和装运货物，大力推进铁路双重运输，降低物流成本；要制定具体可操作的海铁联运实施方案，及时向船公司和货主、货代推介；要积极与中铁集、船公司发展海铁联运业务合作，搭建铁路公共运输服务平台，形成规模优势，为发展"五定班列"创造条件。

4. 加强海铁联运力量的投入。股份公司要加强发展海铁联运的力量配置；业务部物流科要把海铁联运作为重要工作任务，加强组织、计划、调研、统筹协调等工作；要把省外市场作为海铁联运业务开发的重点，把浙赣线作为切入线，力争在今年内开通江西至宁波港的海铁联运技术直达班列。按照经营为中心的要求，大力开拓市场，在基层公司抽调一定的力量集中一段时间开展市场调研工作，进一步理清海铁联运发展思路和市场开发重点，提出相应的对策措施。对货量较多、发展潜力较大的重点城市，要建立股份公司的办事处，加强与当地有关部门和船公司、货主的沟通联络，做好市场开发和服务工作。

5. 加强与铁路部门合作，保证铁路运输及时、价廉、信息通畅。要发挥铁路部门的优势，深入开展市场调研，并与铁路部门合作设计可行的海铁联运方案，力求市场开发有的放矢，与现行铁路内贸运输相结合，努力实现铁路内外贸双重运输。争取铁路部门在运力和运价安排、车辆摘挂衔接、信息传送等方面的支持，为开发市场、组织货源创造重要条件。

6. 加强与口岸部门合作，力求转关转检便捷高效。积极争取宁波与内陆海关、国检等口岸部门的支持，加强沟通，增进了解，建立和深化大通关，针对海铁联运的特点推出便捷措施，全力推进海铁联运发展。

7. 完善商务政策，促进海铁联运发展。在海铁联运市场的培育初期，由于铁路运输价格优势不够明显，在港站装卸费、港站至码头和堆场的短驳运费上应给予支持。

（原载于《世界海运》2009年第7期，有删改）

关于开展宁波建立海铁联运综合试验区课题研究的建议

毛市长：

建议市政府与铁道部联合开展建立宁波海铁联运综合试验区课题研究。

一、理由

1. 发展海铁联运是宁波港较之上海港的优势，也是提高港口竞争力的重要方面。

2. 预计在两三年后，铁路能量将大大提升，发展海铁联运也是铁道部的共同愿望和任务。

3. 我国中西部等内陆地区的振兴和发展，对海铁联运有巨大的市场需求。

二、目标

把宁波建设成为长三角及长江中上游地区海铁联运枢纽基地。

三、研究的主要内容

1. 铁路运价市场适应机制，重点是高度集中的定价机制向市场化转变。

2. 铁路运输组织优化机制，重点是在遵循经济规律的前提下，通过优化物流方案，引导内陆腹地货物在宁波港转运。

3. 铁路运力保障机制。

4. 铁路与港口信息互通机制,重点是为生产作业和客户提供及时的信息服务。

5. 海铁联运发展管理协调服务机制。

6. 海铁联运市场环境培育机制。

在课题研究的基础上,部、市联合共同争取国务院及中央有关部门支持,力争在宁波率先试行。

妥否? 供参考。

童孟达

2010 年 3 月 20 日

注:当天(3月20日)毛光烈市长批示:这个课题合作很有意义,要想方法促成。关键在于落实研究组织的建立。铁道部运输局、中铁联集公司、宁波等三家如何组成,请铁指、现代物流规划研究院、港务集团研。请大辉市长,张延同志过问牵头。

服务内陆经济 发展海铁联运

加快内陆经济发展,缩小区域经济差距,促进国民经济持续稳定健康发展,建设和谐国家,实现国家现代化,是党中央、国务院一贯坚持的重大战略目标,也是全国人民的殷切期盼。2010年5月28日,中央再次对中西部开发做出重要战略部署。作为国家重要战略资源和基础设施的沿海港口要积极响应中央决策,参与中西部开发开放,大力发展海铁联运,为营造内陆发展新优势做出应有的贡献,也为港口发展开拓新的腹地。

一、中国大陆港口发展值得关注的几点重要特征

1. 二扩,即吞吐量持续扩大和港口吞吐能力持续扩大。

进入21世纪以来,中国港口吞吐量从2001年的24亿吨上升到2009年的76.57亿吨,年均增长15.61%,已经连续7年成为世界港口第一大国,在全球前十大港口中,大陆港口占7席。

货物吞吐量超亿吨的港口已经从2001年7个增加到20个。同期,集装箱吞吐量从2748万TEU猛升到12200万TEU,年均增长20.48%,2003年首次超过美国成为全球集装箱港口大国。集装箱吞吐量超过100万TEU的港口从8个增加到16个。在全球集装箱港口前十强中,大陆港口占据5席。

从港口能力建设来看,沿海港口拥有生产性泊位从2001年的3718个增

加到 5320 个,年均增长 4.58%,其中集装箱泊位从 83 个增加到 280 个,年均增长 16.42%。同期,港口的投资规模从 174 亿元上升到 1059.89 亿元,年均增长 25.33%,其中沿海港口投资从 124 亿元增加到 758.32 亿元,年均增长 25.4%。大陆港口已经具备了可靠泊作业 15000TEU 超巴拿马集装箱船舶、30 万吨级散货船舶和 35 万吨级油轮的能力。

2. 三化,即港口发展目标中心化,码头泊位深水化,港口竞争白热化。

港口发展目标中心化。在中国大陆沿海约 18000 公里的海岸线上分布着五大港口群,即环渤海地区港口群、长江三角洲地区港口群、东南沿海地区港口群、珠江三角洲地区港口群和西南沿海地区港口群,建有大大小小的港口几百个,超百万 TEU 集装箱吞吐量的港口 16 个,并且百万 TEU 级港口的个数还在不断增加,单港规模也在不断扩大。许多港口的地方政府认识到港口对区域经济发展的巨大带动作用,积极实施城以港兴、港为城用发展战略,几乎都有一个美好的憧憬,希望把自己的港口规划和建设成为国际航运中心,或枢纽港,或远洋干线港,形成了"航运中心"的情结。

泊位深水化。随着船舶大型化的发展和对"航运中心"发展目标的追求,港口深水化趋势日益突出。2001 年到 2009 年,大陆沿海港口万吨级以上生产性泊位年均增长 8.09%,高于同期生产性泊位年均增长的 3.51 个百分点。其中,在万吨级及以上泊位中,1 万—3 万吨级年均增长 2.11%,3 万—5 万吨级年均增长 6.92%,5 万—10 万吨级年均增长 19.20%,10 万吨级以上年均增长 28.54%(详见下表)。在表中可以看出,1 万—3 万吨级泊位增长低于生产性泊位增长的 2.47 个百分点,而 3 万—5 万吨级、5 万—10 万吨级、10 万吨级及以上泊位增长分别高于生产性泊位增长的 1.44 个百分点、14.62 个百分点和 23.96 个百分点,泊位深水化的趋势十分明显。

表1 2001—2009年中国大陆沿海港口拥有生产用码头泊位统计表

	泊位数（个）	万吨以上（个）	1万—3万吨	3万—5万吨	5万—10万吨	10万吨以上	10万吨占万吨级比重（%）	集装箱
2001	3718	677	451	113	91	22	3.25	83
2002	3822	700	457	113	103	27	3.86	98
2003	4274	748	464	128	125	31	4.14	134
2004	4197	790	465	143	145	37	4.68	155
2005	4298	847	476	155	167	49	5.79	175
2006	4511	978	506	166	219	87	8.90	224
2007	4701	1078	522	183	263	110	10.20	253
2008	5119	1157	517	177	324	139	12.01	251
2009	5320	1261	533	193	371	164	13.01	280
2009比2001年均增长（%）	4.58	8.09	2.11	6.92	19.20	28.54	1.22	16.42

港口竞争白热化。唯航运中心、枢纽港、干线港为目标，唯吞吐量是大，唯水水中转为重。宁做鸡头，不做凤尾，合作不足，竞争有余。有条件要建港口，条件不完备也要建港口，只要有岸线，就想建港口，一哄而上，大建港口。港口建设不顾市场需求、不计投资和运营成本，大而全、小而全，已经形成供大于求局面，而且结构性矛盾比较突出，如集装箱码头能力过剩，一大批铁矿石、原油码头还在规划和建设等等；全球性的金融危机，则加剧了诸多港口能力过剩的现象，有的港口能力富余高达几百万甚至近千万TEU。为了争抢码头投资、争夺腹地和货主、争辟航线和航班，千方百计招商揽货，加大对船公司的优惠力度，杀价让利。港口竞争的背后其实是地方政府间竞争的影子。从港口

资源竞争到港口发展政策的竞争，从地方政府政策支持到争取中央政府及其有关部门支持，尤其是沿海、沿江地区纷纷争取设立保税区、保税物流园区、保税港区、国际航运综合试验区，层层递进，几乎都与港口发展和竞争密切相关。

3. 一低，即海铁联运占港口集装箱吞吐量的比重低。

据有关专家透露，2009年大陆海铁联运集装箱约为100万TEU，占港口吞吐量的1%左右，90%的集装箱靠公路运输。这种不合理的运输方式，造成了较高的物流成本，加大了公路运输压力和不安全，也有悖于发展绿色运输和低碳经济理念。

二、中国大陆发展海铁联运的历史性机遇

1. 铁路大建设必将带来能力大提升。

中国大陆已经进入了铁路建设快速发展新时期，长期形成的高速公路建设为主正在向铁路建设为主转变。铁路建设和经营正在或即将发生三大转变：客货共线转向客货分线运营；低中速铁路转向高速铁路；并且随着铁路能力的提升，还将发生铁路建设为主向铁路经营为主转变。

2009年是我国铁路发展历史上投资规模最大、投产新线最多的一年，完成固定资产投资达7000亿元，投资建设创历史新水平；其中基本建设投资完成6000亿元，同比增长79%，超过"九五"和"十五"铁路基本建设投资总和。

作为海铁联运重要基础设施的全国18个集装箱中心站，今年有9个建成投用，另外9个正在开展具体的建设规划和前期准备工作。

可以预见，"十二五"期间大陆铁路还将保持较高的发展态势。铁路建设的大投入，将彻底改变长期积累的铁路运能供给不足困扰，也将促进铁路经营体制和机制的变革。

2. 内陆地区开发开放必将产生巨大的海铁联运物流需求。

在党中央加快中西部地区开发开放的战略实施中，中西部地区的优势正在不断累积和突显。通过沿海与内陆地区携手发展，加之内陆地区土地、原

材料、电力、劳动力和综合商务成本较低、生产要素资源丰富、科教事业比较发达等优势,吸引着沿海产业转移和外商投资。改革开放30年,沿海地区率先发展;预示后30年,将是内陆地区追赶发展。但是,内陆地区特别是"两头在外"的内陆地区发展的劣势是物流成本较高,将会严重制约其开放型经济和国内贸易的发展。

3. 港口和航运企业腹地拓展必将需要发展海铁联运。

在港口能力供大于求的背景下,港口竞争的焦点是腹地竞争、货源竞争。一般而论,沿海500公里内是我国经济率先发展的区域,也是公路运输服务的合理区域,更是港口服务的相对便捷区域和第一层次腹地,我国大陆港口集装箱公路运输约占85%—90%也证明了这一现实。但是,面对产业梯度转移,面对港口间激烈竞争,发展海铁联运是港口企业开拓腹地的必然选择,也是港口企业参与中西部地区开发开放、履行社会责任的重要体现。

在2009年金融危机爆发的前十年左右,航运业进入了牛市发展阶段,船公司投巨资购买船舶,订单猛增,能力大幅扩张,且船舶越造越大,万箱级船舶在订单中占据较高比重。面对金融危机,面对中西部地区的崛起,为了提高船舶利用率和运营效益,也十分需要加强揽货,扩大市场范围,从沿海为主向内陆地区拓展。

三、中国大陆海铁联运发展之建议

海铁联运是一项系统工程,是优化运输资源组合,提高运输综合效益的重要方式。根据我国国情,发展海铁联运要走"抓天时、善地利、促人和"之路。

抓天时,就是要紧紧抓住铁路能力提升、中西部地区深化开发开放、港口和航运企业迫切需要拓展腹地之有利时机,大力发展海铁联运。同时应认真研究内陆腹地经济发展水平的差异和市场需求、经济路径、铁路和口岸服务条件,选准腹地开拓的切入点。

善地利,就是要创造条件,实现铁路与港口的无缝隙衔接,努力降低铁路转运水路的短驳成本,节约运输时间。着重做好铁路与沿海重要港口的对接,作为促进中西部地区发展的一项基础工程。

促人和,海铁联运涉及地方政府、海关、出入境检验检疫、交通、物价、铁路、港口、船公司等很多部门和企业,环节多,难度大,需要有关各方提高认识,更新理念,加强合作,共同努力。

地方政府:要着重在铁路与港口对接的规划建设、用地、融资、海铁联运市场培育等方面给予引导支持。特别是根据铁路规模运输和集装箱运输的特点,沿海港口所在地政府和内陆地区政府要大力宣传,共同鼓励和引导企业由散改集,由公(路)海(水路)联运改为海铁联运,培育市场需求,加快海铁联运发展。

海关和出入境检验检疫:要积极推进沿海口岸与内陆口岸的大通关、大通检,实现内陆报关报检,在没有举报的前提下,沿海口岸不做重复查验,提供快速转关转检服务。内陆地区要配合海铁联运业务发展需要,完善口岸服务功能,提高服务水平。

交通部门:要着重在规范公路和水路运输市场上下功夫,大力整治超载、超宽、超长、超高运输,坚决扭转不规范运输对铁路运输的冲击,营造公平、公正的运输市场秩序。

物价部门:按照科学发展观要求,根据运输市场情况,认真研究铁路、公路、水路运输价格体系,建立合理的比价关系,引导公路长途运输转向铁路运输;研究形成250公里以远铁路运输优势,缓解公路、能源、安全和环保等压力;研究铁路集装箱双层运输和进出双重运输的价格鼓励政策;研究进一步完善适应瞬息万变市场需求的铁路运价管理制度;对地方政府出台海铁联运扶助政策的,铁路运价优惠、运输组织等支持力度给予相应的加大,以调动地方积极性,共同促进海铁联运发展。

铁路部门:一是要从面向国际市场和优化海铁运输方式组合的高度,完善全国铁路路网建设规划和运输组织,着重考虑与沿海重要港口的对接,减少途中编组作业,提高铁海联运直达比重,提高铁路运输的效率和效益,适应内陆地区经济和港口发展的需求。二是积极推进铁路管理体制和经营机制改革，解放和发展铁路生产力。大陆铁路实行高度集中的管理体制，对集中全国资源建设重点铁路项目、统筹全国铁路发展、完成国家战略运输任务、实现全国铁路的统一管理都发挥了很好的作用。但是，高度集中的管理体制也制约了铁路生产力和服务业的发展，加重了铁路部门的压力。借鉴公路、水路运输发展经验，研究降低铁路运输进入门槛，鼓励社会力量发展铁路运输经营，更好地满足国民经济发展需要。三是借鉴港口经营模式，吸引社会力量经营集装箱中心站之间和集装箱中心站到沿海港口间海铁联运业务，发挥集装箱中心站公共服务平台作用，以集装箱中心站发展带动海铁联运线开发，以海铁联运线开发促进集装箱中心站发展，以集装箱中心站发展带动区域经济兴旺，实现集装箱中心站、海铁联运线、区域经济互动发展和共同繁荣。

港口：作为海铁联运的重要节点，要切实转变发展理念，把发展海铁联运与水水中转同等对待，积极到内陆地区做好宣传推介工作，让货代、货主了解港口，组织工作班子，加强市场调研和揽货，制定相应的商务政策，提供成本较低、服务较好的海铁联运服务方案。加强与铁路部门、口岸部门、船公司沟通协商，建立海铁联运协作联盟。

船公司：要把海铁联运视同内支线，作为港口功能的延伸，在运价上给予支持；在用箱免费期限上，给予适当延长，以适应海铁联运时间较长的需要；在空箱调用上，打破空箱进出口岸一致的限制，提高空箱周转速度，降低空箱调用成本；在舱位安排上，要优先满足海铁联运订舱；在箱重限制上，对中西部地区出口箱重，在超过一定幅度范围内，免收超重费；在内部区域考核管理上，按照遵循经济规律和有利于提高企业效益的前提下，对有利于海铁联运发展的，要做出积极的调整。

（原载于《中国港口》2010 年第 9 期，有删改）

把新疆建设成为丝路经济带铁路国际联运现代物流综合枢纽战略构想

2013年10月,国家主席习近平在哈萨克斯坦和印尼国会演讲时先后提出了"一带一路"倡议,在国际社会引起了巨大反响,"一带一路"将成为我国一项新的重要战略,对世界经济发展和格局也将产生积极影响。

"一带一路"建设有"五通"要求,其中"道路连通"是其他四通的重要条件,对以多式联运为主要形式的国际物流带来巨大的发展机遇,可以说是千载难逢。"一带"的物流要比"一路"的物流难度更大,因为水陆运输市场化程度较高,国际化程度也非常高,运作也非常规范。恰恰是横跨中国、中亚、欧洲的陆路国际多式联运,难度比较大,涉及的环节、政策、技术、管理、服务等内容比较多。在陆路国际多式联运上,中国是重点之一,新疆是重中之重。因此,把新疆建设成为丝路经济带铁路国际联运现代物流综合枢纽具有十分重要的战略意义。

一、发展背景

1. 习近平主席提出的建设"一带一路"倡议,符合当今世界和平与合作、发展的潮流,能给沿带和沿路的国家与地区带来共赢。据悉,"一带一路"涉及60多个国家,已经有50多个国家表示积极响应和参与,反映了倡议具有国际共识。

2.中国大陆与沿带沿路国家和地区具有很强的经济互补和悠久的历史发展基础。中国是东盟的最大贸易伙伴，东盟是中国第三大贸易伙伴，2003—2013年中国—东盟双边贸易额年均增长18.95%。2013年浙江省对东盟出口201.3亿美元，同比增长18.7%，进口117亿美元，增长3.2%，分别高于全省出口和进口增长10个百分点、4.2个百分点。以宁波市为例，近年来，宁波港—东盟港口的进出口箱量快速增长，明显高于宁波港至欧美、中东等航区的箱量增幅（具体见表一、表二）。中西亚地区和新疆等中西部地区自然资源丰富，对轻工业产品等有着很大的刚性需求，宁波及周边地区经济发达、制造业先进，与新疆等中西部地区和中西亚地区有很强的经济互补性。

表1　宁波港—东南亚港口集装箱吞吐量增长情况

	2008年	2013年	年均增幅	2014年1—6月
进口量（万TEU）	4.6	24.3	39.5%	13.2
出口量（万TEU）	7.7	23.8	25.3%	13.8
进出口量（万TEU）	12.3	48.1	31.3%	21.6
航线数（条）	9	20	—	20
月均航班数	33	71	—	81

表2　2008—2013年宁波港至其他航区箱量年均增幅

	中东	北美	南美	欧洲
进口量（万TEU）	11.6%	7.3%	16.3%	2.7%
出口量（万TEU）	5.8%	10%	20%	3%
进出口量（万TEU）	8.3%	8.5%	18.2%	2.8%

3.中国大陆经济转型升级和沿带沿路国家需要铁路快速运输，需要现代

物流综合服务。铁路运输具有速度快、价格适中的特点，适合附加值较高的货物国际联运。同时，中亚地区铁路运输是较好的物流通道选择。顺势而为是成功法则。

4. 有关内陆城市和沿海港口积极参与"一带一路"建设，"新丝路"似雨后春笋涌现。据不完全统计，近年来在"一带一路"倡议的指引下，铁路国际联运发展及其场站建设创出历史新高。除传统的连云港等通道外，新开辟了重庆、成都、郑州、义乌、长沙、南昌、营口、大连、合肥、南京等国际跨境专列。

二、面临的问题

1. "一带一路"物流缺乏顶层设计，群雄崛起，抢机遇，争地位（枢纽、节点、支点），行政手段推动为主、高额的政府财政补贴可否持续有待检验。

2. 多点发展，货源资源分散，不利形成"万公里"铁路整列运输，降低了班列运行密度，降低了铁路运输利用效率和市场满足程度。

3. 出口大于进口，不利于铁路运输组织，不利于降低铁路运输成本，不利于集装箱循环利用。

4. 船公司和集装箱租赁公司参与度低，提箱、还箱、用箱成本较高。

5. 铁路多国跨境联运市场比较复杂。环节多，通关、通检、在途运输信息等服务不透明，境外服务市场环境和代理主体复杂，开放度低，运行不够规范。

6. 有关内陆城市和沿海港口纷纷入疆谋求发展，建设内陆港，或设立经营服务点，虽给新疆带来发展活力，但不利于新疆建立统一、高效、规范的国际联运现代物流综合枢纽。

7. "一带"通道发展水平低，综合效益亟待提高。对新疆而言，只是过境运输，"酒肉穿肠过"，没有形成运输经济和以路兴疆之效；对内陆城市和沿海港口而言，市场培育期长，发展成本高；对需求方而言，物流成本高，效率低，想爱不容易；对国家而言，有倡议，但总体实施方案顶层设计还未制定，势必影响战略目标实现。

三、新疆发展定位和模式

1. 新疆区位优势和现实条件。

新疆是我国西线跨境铁路运输的必经之地，有阿拉山口和霍尔果斯、喀什三大口岸。货物过境量大，基础条件好，物流成本相对较低，已经形成了较好的市场基础。

2. 总体发展思路和定位。

紧紧抓住历史机遇，登高望远，谋全局成一域，顺势而为，发挥新疆独特区位优势，凝聚沿带沿路城市和沿海港口积极性，立足服务国际国内两个市场需求，遵循经济规律，创新发展模式，整合内外资源，降低物流成本，提高发展水平，把新疆建设成为中国大陆开放度高、辐射力强、功能完善、统一高效、规范有序的"丝路"铁路国际联运现代物流综合枢纽。

3. 发展模式。

总体模式：一心，二编，三口，多线。

一心：建立新疆"丝路"铁路国际联运现代物流综合枢纽。

二编：在市场培育初期阶段，需要二级编组运输。初编，由内陆城市和沿海港口至新疆作为支线运输，内贸货物和丝路国际联运货物在始发地混编，按照物流成本最优、铁路运输时间最短的原则，至新疆某站（如奎屯站或精河站）将内外贸货物解编；出境编，作为国际干线运输，按照货物最终目的地实现整列组编，经阿拉山口或霍尔果斯或喀什直发境外。进口亦然（如果内陆城市和沿海港口具有整列到发送货源，无须二级编组）。

三口：阿拉山口和霍尔果斯与喀什三大操作口岸。

多线：国内和国外多条铁路运输线。

4. 枢纽中心功能设计。

枢纽中心集行政管理和市场服务于一体，主要功能有：

行政管理和综合协调；

铁路和公路运输组织和调度；

口岸通关和通检及边境服务；

物流服务，仓储、配送、分拣、包装、拆拼、贴标签等流通加工，运输、代理；

市场配套综合服务，金融、保险、信息、保税、法律、培训、商务、后勤等等。

四、意义和作用评估

1. 确立新疆作为"一带一路"物流枢纽地位，解决"群龙"无首状态，使"一带一路"倡议的物流服务有顶层实施方案，实现统一高效、规范有序、高水平发展。

2. 新疆实现由传统铁路运输向现代物流综合经济转变，集约资源，创新区域经济发展模式，解决短板约束，拓宽产业发展领域，建立产业链，挖掘价值链，以路兴疆，加快自身发展，带动西部崛起。

3. 降低内陆城市和沿海港口参与"丝路"建设成本，缩短市场培育期，降低行政引导力度，提高发展成效，实现可持续发展。

五、主要对策和举措

1. 加强领导，提高认识，高水平规划新疆建立铁路国际联运现代物流综合枢纽。充分认识新疆建立铁路国际联运现代物流综合枢纽对落实"一带一路"倡议的重要性，对新疆及西部发展的重要性，对内陆城市和沿海港口带动的重要性；充分认识发展铁路国际联运的复杂性、系统性和广泛性。建议成立由新疆维吾尔自治区主要领导挂帅的新疆建立铁路国际联运现代物流综合枢纽领导小组及其工作班子，包括专家顾问团队，站在国家全局的高度，负责研究和编制总体规划，争取党中央、国务院批准，并负责规划实施工作。

2. 以新疆铁路国际联运现代物流综合枢纽为载体，建立"一带"自由贸易试验区及其管委会，中央政府给予相应的制度和政策扶持。把新疆铁路国际联运现代物流综合枢纽和自由贸易试验区作为中央支疆工作的新亮点；作为有关内陆城市、沿海港口援疆的新项目；作为新疆与内地和沿海优势互补，实现共赢发展的新突破。

3.建立新疆铁路国际联运现代物流综合枢纽运营主体及一站式集中服务平台，包括研发国际联运线路产品、市场营销和推广、通关、通检、代理、信息、运输、金融、保险、政策、商务、后勤等服务。

4.建立新疆铁路国际联运现代物流综合枢纽信息中心，实现境内外客户网上办理业务、政策咨询、业务查询、运输跟踪等服务。

5.争取铁路总公司支持，在运输组织、运输价格引导、运输信息等方面提供优质服务。

6.大力推进运输组织、装卸设备、装卸技术、货源组织等创新，尤其要大力推进陆桥箱应用，最大限度地降低物流成本，提高运输效率和效益。

7.加强与船公司和集装箱租赁公司合作，解决好用箱问题，降低物流成本。

8.建立国家层面政府间的丝路沿线国际发展合作机制，加强丝路沿带国家和国内有关城市与港口交流。在新疆建立丝路沿线国家国际贸易交易平台和跨境电子商务交易平台，以贸易促进国际物流发展；研究国际贸易发展、运营中政策引导、口岸服务、运输组织、联运价格、货源组织、金融服务、服务标准、市场规则、法律援助等问题，加强磋商，提出解决办法，促进业务合作和发展，实现共赢和持续发展。

（原载于《中国航务周刊》2015年第7期，有删改）

第四章 发展港口物流

论发展宁波港现代综合物流

"物流"一词源于美国,在第二次世界大战期间,美国海军出于军事上的需要,引入了实物配送理论,对军需物流的供应实行后勤管理,取得了显著成效。随后,美国社会中开始出现了后勤管理或后勤保障,并在企业中逐步演变为商业后勤、流通后勤,以至于1963年成立了全美物流管理协会(1985年更名为美国后勤管理协会)。在美国的影响下,德国、英国、法国、新加坡、日本、中国香港等国家和地区的现代综合物流业已经相当成熟,在国民经济中的比重也越来越大。

物流是为了满足消费者需要而进行的从起点到终点间的原材料、中间过程库存、最后产品和相关信息有效流动和存储计划、实施和控制管理过程。综合物流不仅包括产品制成后从生产者到用户的货物配送的管理,而且还包括产品在生产前从供应商到制造商的原材料和零部件的采购、运输仓储和库存等的材料管理,以及在生产过程中对材料、零部件等的运输和库存管理,甚至还包括废物的回收和处理等。现代综合物流主要包括运输合理化、仓储标准化、装卸机械化、加工配送一体化和信息管理网络化等等,具有全球化、信息化、增值、协同化、创新等功能。与传统的货运代理业相比,现代综合物流的优越性在于:注重管理技术和信息处理,提供货运一体化管理技术服务,全球性订货和供货服务,沟通供货商、仓储业、承运人和消费主体以及其他有关各方供需联系,不断满足客户的需要。现代综合物流能有效地促进和完善市场经济体系和管理体制;促进国民经济的合理布局,有利于优化资源配置;有效地使用社会流通设施、设备,节约社会资源;可以减少流通环节,缩短流通周期,加速资金周转,降低流通费用;可以加速信息传递,增强社会物质财富的可调节性;有利于促进分工专业化和服务的社会化,促进货运服务业升级,推动第三产业发展。在现代经济中,综合物流被视为继降低物质消耗和劳动消耗之后的"第三利润源泉",成为促进国民经济持续发展,转变经济增长方式,提高经济发展质量,提高服务和质量管理,增强经济竞争力的一个极其重要因素,越来越受到世界各国的重视和关注。认真研究宁波港现代综合物流发展思路,对实施"以港兴市、以市促港"发展战略,发挥宁波深水港和保税区优势,创造21世纪宁波市发展新优势,推进宁波市加快实现现代化国际港口城市战略目标具有十分重要的意义。

一、发展现代综合物流宏观背景分析

（一）世界经济持续增长及其全球化趋势为发展现代综合物流奠定了货源基础

1. 纵观近300年来世界经济发展历史,世界经济增长幅度呈现扩大趋势。18世纪世界经济年均增长0.5%,19世纪为1.0%,20世纪约为2.7%。其中20世纪前50年,相继发生的30年代大危机和两次世界大战,严重影响了世界经济发展,年均增长率为2.1%;后半世纪年均增长率未因绝对基数扩大而使相对发展速度下降,反而提高了1.3个百分点,达3.4%。世界经济增长幅度扩大的主要原因是科学技术的加速发展和相对和平的国际环境以及经济全球化与一体化。这些因素在21世纪将得到进一步强化,使世界经济保持高速增长的势头。

2. 世界经济正处在第三次长增长期。近300年来,世界经济已有两次较长增长期,即从1870年到1913年年均增长3.45%,1950年到1973年年均增长率高达 5.3%。当前，美国经济持续增长 109 个月，打破 20 世纪 60 年代持续增长 106 个月的纪录，成为美国历史上经济持续最长的增长期，美国经济正从工业经济时代迈向知识经济时代。欧盟经济一体化和欧元启动有利于欧洲经济加快发展。经历金融危机后，亚洲经济强劲复苏。从世界主要国家和地区经济现状和趋势看，自 20 世纪 90 年代初开始的世界经济增长期有可能持续到 2020 年前后，美国经济增长率可能超过 3%，日本、欧洲和德国经济增长率约为 2.5%，到 2025 年全球生产平均增长率可达 4%，超过过去 25 年达到的增长幅度。尽管各国和地区经济发展仍将是不平衡的，而且还会发生波动，甚至经济衰退。但是，各国深化改革，灵活调控，加强合作，发展科技，维护和平，能够避免发生 20 世纪 30 年代那样的大危机和 70 年代后期那样的"滞胀"困境，避免发生世界大战，从而使世界经济进入第三次长增长期。

3. 世界经济全球化为发展现代综合物流创造了机遇。国际投资和国际贸易直接影响综合物流发展。目前，全球有 5 万多家跨国公司及其 45 万家子公司分布在世界各地，总产值占世界 GDP 的 40%，对外投资的 70%，世界贸易额的 65%。跨国公司先进的经营理念、高度专业化的分工、全球化的原辅材料供给和半成品生产、全球化的商品营销最需要现代综合物流服务。与此同时，国际贸易发展速度方兴未艾，高于世界经济增长。长期以来，世界贸易的平均增长是世界经济增长速度的 1—1.5 倍，1990—1999 年达到 2—3 倍，世界贸易占世界 GDP 的比重已从 1985 年的 29.5% 上升到 40% 左右。日益扩大的国际贸易为发展现代综合物流提供了广阔的市场空间。

(二) 国内经济持续高速增长，也为发展现代综合物流奠定了货源基础

十一届三中全会以来，我国以经济建设为中心，实行对内改革、对外开放政策，极大地解放和促进了生产力的发展。1978 年到 1999 年国内生产总值年均递增 9.58%，社会商品零售总额年均递增 15.33%，国内货物周转量年均递增 7.06%，国际贸易年均递增 12.55%，提前实现了经济总量翻两番的战略目标。据国内专家预见，21 世纪前 20 年我国经济能保持 7%—8% 的增长幅

度,特别是随着西部大开发、人民生活水平的提高和我国加入 WTO,国内货物运输和外贸运输将会发生跳跃式的增长。

从经济增长周期来看,新中国成立以来我国经济发展经历了 10 个增长周期,今年一季度 GDP 增长 8.1%,高于去年第四季度的增幅 1.3 个百分点,综合投资、消费、外贸、金融、价格等指标分析,预示我国已经走出通货紧缩的阴影,第 11 个经济增长周期将从 2000 年起步,中国社科院 4 月 28 日发布的春季报告预测我国今年经济增长可达 7.5%。随着市场经济体制的不断完善,各项改革措施的逐步到位,科学技术进步,国内开发开放的进一步深化,经过通胀和紧缩的正反实践,中央政府对宏观调控的能力大大提高,经济增长周期将会超过过去的 4—6 年跨度,并且峰顶拉长,形成相对较高的增长平台。

(三) 电子商务迅猛发展,为发展现代综合物流奠定了技术基础

进入 20 世纪 90 年代后期,计算机网络、通信技术的日益发展与融合,尤其是互联网的普及应用,一种崭新的商务形式——电子商务,作为商业贸易领域里一种先进的商业模式和交易方式,正在全球范围内发展起来,对商品交易和物流中的传统观念和经营方式产生着巨大的冲击和影响。电子商务通过大幅度降低交易成本,简化贸易流程,即时传递供求、运输、金融等信息,增加贸易机会,提高交易和物流效率,极大地推动和促进企业乃至整个经济的发展,为发展现代综合物流创造了极为重要的技术条件和保障。

(四) 我国加入 WTO 将为发展现代综合物流注入强大的活力

在我国,物流概念于 20 世纪 80 年代初期从欧美和日本传入,尽管我国国际货运代理业从垄断逐步走向开放,但是具有国际竞争力的现代综合物流企业尚未形成,至多是凤毛麟角。而对境外投资商在国内注册独资的现代综合物流企业控制较严,物流市场还不够开放,1997 年以来我国先后批准了丹麦马士基、美国总统班轮等四家外国航运企业在我国设立独资集运服务公司,进行物流服务试点。日本的通运、伊滕忠,澳大利亚的 TNT 和英国的英之杰等公司以合资的方式在上海、北京、广州、武汉等大中城市建立物流机构和货

运网络。随着我国加入 WTO，按照世贸组织制定的国际服务贸易有关规则，我国将进一步开放物流市场，引进国际著名的现代综合物流企业的投资、技术、经营管理理念和经验，推动我国现代综合物流业的发展。

二、发展现代综合物流的微观背景分析

（一）商品生产和经营受市场约束日益强化

改革开放极大地解放和发展了生产力，我国经济严重短缺状况已发生了根本性的变化，绝大部分商品供过于求或供求平衡，消费价格自 1998 年 4 月开始连续下降了 22 个月，社会商品零售价格从 1997 年 10 月开始连续下降了 30 个月，生产资料价格从 1996 年 4 月开始连续下降了 47 个月，直到现在有的仍为负增长，有的才转为正增长，市场供求严重影响工商企业经济效益的提高，预示今后如不发生突发事件，绝大部分工业消费品供不应求状况不会发生，只有农产品中的部分商品会因自然条件变化使供求关系随之变化。因此，企业要提高现有商品生产和经营的经济效益，必须在降低物化劳动和活劳动以及流通费用上做文章。然而，如果没有价廉质优的新型材料替代，降低物耗的空间十分有限，职工工资支出受扩大劳动就业和收入刚性的约束，降低的空间更是十分有限，甚至无法下降。恰恰相反，降低商品流通费用有较大的空间。

长期以来受计划经济体制和以产定销的观念影响，采购、制造、运输、仓储、代理配送、销售等环节彼此分割，造成了生产企业的原材料和产成品库存过大，占压资金过多，产品生产和销售成本过高。据统计，1998 年底，列入国家统计局统计的 18.2 万家独立核算工业企业产成品库存 6094 亿元人民币，占其全年产品销售收入的 9.6%，如果加上应收账款 12315 亿元，两项资金占用为产品销售收入的 29.1%。同年这 18.2 万家企业流动资产周转次数仅为 1.41 次。从运输成本看，我国运输成本占国民经济总成本的 30%，而发达国家为 10%，也就是说，仅运输角度还有"20 个百分点"的空间可缩小。以宁波

市为例,1998年全市规模以上工业企业存货占总产值的比重高达18.4%,如果将存货占总产值的比重控制在10%则可增加当年销售收入近80亿元,税收及附加1.6亿元,销售利润8.5亿元,年节约银行利息支出约3.2亿元。由此可见,发展现代综合物流对我国商品生产和经营企业应对市场约束,降低商品流通成本,压缩资金占用,提高经济发展质量具有重大的现实意义。

(二)货运代理企业必须谋求服务创新

随着货运代理市场的逐步放开,传统的货运代理服务方式已远远不能适应市场形势变化,货、运、储分离,国内市场与国际市场分离等等,使代理业效益下降,难以参与市场竞争。为了生存和发展,代理企业必须积极谋求服务创新,探索货运全过程的优质低廉服务,探索生产商与供应商和销售商的更紧密合作,建立更专业化的社会分工。

(三)发展现代综合物流,市场介入要求较高

现代综合物流具有系统化、信息化、社会化、现代化、一体化和国际化的特点。所谓系统化,表现在综合物流与包装、装卸运输、储存、配送、流通加工、物流信息处理等综合地、有机地结合在一起,作为一个系统来管理。信息化包括了商品代码(条形码)和数据库的建立、运输网络合理化、销售网络系统化、物流中心管理电子化等,使商品和生产要素在全球范围内的各种需求层面上以"秒"计的速度自由流动。社会化,包括专业化分工越来越细及其各种分工的互相依存越来越强,也包括物流中心的服务内容广泛性及其各个环节的严密连贯。现代化,主要包括信息传输的电子化,仓储的机械化、自动化和标准化,运输的铁路、公路、水路、空运与管道的多式联运。一体化是指商流、物流、信息流三流合一,以适应各种流通方式和营销形态的变化与需要。国际化,主要包括服务市场网络的国际化,服务标准的国际化。因此,发展现代综合物流涉及面广,环节多,光靠某一企业自身投入是远远不够的,还需要政府的支持和社会相关行业和企业的配合与联动,需要系统的、综合的规划、投入和互动,由此决定了发展现代综合物流的市场介入条件较高。

（四）发展现代综合物流时间十分紧迫

一方面，现代综合物流是社会分工专业化，服务社会化，提高经济发展质量的需要。另一方面，加快发展现代综合物流是抢占物流市场，形成有利的竞争格局的需要。我国加入WTO后，物流市场将进一步对外开放，预见三年左右，更多的境外物流集团将以独资或合资的形式涌入我国大陆。当前，现代物流业正在加速集中，通过国际兼并和联盟，形成愈来愈多的物流巨无霸，如丹麦的马士基物流，英国的国际物流公司和全球货代物流集团，德国的敦豪国际、汉莎货运和环球捷运等等。这些物流集团凭借其丰富的经验，优质的服务，一流的管理，优秀的人才，完善的市场网络，一旦进入大陆，国内的货运代理企业是无法与之相抗衡的。而且这些物流集团大多与国际上跨国公司有传统的业务联系，也能赢得与内资企业的合作，一旦形成物流服务合作关系，其他物流企业就很难调整市场占有格局。形势逼人，时不我待。因此，对国内货运代理企业来说，紧紧抓住近三年的发展时机，加快自我改造和发展，形成有利的市场竞争格局，显得十分紧迫和关键。

三、宁波港发展现代综合物流的内部条件分析

（一）有利条件

1.市委、市政府高度重视发展现代综合物流，并列为重要的工作议事日程。中共宁波市委第九次党代会提出港口建设要取得新的突破，并根据国内外经济和港口发展形势，把发展现代综合物流作为港口建设取得新突破和今后政府工作的一项重要内容来抓。市委、市政府领导亲自与外商洽谈，抓项目启动，已与西班牙巴塞罗那港达成了共同建设宁波港综合物流中心的合作协议，与和记黄埔达成了合资经营北仑港区900米集装箱码头的协议。有关部门先后开展了发展宁波港综合物流培训班，委托科研单位开展发展宁波港综合物流课题研究，由宁波港务局和保税区联合组建的新世纪国际投资有限公司，将与外方联合投资宁波港综合物流部分基础设施建设，召开物流恳谈

会和招商活动等等,宁波市发展现代综合物流工作已经拉开了帷幕。

2. 优越的港口资源和发展基础。宁波港是中国大陆重点开发建设的四大国际深水中转港之一。处于中国大陆沿海与长江黄金水道"T"形航线的交汇点,扇面连接世界各大港口。岸线资源丰富,包括江北、镇海、北仑(包括大榭岛、穿山半岛和梅山岛),共有深水岸线 121 公里,可建各种生产性泊位 285 个,其中深水泊位 152 个。如将这些岸线资源全部开发利用,可形成 3 亿—5 亿吨和 3000 万 TEU 的吞吐能力,发展的资源潜力巨大。北仑港区进港航道水深最浅处 17.6 米(长约 3 公里),主槽水深超过 30 米,可全天候通航 20 万吨级船舶。北仑港区以舟山群岛为天然屏障,海域和陆域宽阔,气温适中,具有水深浪小、不冻不淤、陆域宽阔等特点。

宁波港已拥有 500 吨级以上生产性泊位 62 个,其中万吨级以上泊位 24 个,包括 20 万吨级兼靠 30 万吨级船舶的铁矿码头和 25 万吨级的原油码头、5 万吨级的液体化工专用码头、可停靠并能接卸国际第五代集装箱船舶的专用码头。与世界 84 个国家和地区的 518 个港口有运输贸易往来。全港年货物核定吞吐能力为 8400 万吨,其中集装箱吞吐能力 50 万 TEU。1999 年货物吞吐量 9660 万吨,居中国大陆港口第三位,其中集装箱吞吐量 60 万 TEU。

3. 以港口为核心的较完善的集疏运网络已经基本形成。329 国道、34 省道、杭甬高速公路、萧甬铁路和正在建设的沿海国道主干线等均可直达港区。甬金高速公路已获准建设,杭州湾大通道建设项目正在开展前期准备,与杭甬高速公路相连的杭宁高速公路、与杭州湾大通道相连的乍嘉苏高速公路正在建设。这些项目建成后,可形成省内各地市中心到宁波港的 3 小时交通圈,宁波到南京的 4 小时交通、到上海和苏州的 2 小时交通。杭甬运河改造工程已经启动。宁波栎社机场已开通了至全国各地及中国香港、澳门,日本航线 30 条。目前,宁波栎社机场正在进行扩建,投资 7.2 亿元,将由现行的干线级机场跨入国际机场行列(即四 D 级升为四 E 级),每年客运吞吐能力可达 380 万人次,货物吞吐能力 4.67 万吨,计划到 2001 年完成。

4. 货运代理服务企业已有一定的发展基础。到1999年底，经外经贸部批准的宁波市国际货运代理企业已达36家，从业人员1100人左右，经营网络遍及省内各地市，有的已延伸到江西等地。境外一些著名的物流经营企业已关注宁波市场，有的已着手开展业务，如陆海英之杰、马士基物流等。有船舶代理公司三家，理货公司一家。堆场经营企业20家左右，可堆存面积约30万平方米，现有集卡运输企业28家，集卡运输车辆710台。

5. 口岸查验和配套服务机构齐全。海关、出入境检验检疫、边检、海监、船检、引航、外供、船员接待服务等机构一应俱全，能够满足外贸进出口和船舶进出需要。

6. 信息网络基础较好。宁波港EDI中心、宁波市信息港、宁波市信息中心、宁波市公用信息网、宁波海关信息中心、宁波市外经贸委EDI中心均已建成投用，部分企业和单位已与上述信息机构开展了信息业务运作。其中由中科院牵头，广播电视总局、铁道部、上海市政府四方共同组建的中国网通将投资建设宁波信息港宽带城域网，争取成为中国网通在宽带城域网和接入网方面的示范工程。

7. 宁波保税区可为发展现代综合物流提供优越的政策环境。保税仓储和国际贸易中转是保税区独特的功能，也是发展现代综合物流极为重要的条件。进入保税区的所有境外货物都可享受保税政策，且没有保税期限制。保税区"境内关外"的特点便于沟通国内、国际两个市场，是境外货物进入国内市场的跳板和国内货物出口国际市场的桥头堡。境外与保税区之间流转的货物，不受配额许可证限制，免报关税。保税区可为综合物流提供低税费、少环节的优良经营环境，可大大降低物流成本，提高物流企业竞争能力。

（二）不利条件

1. 航运市场发育相对滞后，着重体现在：一是宁波港集装箱运输航线近几年来虽有较大发展，但与上海港和货主要求相比还有一定差距，特别是干线相对不足，航线和航班不稳，尤其是内贸航线。二是航线竞争不充分，导致海运价格在总体上高于上海港,制约宁波港对货源的吸引。三是口岸查验和港口服务有了较大进步,但与上海和国际先进水平相比也有一定差距。四是航运信息和政策查询不便,港口知名度有待进一步提高。五是市场有待进一步开放,如货代订舱,法规不健全,市场运作在有些方面还不够规范,有些方面公平经营欠缺,依法经营需要加强。有的政企分开貌合神离,存有部门保护倾向。

2. 物流经营主体力量较弱。一是货代企业虽经发展已达36家,但数量少,服务水平低、竞争力弱,有的已名存实亡,较有实力的只有几家。全市内真正具有物流经营能力的更是凤毛麟角。二是在宁波港开辟航线的近20多家境外船公司,只有两家是分公司,其余均为办事处,船公司的经营能力没有像在上海那样能得到充分发挥。三是由于车辆管理中有些收费政策不合理,导致集卡结构不合理,非标准集卡占70%左右,许多非标准集卡超载运行,影响货运能力和安全。四是由于种种原因,集装箱码头吞吐能力跟不上吞吐量发展,超负荷运行,影响船公司(特别是支线船)的作业要求。

3. 集疏运网络运作还不够顺畅。除了宁波港至杭州的交通比较方便外,与浙江的南部、西南部、北部及其他省市之间的交通优势不明显。江海联运因绝大部分干线自上海港始发,较难运作。欲扩大内支线腹地,北有上海港、青岛港相截,南有广州、厦门、深圳等港相拦。省间运输,铁路偏离主干线,需经多次编组,环节较多,时间较长,运作不顺。

4. 企业对发展现代综合物流的重要性认识不足,经营意识淡薄,需求较弱。无论是货运代理企业还是货主企业对现代综合物流普遍比较陌生。代理企业习惯于传统经营服务,更缺乏现代综合物流意识和专业人才。货主企业以中小规模为主,习惯于小而全,自成体系,还没意识到有"第三利润金矿"可挖,还未真正做到以市场为导向,以销定产,努力争取"少库存"或"零库存"。

四、宁波港现代综合物流发展目标和发展重点、功能构架

（一）发展目标

根据现代综合物流发展背景和宁波市的发展条件，宁波港现代综合物流的发展目标是：以服务于国内外企业提高经济效益为宗旨，充分发挥宁波深水港和宁波保税区的优势，以宁波港为龙头，国际和国内货物运输为载体，现代电子商务为支撑，国际物流与国内物流并举，大力发展物流经营主体，引进国际著名的物流经营企业及其资金、技术、管理和经营网络，加快港口和以港口为中心的集疏运网络、仓储、信息网络等物流基础设施建设，积极探索港区一体化和自由贸易区，培育物流市场，健全物流法规，努力把宁波港建设成为布局合理、功能完善、设施先进、管理科学、运作高效的国际区域性的现代综合物流中心。

（二）发展重点

从现有发展基础和市场需求、市场竞争以及长远发展趋势出发，宁波港现代综合物流中心的发展重点是：

1.港口集装箱物流中心，包括国际集装箱运输和内贸集装箱运输。北仑港区集装箱码头已建有可靠泊第三代到第五代集装箱船舶的泊位3个，长度900米，码头前沿水深13.5米，码头宽47米，码头上配置6台桥吊（其中2台外伸距38米，4台外伸距46米），装卸效率每台时25自然箱以上，集装箱堆场有效面积264596平方米，配备轮胎式龙门吊14台，正面吊6台，年设计吞吐能力50万TEU。目前集装箱码头正在进行技术改造，增添装卸设备，使吞吐能力提高到70万—80万TEU。同时，新的1238米集装箱码头正在建设，预计到2002年建成投用，使全港吞吐能力达200万—250万TEU。到今年一季度，有集装箱运输航线40多条，其中远洋干线8条，近洋支线20条，内支线6条，内贸线8条，每月航班近200个航次。去年完成集装箱吞吐量60万TEU，比上年增长70.6%，居大陆港口第8位，居世界百大集装箱港口第70位

左右。

2. 原油、成品油和液体化工产品物流中心。一是运输环节,宁波港务局现有25万吨级、5万级原油码头各一座,5万吨级、1万吨级和5千吨级液体化工码头各一座,原油储罐60万立方米,液体化工储罐20万立方米,去年完成原油接卸量570.8万吨,液体化工70.17万吨。此外,还有一批货主原油码头和储罐等设施。目前正在筹划大榭岛25万吨级和5万吨级原油码头及100万立方米储罐的建设。建设260万立方米国家原油储备库。埃索中化将续建仓储中转乙烯、丁二烯、苯乙烯等石油化工原料100万吨。二是生产环节,现有大中型石化企业13家,主要有镇海炼化、浙江太平洋公司、浙江善高化学有限公司、和桥化工、LG甬兴、华东液化气基地站等,主要产品汽油、柴油、煤油、合成氨、尿素、聚醚、离子膜烧碱、氯气、盐酸、次酸钠、可发性聚苯乙烯、ABS、SAN等。"十五"期间将重点发展80万吨乙烯及其下游精细化工产品生产,扩大化工产业规模,增强支柱作用。三是市场环节,余姚已建成中国塑料城,成功地举办了首届中国塑博会,建立了国内最大的塑料、模具、塑机交易EDI中心。今年三月,宁波轻纺城在邱隘建立了东方化工交易市场,将与余姚的中国塑料城一道,使宁波成为国内化工及其制品和机械的集散中心。

(三)功能构架

按照现代综合物流的运行需要,宁波港现代综合物流中心将形成七大功能子系统:海运子系统、陆运子系统、空运子系统、仓储配送子系统、电子商务子系统、口岸查验子系统和综合服务子系统等。

五、发展宁波港现代综合物流对策建议

(一)加强组织领导,推动宁波港现代综合物流中心建设

现代综合物流是资金密集和技术密集型的产业,涉及面广,系统性强,环节多,要求高,作用大,单凭企业自我发展,进程将十分缓慢,也会使宁波市的深水港、保税区和产业等优势难以尽快地充分发挥,也会在市场竞争中处于

十分不利的地位。因此,要抓紧落实宁波市发展宁波港现代综合物流的组织机构,理顺管理关系,加强领导和协调,加快发展。组织机构的主要职责是:研究和制定宁波港现代综合物流发展规划;研究和制定发展宁波港现代综合物流的政策措施;招引国际上著名的物流经营企业;培育和管理物流市场,协调和解决宁波市物流业发展中的有关问题;加强物流培训和宣传,与国际国内开展物流交流等等。

(二)抓紧制定宁波港现代综合物流发展规划

借鉴深圳、天津等地做法,要重视对现代综合物流业的规划和研究,增加对物流规划和研究的投入,进一步理清思路,提高认识,统一思想,明确方向、任务和步骤,为物流业发展提供科学指导。建议委托国内或国际上著名的物流咨询研究机构开展宁波市发展现代综合物流研究和规划,学习和借鉴国外先进经验,提高宁波市物流规划的科学水平,缩短与国际先进水平的差距,同时便于宁波市物流业尽快融入国际物流市场,加强国际交流,紧跟国际发展步伐,也为招商引资和规划实施打好基础。

(三)加快发展宁波港现代综合物流的硬件设施建设,提高货物运输能力

1.要加快在建的集装箱码头和原油码头建设,争取早日投用。特别是北仑港区集装箱码头吞吐能力已处饱和,与发展要求矛盾较为突出,对900米码头要抓紧技术改造,1238米码头加快建设,力争年内有一个泊位建成使用,尽快使吞吐能力翻一番。与此同时,要着手规划北仑四期集装箱码头建设和三期码头的技术改造,使外延扩大与内部挖潜同步发展。对镇海港区的内贸集装箱运输码头也要进行技术改造,提高装卸和吞吐能力。根据岸线资源利用和货源结构、市场需求的变化,通盘研究杂货码头改造和货主码头向社会开放利用,提高码头的利用效率和经济效益。

2.加快以宁波港为中心的集疏运网络建设。争取尽快建设杭州湾大通道,研究建设宁波港贯通我国北部、中西部和南部地区的铁路连接干线,加快改造杭甬运河,打通与宁波港的直达运输。研究建设以宁波港为龙头,铁、公、

水配套、便捷高效的货物运输枢纽中心,对中小转运站和场站进行合理调整,提高货物运输集约能力。

3.抓好信息基础设施建设,大力发展信息港宽带城域网、电信网、广播电视网,形成三网合一的区域性信息高速公路。从战略的高度和物流发展的高效要求出发,尽快建设由宁波港、公路、铁路、航空、口岸查验、内外贸、金融、税务、代理、收发货人、承运人、场站、仓库等物流相关单位和企业互相连通的现代综合物流信息网。

(四)积极发展现代综合物流经营主体,提高物流经营水平

1.认真抓住我国加入WTO机遇,积极做好各项充分准备,开放物流市场,以宁波港、宁波保税区与西班牙巴塞罗那港合作发展宁波港综合物流中心为突破口,大力引进国际上著名物流经营企业,包括码头经营公司和配送代理人、承运人等经营主体,视国家政策和投资者意愿,以合资或独资的方式参与码头和货运代理、仓储、场站、配送运输等物流项目建设和经营业务,引进境外的资金、技术、管理、市场网络、服务理念,改善宁波市物流业的组织结构,优化经营机制,增强活力,发展市场竞争,提高综合物流经营水平。

2.加快现有货运代理企业的发展,引导企业整合与重组,打破条块分割、各自为战、画地为牢的散乱状态,重新进行资源的二次配置,走规模化、综合化道路,加强内部管理体制和运行机制改革与改造,加强内部管理,改进服务,苦练内功,提升实力,迎接挑战。

(五)大力发展海运和空运航线,满足内外贸货物和特殊货物的运输需要

1.发展海运和空运航线对促进市场竞争,降低运价,缩短货物运输时间,提高产品的市场竞争能力均有十分重要的积极作用。要继续积极做好宁波港、宁波栎社机场的推介促销工作,争取有更多的国内外船公司、航空公司开辟航线。

2.要高度重视船舶大型化的发展趋势,抓紧做好各项准备工作,迎接明后年第五代、第六代集装箱船舶挂靠宁波港。密切关注船舶大型化后航线布

局调整的新动向,牢牢掌握主动权。高度重视发展支线对扩大港口吞吐规模的积极作用和促进远洋干线发展的基础性作用。随着我国加入WTO,外贸货物运输将会有较大的增长,据预测,国际集装箱运输将年递增10%—20%,干线集装箱船舶运力由于投入较大,受前几年航运市场低迷和订造周期较长等因素影响,在近几年内会相对不足。对此,船公司可能采取的对策将是:一方面增加船舶订购,另一方面调整船舶运行方式,或减少干线挂港,形成几个更加集中的中转港,或加速联盟和舱位互相合作,提高集约化程度,并辅之以增加支线运输,以弥补干线调整后的挂港空缺。在运力安排上,增加支线运力相对容易,航线布局也较灵活。因此,我们要以尽快扩大港口吞吐规模,提高物流能力,促进长远发展为目标,一方面要继续积极争取大型船舶挂靠,另一方面也要大力发展支线运输,以对待干线服务那样做好支线的发展和服务工作。

3.采取灵活务实策略,积极发展宁波栎社机场空运航线。一是争取北京、上海、广州等机场已开辟的国际航线延伸到栎社机场。二是抓住旅游业升温机遇,以市场为导向,积极发展空中巴士,增加国内近中距离的航空支线运输。三是加强空运揽货,扩大货物运输,以货物运输促进航空运输发展。

(六)培育物流市场,促进物流业的健康快速发展

1.要积极探索以宁波保税区为基础的港区一体化和自由港区建设。我国加入WTO后,建设自由港将成为沿海地区新一轮开放的重要突破口,也将为发展宁波港综合物流创造极为重要的外部环境。因此,宁波市一方面要积极研究建设自由港的方案和工作步骤、工作措施,另一方面在近期要先行实施港区一体化,为建设自由港创造条件,利用北仑900米集装箱码头与保税区封闭设施,发展保税货物中转运输、加工、包装等业务,简化报关、查验、监管流程,减少环节,节省流转费用,提高宁波港综合物流的竞争能力。

2.借鉴国际物流市场管理经验,以法律手段为主,规范市场行为,制定物流经营业服务技术标准和收费标准,明确服务双方的权利和义务,建设运作

高效、公开、公正、竞争有序的物流市场。

3. 制定优惠政策，简化企业申报注册程序，吸引国际著名物流企业到宁波开展物流业务，吸引物流专业人才到宁波施展才能。

4. 加强物流宣传和培训，引导传统货运代理企业向现代综合物流经营发展，引导工商企业参与和利用综合物流，开发物流市场需求，促进宁波市现代综合物流业发展。

（原载于《宁波经济》2000年第6、7、8期，有删改）

发展宁波市现代综合物流

伴随着经济全球化和市场化,现代综合物流正在一些发达国家和地区蓬勃发展。宁波市顺应市场经济发展大势,在国内较早提出发展现代综合物流,并作为今后一项带有战略性的经济工作任务。自去年下半年开始,宁波市综合物流工作已有了一定的起步,但与深圳、上海、沈阳等国内先进城市相比,还有一定的差距。必须抓住机遇,加快宁波市综合物流发展。

在具体实施中,当前需解决好以下几个认识问题。

1. 什么是现代综合物流。从理论上说,现代综合物流就是为了满足消费者需要而进行的从起点到终点间的原材料、中间过程库存、最终产品和相关信息有效流动和存储计划、实施和控制管理过程。在货物运输路径上,传统物流是"川"字形,即从供应商经运输企业(或自身运输)到达需求方,而现代综合物流则由"川"字形变为"x"字形或"人"字形,也就是一个综合物流经营企业为一个或几个供应商承担货物配送服务,按照供应商的指令要求,将货物配送给多个需求方,以发挥规模采购、规模储存、规模运输和高度专业化与科学化的运输组织管理优势,达到供应商、需求方、物流服务商及相关企业共同追求和满意的最佳经济效益。认识和理解综合物流的经济内涵,对实践操作尤其是抓什么样的综合物流项目将是十分有益的。

2. 发展什么样的综合物流。对区域经济来说,发展什么样的综合物流,主要考虑的是发展国际综合物流还是国内综合物流，或者两者兼而有之。不同的地区会做出不同的选择。例如：沈阳市处于内陆，凭借其东北地区经济中心和公路、铁路运输比较发达的优势，发展以陆路运输为主的国内综合物流中心。深圳市开放型经济比较发达，又毗邻香港，国际货柜量大，港口运输条件好，发展以海运为主的国际综合物流中心，并作为该市 21 世纪的三大支柱产业之一。

宁波市宜发展以国际综合物流和国内综合物流并重的综合物流中心。宁波市发展国际综合物流的优势有：北仑深水港、保税区、开放型经济、集疏运等条件。劣势是：没有境外的综合物流服务网络。办法是：通过吸引国际上著名的综合物流经营企业来解决。发展国内综合物流的优势有：一大批年交易量达几亿、几十亿甚至上百亿的综合批发市场和超市，一大批在国内市场占有率较高的名特优产品，铁、公、水俱备的运输网，等等。劣势是：供应商对综合物流认识不足，货物配送社会化服务还难以接受。办法是：通过深化企业改革，发展市场竞争，令人信服的综合物流服务实践，使供应商产生综合物流服务需求。

当然，由于具备的条件差异，在不同的阶段，国际综合物流与国内综合物流发展进程会有不同。但在发展综合物流的指导思想上，一要立足于创造条件，促使国际综合物流和国内综合物流共同发展。二要具备了什么条件，就上什么，并且要抓紧上。因为国际综合物流与国内综合物流具有互补性，都会带动港口发展。认识到这一点，直接关系到宁波市发展综合物流的广度、深度和工作力度，也必将直接关系到宁波市综合物流的发展程度。

3. 谁去抓。现代综合物流是一项新兴的综合性和系统性强、要求高、投资大、起步难，且具有战略性的经济工作，在宁波市现行的政府职能部门职责中还没有规定由哪一部门负责。深圳和沈阳都是由交通主管部门抓，其中深圳市为了发展综合物流，自今年 8 月 1 日起将深圳市港务局、深圳市道路管理部门和深圳市运输局三大政府运输管理机构进行兼并和重组，组建成一家大型企业运输管理机构——深圳市交通局。因此，明确和落实宁波市综合物流的职能部门是十分必要的。否则，会贻误时机。

4. 抓什么。主要是分清哪些工作应由政府来抓，哪些应由企业去抓，找准各自的着力点。建设综合物流中心，大体有五方面工作内容：综合物流软环境建设，包括理顺管理体制，制定综合物流发展规划、综合物流政策、综合物流法规和规则、口岸相关服务等等。综合物流基础设施建设，包括公共基础设施建设，如港口、公路、铁路、机场、内陆中转站或直通关、电子信息网络等等；企业经营基础设施建设，如仓库、堆场、厂房等等。综合物流经营主体建设，包括对综合物流经营企业招商引资，传统的综合物流企业改造升级等。综合物流市场需求开发，包括对生产经营企业进行培训，利用新闻媒体宣传引导。综合物流经营，包括配送、储存、分拨、分装、包装、标签、加工运输、企业内部管理、建立市场营销网络等等。

在上述五方面的工作中，应由企业自主操作的是企业经营基础设施建设和物流经营。需由政府和企业共同操作的是综合物流经营主体建设和综合物流市场需求开发。除此以外的建设任务则应由政府组织实施。

5. 何时抓。据我们初步了解，在宁波及周边地区不少企业需要社会配送服务。因此，我们需尽早对综合物流市场需求进行调研和细分，给综合物流经营企业创造有利可图的发展环境，让综合物流经营企业去寻找和挖掘综合物流的市场需求，开拓市场，发展经营。

（原载于《宁波日报·学苑周刊》2000年9月20日，有删改）

综合物流——21世纪港口开发的"重头戏"

现代综合物流已被越来越多的有识之士认为是21世纪支柱性产业,建设现代物流中心是宁波市在新的经济背景下深化实施"以港兴市,以市促港"战略的具体体现。宁波具有良好的发展现代综合物流条件,如得天独厚的深水港、省内唯一的保税区、比较完善的集疏运网络、相对发达的区域经济和正在与国际接轨的市场经济体制等等。发展宁波市现代综合物流须把握总体布局、突破口、信息网三大重要环节。

一、总体布局

科学选定综合物流中心的场址,直接关系到宁波市区域综合物流中心的整体协调发展和运行效益。在综合物流的区域布局上,应考虑几方面因素:市场需求和宁波市的产业特点;集疏运条件,尽可能利用各种运输方式,实现经济运输;充分利用宁波港和保税区优势;综合物流商品的自身特点,如进口商品还是出口商品,货源集散地还是销售地,国内物流还是国际物流,纯公路运输还是公铁或公、铁、水多式联运物流等等;综合物流的低成本、高效益运营,如车辆的调度和运载率、职工的上下班、外部的沟通、周边的社会环境以及非经济因素等等。

按照不同的分类方法,综合物流可分为:国际物流、国内物流;进口物流、出口物流、中转物流；生产资料物流、消费资料物流。还可按运输方式、商品类别和品种进行细分。

根据物流中心场址设置应考虑的因素和物流类别自身特点，笔者以为今后宁波市综合物流的总体布局拟可做如下设计：

进口和中转综合物流场址，宜设在保税区，以利用保税区的保税仓储功能，最大限度地节省关税成本，同时也能使码头到综合物流中心的陆上运输成本最低。

出口综合物流场址，既可设在与国内综合物流的同一区域，又可设在北仑港区的附近地区。

国内综合物流场址，宜设在杭甬高速公路与同三线国道主干线连接处和江北洪塘及现有的江北货运市场，以充分利用公路、铁路多式联运优势和区位优势与现有的发展基础，便于内外辐射，也能减少货运对城市交通和环境的负面影响。

专业性的综合物流场址，可依据市场和产业特点设定，如象山县石浦，可设海水产品物流中心，慈溪市可设蔬菜物流中心，余姚市可设塑料产品物流中心，镇海可设化工产品物流中心，北仑可设灯具物流中心等等。

科学布局综合物流的场址，并控制好相应的土地开发利用，辅以相关配套设施建设，通过招商引资，发展专项综合物流中心，逐步形成布局合理的区域性综合物流中心，为宁波市长远发展打好基础。

二、突破口

综合物流涉及面广、要求高、难度大，选准突破口十分重要。宁波市发展综合物流的突破口在于大力发展综合物流的经营企业。理由是：

首先，货流是客观存在的。关键是既要了解和开发宁波市场，又要跳出宁波，站在宁波港的大腹地和全国的范围来把握综合物流需求的客观存在和发展潜力。

其次,综合物流经营企业是发展综合物流的主体,也是当前宁波市发展综合物流的最薄弱环节。如果没有综合物流经营企业,综合物流就没有操作的经济法人主体。尽管宁波市已有几家国际上著名的综合物流经营企业办事处或代表处,但他们的经营能力还不能充分发挥,与宁波港和宁波市经济发展的目标相比,我们还需要发展更多的综合物流经营企业;尽管宁波市已有36家货代企业、40家左右的集卡运输企业和堆场经营企业,但他们的综合物流经营能力还需要有很大的提高。当然,传统的储运和货代企业通过自身努力,可以成为现代综合物流经营企业,但转型过程较长,时不我待,要抢抓机遇。

再次,宁波市的港口、集疏运、口岸服务、电子信息等条件已经基本具备发展综合物流的要求。但是,如果没有综合物流经营企业,这些条件就不能最大限度地为我所用。

如何发展综合物流的经营主体,根据沈阳、深圳的经验,在于招引国际上著名的综合物流经营企业,依靠他们可获得发展综合物流的投资、经营和管理技术,货物配送的组织能力,国际和国内市场营销网络等等。为此,要想方设法开展宁波市发展综合物流招商活动,吸引国际上著名的综合物流经营企业来宁波市独资或合资从事综合物流经营业务,尽快提升宁波市综合物流经营能力。

三、信息网

综合物流信息网是发展综合物流极其重要的技术支撑。建设综合物流信息网既是综合物流自身发展的需求,又是积极参与市场竞争的必然要求。

综合物流信息网具有网上报关、报验、订舱、配送、信息传递、信息查询、统计、网上交易、网上支付等功能,连接着港务、码头、海关、商检、卫检、动检、船公司、船代、税务、银行、保险、港监、引航、认证、货主、货代、集运、铁路、堆场、商店、工厂以及消费者等等,能确保综合物流的货物配送等业务及时有效地运作，也是必不可少和最好的技术手段。可以设想，如果没有信息网的支撑，综合物流业务是无法开展的，其优势也无法发挥。

同时，综合物流信息网传递着综合物流运作的所有经济信息，这些信息对竞争对手来说是重要的经济情报。目前周边地区已建立了几家综合物流信息网，并动员宁波市有关企业加入。可以说，在信息时代谁掌握了信息控制权，谁就掌握了市场竞争的主动权。

此外，从长远发展来看，利用综合物流信息网努力发展国际、国内商品电子贸易，争取更多的港口指定装运货物，对促进港口运输发展将会起到不可估量的作用。

因此，建设宁波市综合物流信息网是发展宁波市综合物流的一项战略性基础工作，有关方面应予以高度重视，力争尽快建成。

（原载于《宁波日报·经济周刊》2000年11月14日，有删改）

现代综合物流——企业的"第三利润源泉"

企业是从事商品和劳务生产与经营,并实行独立核算的经济组织,依法获得最大的经济效益是其一切经济活动的出发点和归宿点。因此,努力提高企业经济效益是国家、企业和职工普遍关心的永恒话题。进入20世纪90年代以来,随着宏观经济环境发生根本性的变化,绝大多数企业感到钱越来越难赚,效益下降甚至亏损的压力也越来越大。近年因国家实施积极的财政和金融政策,努力扩大内需,通货紧缩缓和,企业改革推进,科技进步,使企业经济效益出现了回升的迹象。按照十四届五中全会提出的实现两个根本性转变的要求,大力发展现代综合物流,对企业生产和经营由粗放型向集约型转变、提高经济效益意义重大,也将使国家调控营造的宏观环境与企业的微观环境更加协调、更加有效。

一、企业物流现状

目前,我国企业物流大体可分为三种类型。一是自我服务型,即企业为自己销售或采购的商品开展一条龙的仓储、包装、运输等服务;二是社会服务型,即专门为商品供需双方提供仓储、包装、运输和其他相关代理等服务;三是既有自我服务又有社会服务型。这三种物流形态是一定历史条件下生产力发展的产物,为商品生产、分配、销售、消费,繁荣市场,扩大国内外贸易,促进经济发展发挥了十分重要的作用。但是，目前我国企业物流水平与经济全球化、市场经济激烈竞争和企业实现最大的经济效益目标的要求，还有很大的差距，远远落后于世界先进水平，严重制约着国民经济和企业发展，集中体现在"小、少、散、弱、低"。

小，一是经营规模小，无论是人员规模、资产规模、服务营业额规模等都比较小；二是由于对现代综合物流的意义和作用缺乏足够的认识，企业规模较小，受传统物流体制和模式的制约，现代综合物流的现实需求还没有充分地释放出来，主动接受现代综合物流服务的需求规模较小；三是实行物流第三方总代理的比重很小，总体在10%左右，使企业物流被严重分割，难以达到规模服务。

少，一是服务功能少，或光运输，或光仓储，或运输加仓储，或运输、仓储加报关、存货管理、分拨、分销、包装、流通加工等增值服务少；二是市场份额少，往往局限于本地市场物流服务；三是第三方物流服务主体少，在生产企业原材料和产成品销售物流中，全由第三方代理的仅占16.1%—18%；四是高素质物流专业人才少，许多物流供需企业对现代综合物流似懂非懂，供方不会制定现代综合物流服务方案，需方提不出现代综合物流服务的具体要求。

散，绝大多数物流企业不仅自身服务能力较弱，局限于传统的单项服务，不能提供网络设计，货物购、运、调、存、管、加工和配送全过程服务，服务脱节；而且有点无网，不仅没有国际服务网络，在国内也无服务网络。物流服务主体弱且无网，处于离散状态。

弱，由于高素质物流专业人才少，准确及时完整的物流信息传递渠道建设严重滞后，导致物流组织能力弱，返程或起程空驶，运力和托运方式选择不当，迂回运输、对流运输、重复运输、过远运输、倒流运输现象经常发生，造成物流成本过高。由于服务功能少，经营规模小，装备落后，导致服务能力和市场竞争力弱，企业盈利能力和发展能力弱。

低，物流设施、设备利用率低，如货运汽车空驶率达37%左右，返空现象严重；仓库周转次数低，利用率约为50%；有的搬运设备和仓库装备落后，满足不了客户的需要；服务质量低，与国际水平差距较大；经济效益低，尤其是从事国内物流的企业更是步履艰难，难以为继。

由于上述问题，使得我国物流费用占GDP的比重高达20%左右，而美国、日本只有10%和14%。企业物流费用平均占商品价格的40%，最高达60%—70%，物流过程占用的时间几乎占整个生产过程的90%，而美国的物流费用平均只占货价的10%—20%，最高为30%，英国平均为14.8%，最高为25%。

近年来，随着现代综合物流业的兴起，国内一些企业率先进行物流改革，积极转向现代综合物流经营，主动接受现代综合物流服务，取得了显著的成效。如中外运为世界第三大电脑公司——台湾宏碁公司在苏州的明基项目生产的显示器、光驱、键盘、CD-ROM、扫描仪等产品提供国内市场配送服务；哈尔滨木材防腐厂为长虹提供仓储服务开始涉足物流业，发展到为海尔、科龙、长虹、荣士达、LG等家电企业提供仓储、运输、配送、信息等相关物流服务，均取得了较好的经济效益。青岛海尔集团主动发展现代综合物流，在1999年9月建成现代化物流中心库，取代6.5万平方米的外租库，用48个管理员取代原来389个，大大降低了生产车间库存，仅空调事业部3个月下降库存资金达1.4亿元，1年节约外租库费用1850万元。青岛啤酒集团通过发展现代综合物流，啤酒鲜度提高，全国主要大城市和沿海城市都可以喝到当周生产的啤酒，资金占用减少3500万元，产成品周转速度从1997年的8.3次，提高到1999年的42.5次，仓库面积由1998年的50960平方米下降到29260平方米，费用下降187万元，市内周转的运输费用减少190万元。

二、现代综合物流是21世纪经济发展的基础性产业和支柱性产业

所谓现代综合物流，就是为了满足消费者需要而进行的从起点到终点间

的原材料中间过程库存、最终产品和相关信息有效流动和存储计划、实施和控制管理过程。只要有商品的空间转移就需要现代综合物流。现代综合物流不仅包括商品从生产者或经营者到用户的货物配送管理，还包括商品在产前从供应商到制造商的原材料和成品、半成品的采购、运输、仓储、库存等管理，以及生产过程中的运输和库存管理，甚至还包括废物的回收和处理等等，涵盖了商品空间运动的全过程，也几乎涵盖了一产、二产、三产的所有领域和部门，是经济活动不可缺少的极为重要的组成部分。因此，它是国民经济的基础性产业。

现代综合物流倡导以适当的时间、适当的地点、适当的质量、适当的数量和适当的价格对存货进行管理，为客户提供全天候无缝隙的最佳服务。它能降低采购成本和运输费用，谋取最佳商品库存，减少资金占用，实行规模采购、规模运输、规模库存，专业化和科学化存货管理，充分利用物流资源，优化资源配置，达到供应商、需求方、物流服务商及相关企业共同追求和满意的最佳经济效益。在绝大部分商品供过于求或供求平衡，提价增效无望，资源稀缺约束趋强，工资刚性，物耗降低较难，科技增效潜力对已建项目有限，新建科技创新项目较难的背景下，发展现代综合物流将是继降低物耗、提高劳动生产率以外、并且尚未广为开发的"第三利润源泉"。在经济全球化、我国加入WTO、目前每万元GDP产生的物流量较高（我国为9200吨·公里，而美国和日本分别为870吨·公里、70吨·公里），国内现代化特别是农村现代化和经济欠发达地区现代化建设进程中，国际间、国内东西南北区域间、城乡间商品流通将会迎来前所未有的发展空间。我国物流业如能达到发达国家水平，将会给国家和企业创造巨大的经济效益，给人民带来巨大的福祉。因此，现代综合物流业无论在广度还是深度都有很好的发展前景，必将成为国民经济的支柱性产业。

三、发展企业现代综合物流的主要途径

1. 提高认识，增强发展现代综合物流的主动性。企业是发展现代综合物流的主体，没有企业的积极参与，发展现代综合物流就无从谈起。因此，提高企业对现代综合物流的认识水平至关重要。要认真学习现代综合物流的理论知识，理解其意义和作用，掌握其运作模式和服务要求，弄清现代综合物流与传统物流的区别和联系，积极探索传统物流向现代综合物流转变的途径和方法等等。要从经济全球化、我国加入WTO、国际分工专业化和社会化、培育参与国际竞争的核心能力、紧紧抓住现代化建设的历史性机遇等高度，认识发展现代综合物流的紧迫性和重要性，把它作为一项实现国家和企业发展战略的重要举措来抓。要大力培养和引进现代综合物流专业人才，提高物流管理和服务水平。

2. 强点建网，优化物流资源配置。传统的物流服务企业要按照现代综合物流的服务理念、运作模式、服务要求改造自己，提升物流服务水平；要抓住我国加入WTO机遇，主动与国内外著名的现代综合物流企业进行合资和合作，引进资金、技术、管理和市场服务网络，以最少的投入实现跨越式的发展。传统的物流需求企业要走物流专业化道路，深化企业经营机制改革，科学剥离大而全、小而全、成本高、效益低、服务差的自我物流服务功能，或改造成独立的现代综合物流服务企业，或与社会上现代综合物流企业和其他物流需求企业剥离出来的物流企业进行合资和合作，实现资源的优化配置和规模经营。

3. 选准切入点，寻找突破口。现代综合物流涉及面广、系统性强、要求高，企业选准切入点将是成功的一半。一是物流切入环节的选择。商品空间运动对企业来说大体可分为购、存、销三个环节，其中购与销是连接外部买卖双方的环节，存是企业内部生产和经营过程的环节。因此，在现代综合物流的起步阶段，将购、销环节的物流委托给第三方代理为主是比较适宜的，而企业内部存在的环节宜由自己管理和经营。在此基础上，积极创造条件向全面由

第三方代理发展。这样,把购销环节的配送服务作为现代综合物流的切入点,以此带动仓储、运输、流通加工、分装、分拨等业务。二是服务对象的选择,商品购销对象有企业对企业(包括社会团体)、企业对消费者两大类,由于消费者购货量小,批次多,受收入水平制约和传统的购买方式影响大,社会物流服务能力较低,除邮政、报刊等少数特殊商品外,其他消费品很难开展企业对消费者的现代综合物流服务。因此,现阶段以选择企业对企业的现代综合物流为宜。三是物流商品的选择,从广义上讲,所有商品都可接受现代综合物流服务。但是,不同的商品及其在不同地区、不同企业、不同经营方式、不同市场、不同时期所具备的发展现代综合物流的条件是有区别的,甚至相差很大。一般说来,流通环节多、批次多、批量少、购和销的市场分散的商品比较适宜开展现代综合物流。四是企业的选择,通常情况下,规模大的企业,外资企业,购销市场比较分散且客户多、批量小、批次多的企业,新建企业,领导者熟知现代综合物流等企业,由于机制利益趋向强,观念先进,无历史负担,商品符合条件,预期收效大,都易于开展现代综合物流。

4. 政府创造外部环境,引导企业发展现代综合物流。企业发展现代综合物流,需要政府创造一定的外部环境,主要是:科学的现代综合物流区域发展总体规划,高效的集疏运网络系统,电子信息平台支持系统,提供物流招商引资的便利,制定发展现代综合物流的促进政策,物流运行的认证系统建设,正常运作的协调处理,培育和规范物流市场,举办综合物流研讨会、培训班、展览会、国际合作与交流等等,营造气氛,调动全社会的力量积极参与,理清思路,优化物流资源配置,激发市场潜在需求,提高区域综合物流发展整体水平。

(原载于《宁波经济》2001年第3期,有删改)

现代综合物流在国民经济中的地位和作用的思考

近年来,全国各地兴起了发展现代综合物流的热潮,有关综合物流发展信息如雷贯耳,催人赶乘"物流快车",令人欣喜。但是,如何正确认识现代综合物流在国民经济或区域经济中的地位和作用,是发展现代综合物流的首要问题,将直接决定对它的重视和投入程度,也将关系到它对经济发展的贡献水平。

一、现代综合物流是 21 世纪国民经济的基础性产业

目前,尽管许多地方都在关注和重视发展现代综合物流业,但对其地位的认识不尽一致。如深圳市把现代综合物流作为与金融、高新技术并驾齐驱的 21 世纪三大支柱产业之一;有的地方把它作为交通运输业,由交通管理部门负责;有的地方把它作为外贸货代业,由外贸管理部门负责;也有的地方把它作为商业及仓储业的升级和拓展,由商业管理部门负责;还有的地方把它作为港口发展的货源基础,由港务管理部门负责。从不同的角度来分析,上述安排都是有道理的,现代综合物流与交通运输、货代、仓储、商业、港口等都有密切的关系。但从现代综合物流的经济属性和功能、涉及的范围来看,深圳市把现代综合物流作为支柱产业,是很有远见的。据有关资料介绍,2000

年 1—10 月深圳市物流概念相关行业税收为 5.18 亿元，比 1995 年的 1.54 亿元增长了 2.4 倍，综合物流业对 GDP 的贡献已达 10%，预计 2005 年将上升到 15%—20%。现代综合物流不仅是支持产业，还应是国民经济基础性产业和综合性产业。

在市场经济条件下，只要有商品生产、交换、分配和消费，就有商品的空间流动。现代综合物流不仅包括商品从生产者或经营者到用户的货物配送管理，包括商品在产前从供应商到制造商的原材料和成品、半成品的采购、运输、仓储、库存等管理，也包括生产和经营过程中企业内部的物料运输和库存管理，甚至还包括废物的回收和处理等等，涵盖了商品空间位移的全过程，形成了商品从起点到终点间的物流服务经营链，是经济活动不可缺少的极为重要的组成部分。因此它是国民经济的基础性产业。

现代综合物流具有很强的产业关联度和带动效应。它不仅涉及水路、公路、铁路、航空、管道五大运输方式，还涉及交通、运输、仓储、包装、通信等设备的制造和经营；不仅涉及农业、工业、货代、仓储、包装、堆场、电子商务、邮政、通信、银行、保险、消费者等生产、经营和物流服务企业以及用户，还涉及政府、税收、海关、检验检疫等管理部门。因此，现代综合物流几乎涵盖了一产、二产、三产的所有领域和部门，无论在广度还是深度都具有很好的发展前景，是国民经济的综合性和支柱性产业之一。

二、作用

发展现代综合物流具有六大重要作用。

1. 有利于促进生产力发展。专业化是现代综合物流的一个显著特点。生产力越发展，专业分工就越细。专业分工越细，就越能取得更高的经济效益，也越能促进生产力的发展。现代综合物流使生产者、经营者能更专心地从事生产和经营，提供符合需求的、更多更好的商品和劳务；能更好地满足消费者需求；使互联网、物联网、电子商务、全球卫星定位通信技术等先进科技有更广阔的应用领域；使物流经营者更能专注物流服务，使物流设备和技术、管理进步更快，对发展国民经济产生更大的促进作用。

2. 有利于优化生产力布局和资源配置，促进经济结构调整。目前，我国地区产业结构雷同，重复建设严重，东部、中部、西部产业相近系数高达0.95左右。"九五"期间，国内有25个省、自治区和直辖市将机械工业作为支柱产业，选择电子工业的有24个，选择化学工业的有23个，汽车工业的有22个，建筑和建材工业的有19个。汽车生产的集中度由20世纪80年代的58%下降到90年代中期的35%左右，各地争建汽车厂，品牌甚多，家家建网点、户户搞促销，规模形不成，厂商生产和销售成本高，消费者购买价格高，可谓两者俱损。按照国际国内贸易理论，各地区应依托资源禀赋优势从事生产和经营，形成地区间合理分工和产业特色，有所为也有所不为，为贸易发展奠定交易基础。而地区分工造成的生产区域化与消费全球化矛盾则通过现代综合物流得以解决。这样，不仅使各地区和企业避免不合理的重复建设和由此造成的盲目竞争，取得较好的经济效益，也能使各地区的资源优势得到充分利用。从微观上来看发展现代综合物流还能使千千万万家企业节省在物流上的人力、运力、财力等巨大投入，使物流资源向专业化、规模化方向配置，杜绝家家建仓库，户户搞运输，物流市场各自分割，低效浪费现象。

3. 改善投资环境。扩大开放是我国的基本国策。顺应世界经济一体化，加入WTO，与国际经济接轨，开放国内市场，大力改善投资环境，吸引国外资本是扩大开放的重要举措。在经济发达国家，特别是美国、日本、欧洲、新加坡等投资者在选择投资区域时，把综合物流发展状况作为一项十分重要的考量条件，以判断资源获得和商品销售的成本与效率，判断项目投资的效益。例如，20世纪80年代以来宁波市重化工业迅猛发展，宏观上得益于改革开放政策，微观上得益于北仑深水港优势，具备高效便捷的货物吞吐条件。因此，发展现代综合物流对吸引外资，优化投资环境有重要作用。

4. 现代综合物流是提高企业经济效益的主要途径。在传统的物流运作方式下，企业自行采购、自行运输、自行储存、自行管理，人力、物力、财力大量投入，而物流批次多，数量少，单向运输，形不成经济规模，回程运力放空，造成采购成本高，人员和运力利用率较低，导致我国物流成本占 GDP 的比重高达 20% 左右，而美国、日本仅占 10% 和 14%。企业物流费用平均占商品价格的 40%，最高达 60%—70%，物流过程占用的时间几乎占整个生产过程的 90%，而美国的物流费用平均只占商品价格的 10%—20%，最高为 32%，英国平均为 14.8%，最高为 25%。现代综合物流通过集中采购、集中运输、集中储存、集中管理等专业化、规模化服务，可以有效地降低采购成本，极大地提高人员和车辆、仓库等物流设备和设施的利用率，从而减少企业物流支出，提高经济效益。

5. 现代综合物流是公路、铁路、港口、航空运输的货源基础。现代综合物流顺应和掌握着货物的流量与流向。公路、铁路、港口、航空既是现代综合物流的重要条件，又要依托现代综合物流获得货源保障。为此，一些国内外船公司已经清醒地认识到谁掌握了现代综合物流谁就掌握了货源，于是有的涉足现代综合物流领域，有的与现代综合物流经营商结盟。港口、场站、车站等经营主体也将如此。

6. 现代综合物流是现阶段实施港区一体化的有效途径。在港口（包括海港、内河港、空港）与保税区合作中，依托港口的运输功能和保税区的保税仓储、加工贸易、国际中转贸易功能，发展现代综合物流，使港口的优势和保税区优势得以互补，为实现港区一体化创造有效的途径。

三、经济指标

经济指标是反映现代综合物流在国民经济中地位和作用的重要尺度。那么，衡量现代综合物流发展的经济指标是什么？有的地区从港口发展的角度出发，把它定为吞吐量，并作为发展现代综合物流的目的所在；也有的地区则从交通运输的角度出发，把它定为货物运输量或周转量，并作为交通运输业发展现代综合物流的目的；还有的地区从商贸业发展出发，把它定为货物配送量，等等。反映现代综合物流的经济指标应是服务营业额，是价值量，而不是货运量。这是因为：

1. 现代综合物流提供的是全天候、无缝隙的增值和降耗服务，货运量指标无法反映它经营服务活动的本质要求和服务全过程。现代综合物流服务既有运输，又有储存；既有采购，又有流通加工；既有大批量，又有小批量。不同条件下的物流服务创造的价值和收取的服务费用是不同的，只有价值量才能客观地全面反映物流服务活动。

2. 现代综合物流不仅仅包括专业从事物流服务的社会物流，也包括商品生产和经营企业的内部物流。因此，无论是反映国家还是地区或企业的现代综合物流发展状况，都以价值量作为衡量指标较为确切。

3. 货运量或吞吐量指标反映的是运输中心，价值量或营业额指标反映的是现代综合物流中心。

通过上述探讨，应将发展现代综合物流作为适应世界经济全球化，实现经济增长方式根本性转变，优化生产力布局，改善产业结构，提高国民经济综合素质和企业经济效益，增强经济竞争力，促进生产力发展的一项战略性举措。

发展现代综合物流，不仅仅是港口、铁路、公路、航运、航空运输企业和货代、储运、商贸企业的需要，也是农业、工业等商品生产企业的需要，更是国民经济和区域经济发展的基础，中央和地方各级政府都应给予高度重视，摆正现代综合物流在国民经济中的位置，并确定综合职能部门负责，推动现代综合物流业发展。

当前要着力在提高"三个水平"上狠下功夫，即提高政府发展现代综合物流的认识和管理水平，提高综合物流经营企业的服务水平，提高商品生产和经营企业对现代综合物流的需求水平。制定全国和区域现代综合物流发展规划，加大对现代综合物流公共基础设施的投入，开放和培育物流市场，研制相关政策和措施，精简和整合物流管理与运行环节，改善现代综合物流企业外部运行环境，引导企业增加对现代综合物流的投入和需求，吸引国外物流资本、技术、管理等要素参与国内物流经营，通过外商独资或中外合资、合作等多种形式增强现代综合物流服务能力，建立与经济发展和全球化相适应的国家或区域现代综合物流服务网，并融入于国际综合物流服务体系，培养现代综合物流专业人才，大力宣传现代综合物流，营造发展氛围，尽快全面提升我国现代综合物流管理水平、服务水平和需求水平，促进国民经济增长方式实现质的飞跃。

（原载于《集装箱化》2001年第5期，有删改）

发展药品现代物流　提高社会综合效益

一、现行药品流通模式及其弊端

现行的药品流通模式主要有两种,一是传统的计划经济体制下形成的从生产厂商到批发商(包括一级批发商或总代理商、二级批发商,甚至边远地区的三级批发商),再到零售商或医院。二是药品流通体制改革后形成的从生产厂商直接到药品零售商或医院。这两种流通模式有其客观存在的历史性和经济性,为我国医药业的发展和防病治病产生了积极的作用。但是,现行的药品流通模式也存在着一些严重的弊端,主要是:

1. 药价过高。由于药品是特殊商品,病患用药针对性、专业性和风险性很强,一般听任医生安排,加之病患治病心切,使得药品不像其他商品买卖那样有讨价还价的习惯,加之药品价格管理体制和形成机制的不健全、不合理,导致药品生产厂和批发商以及医院、药店给病患的药价在总体上定得偏高,甚至很不合理。据有些新闻媒体介绍,许多药厂往往把出厂价定得较高,留出较大的利润空间,以回扣形式把部分利润转让给医院或有关药品经营企业,甚至直接给医务人员和销售人员。例如,在出厂环节,一种感冒药针剂,核心成分是青霉素,每支成本不过0.6元,厂家添加一点无关紧要的成分,便成了"新药",价格升到150元,甚至600元一支。在批发环节,有的医药公司漫天定价,如氟康唑针进价为12元,零售价竟为205元,涨了17倍;维C进价每瓶 1 元,批发价为 3.69 元;特非拉丁厂方供应每盒 3.5 元,医药公司卖出为 7.3 元。下表是宁波市某一医药批发企业在今年某日中 11 种药品批发价、供应价与零售价的统计情况。

品名	规格	单位	批发价	供应价	零售价	批零差（%）	供零差（%）
贝得宁儿童咳液	10mL×6	盒	11.02	8.50	12.80	16.15	50.59
贝特令胶丸	24s×0.4	盒	20.80	18.00	23.90	14.90	32.78
施比灵	150mL	瓶	21.29	15.20	24.50	15.08	61.18
葡酸钙口服液	10mL×10	盒	16.37	13.10	18.80	14.84	43.51
浓缩当归丸	200s	瓶	5.20	4.20	6.04	16.15	43.81
益母草冲剂	15g×10	盒	4.59	2.40	5.32	15.90	121.67
妇科千金片	18s×6	盒	16.03	13.00	18.60	16.03	43.08
罗红霉素胶囊	0.15g×6	盒	16.82	5.50	19.35	15.04	251.82
头孢拉定胶囊	0.25g×24	盒	24.52	8.90	28.20	15.00	216.85
维生素 E 胶丸	15s×2×0.1	盒	4.21	1.85	4.85	15.20	162.16
替硝唑片	8s×0.5	盒	22.60	15.50	26.00	15.04	67.74

备注：批发价一般是销给药店的价格,也是制定零售价的基价,或从零售价倒扣一定差率制定;供应价一般是销给医院的价格。

从表中可知,药品批零差率一般在 15% 左右,而供零差率却在 30% 以上,平均为 77.45%,有的药品高达 2.5 倍,即零售价是供应价的 3.5 倍。之所以有如此高的供零差率,一种可能是批发价定得离谱,高于出厂价许多,另一种可能则是名义出厂价定得过高。否则,按照正常的进销差率定价,按如此高的供零差率,批发商不仅赚不到钱,而且连本钱亏进去还不够。部分药品价格制定不合理,不仅使人们对现行药品价格形成机制包括国家定价的科学性和合理性产生疑虑，更使病患药费负担过重，有的负债治病，有的无钱买药，贻误医治时机。

2. 药品销售高回扣。由于药品市场竞争激烈和出厂价、批发价定得过高，厂家和医药公司往往以高回扣作为促销的主要手段，也成了有的医疗单位和经营企业利润的主要来源，甚至有的医务人员按有无回扣和回扣大小给病患用药，药品回扣腐蚀了医疗单位、经营企业和一批医务人员、采购人员。

3. 医药市场秩序混乱。由于药品高回扣，掩盖了药品质量的优劣，扰乱了正常的流通和消费秩序，也不利于市场对药品生产和流通、消费充分发挥配置和调节的基础性作用。在药品高回扣诱惑下，假冒伪劣药品充斥市场，地下药品回收、黑市交易等不良现象泛滥。

4. 流通费用过高。在现行的药品流通模式条件下，药品分散采购、经营，批量小，使进价、储存和保管、运输费用等都较高，流通资源得不到优化配置，政府对流通管理难度和成本增大。

二、发展药品现代物流，深化药品流通体制改革

现代物流就是为了满足消费者需要而进行的从起点到终点间的原材料、中间过程库存、最终产品和相关信息有效流动和存储计划、实施和控制管理过程。它将采购、运输、仓储、装卸、流通加工、整理、配送、信息等方面有机结合，形成完整的供应链，为客户提供多功能、一体化的综合性而又个性化的高效服务。它具有规模化采购、规模化储存、规模化运输和高度专业化与科学化管理的优势，达到供应商、需求方、物流服务商及相关企业共同追求和满意的最佳经济效益。现代物流倡导零库存和社会化、规模化、专业化服务，按照社会需求组织生产、运输、仓储和流通服务，实现物流资源的最优化配置，最大限度地降低生产和流通成本，提高经济效率和效益。

根据现代物流理论，我们对现行药品流通体制做如下深化改革设计：

假定以宁波市为例，以市内某一药品经营公司为基础，建立一个全市药

品现代物流中心，统一负责全市药品采购、装卸、储存、流通加工、配送运输、信息管理、质量控制、价格制定、废品回收等服务经营，为全市各医院、药店提供药品现代物流服务。

1.药品采购。首先统计全市各医院和药店所需的药品品种和数量，其中数量假定为某一医院或药店某一种药品三天或五天的用量（销量）。其次，按照汇总后的全市所需药品的品种和数量，经药品采购评审委员会审定后，统一向全国招标，凡经工商登记、具有药品生产许可证、药品符合质量要求等规定的药品生产法人均可投标。第三，通过招投标，按照质优价廉、供货及时等原则确定供应商。这样，药品现代物流中心将各医院和药店分散的、少量的需求集聚成集中的规模较大的需求，创造出大买家的采购优势，通过市场招标竞争达到降低药品进价，选择优质药品和优良服务的药品供应生产厂商之目的。以后，随着科技进步和供求关系等市场行情的变化，可每隔一季度或半年甚至一年再进行一次药品采购的招投标活动，以保证药品采购环节的质优价廉和优质供货服务的连续性。

2.仓储保管。药品现代物流中心根据不同药品的储存技术要求，实行分类保管和规模化保管，不仅能保障药品储存质量，还能降低仓储损耗和成本，节约现行由各家医院和药店分别储存的仓储费用，也有利于节约医院和药店因仓储药品而引起的库房（包括土地资源）占用。

3.配送服务。首先，各医院和药店根据日常销售情况，合理确定3天或5天的各种药品基础存量。其次，药品现代物流中心与各医院和药店经协商约定，假定当医院和药店的某种药品低于基础存量的50%时作为供给起始量，物流中心自动给予及时配送，以补足到基础存量。再次，药品生产厂与药品现代物流中心的配送服务，亦按此办法操作，形成一条从生产厂到物流中心再到医院和药店的顺畅的药品供应链。

4.信息管理。药品现代物流中心建立信息平台，分别连接各家医院和药店、药品生产厂家和消费者。在信息总控室，物流中心可依科学的管理软件，及时了解各家医院和药店的各种药品销售情况,一旦某家医院或药店所需的某种药品存量降到供给起始量时,电脑就会自动显示,工作人员应通知配送部门及时送货补给,药品生产厂也以此法给物流中心及时供货。消费者可通过电话、电脑联网等途径,查询和投诉、反映药品价格、质量等情况。此外,在信息平台可开展药品、医疗广告业务,形成医疗信息专业服务市场,还可开辟医患对话、专题讲座、病友聊天、交流医治心得等服务,促进医疗水平提高和医疗事业发展。

5. 价格制定。制定药品价格主要在三个环节,一是厂家出厂价,二是药品现代物流中心的批发价,三是医院和药店的零售价。在药品采购环节,我们已经运用市场竞争规律,通过招投标方式制定了药品生产厂家的出厂价。因此,制定药品价格实质上是制定药品现代物流中心的批发价和医院、药店的零售价。对此可以采取合理测定药品现代物流中心和医院、药店的综合费用和利税水平,制定出药品现代物流中心的进销差价率和医院、药店的批零差价率。即:药品现代物流中心的批发价 = 出厂价 ×(1+ 进销差价率),医院和药店的零售价 = 批发价 ×(1+ 批零差价率)。目前,进销差价率一般为22%,批零差价率为15%。考虑到医院投入大,功能全,各项费用负担高于药店,在医院和药店销售给消费者的药品零售价相同的前提下,药品现代物流中心给医院的批零差价率,应适当大于给药店的批零差价率。在政府授权下药品现代物流中心将各种药品的零售价在报纸、电视、广播、物流中心网站等新闻媒体上公布,让消费者了解药品零售价格,监督医院和药店按规定价格销售,维护自身利益。

6. 质量控制。药品现代物流中心对采购的药品实行统一的质量检验,由现行的医院和药店自己把关改为物流中心集中人力、财力和设备独家统一把关,在进货源头上保证药品的质量。按药品储存技术要求提供仓储专业保管技术,如控制仓库的湿度、温度和光照等对药品质量的影响,使各家医院和药店较难做到的专业保管技术,特别是中药材、饮片和中成药的质量保管成为可能，确保药品在储存期不变质；控制药品在物流中心和医院、药店的储存天数，杜绝超保质期的药品流入市场。

7.流通加工。主要包括分装、包装、改装、拼装、贴标签、附加说明书等等。如将大桶装、大瓶装、大箱装的药品，按照医院和药店的需求分成中小桶装、中小瓶装、中小箱装，并给予重新包装，添加标签、说明书；如将送给一家医院和药店的几种、几十种药品进行拼装，或将送给几家医院和药店的药品按照需求时间、合理的配送路径进行整车拼装；等等。

8.废品回收。对各家医院某些废瓶、废器械、废用具进行统一回收和处理，防止被不法商贩利用，重新流入医疗市场，如一次性输液器等。

综合上述构想，药品现代物流中心的运作构架如下：

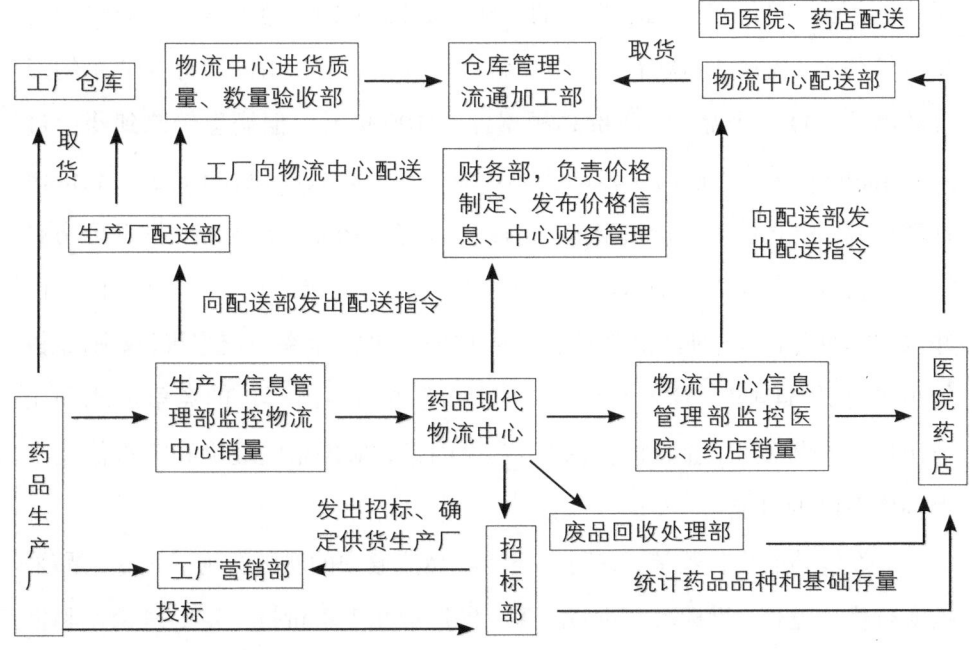

二、发展药品现代物流的意义和作用

1.发展药品现代物流有利于完善社会主义市场经济体制，规范市场经济秩序。建立社会主义市场经济体制，核心问题是要使市场在资源配置中发挥基础性的作用,同时要使市场运行规范有序。发展药品现代物流,利用市场竞争规律确定药品采购生产厂家,有利于质优价廉、服务优良的药品生产厂商拓展市场、扩大生产,加快发展,从而推动整个行业的进步和生产力提高。通过竞争招标采购,一个口子进货,集中储存,控制药品储存天数,按照销售数量决定进货量,可以确保药品质量,杜绝假冒伪劣药品充斥医疗市场。通过对医院使用过的某些废瓶、废器械、废用具的统一回收和处理,防止不符合医疗要求的医疗商品重新流入医疗市场,危害患者。

2. 发展药品现代物流,有利于减轻病患经济负担,降低就诊门槛,提高人们生存质量,有利于社会稳定。由于现行药品作价不合理,价格过高,严重妨碍了病患正常就医和用药,有的病患因此背上沉重债务,甚至无法偿还,也使医疗单位多了无法收回的死账。我国自1997年以来,不断整治药品市场秩序,先后10次降低了中央管理药品的价格,由国家计委公布的降价药品达200多个品种,降价总额累计约100亿元。但病患仍感到药价过高,不能明显感受到政府工作的实惠。发展药品现代物流,可健全药品价格管理体制,建立科学的价格形成机制,大大降低药品出厂价格、批发价格和零售价格。假定仅以目前医药批发企业实际发生的供应价作为实际批发价,并以本文列举的11种药品为例,按照15%的批零差率制定零售价,则零售价可下降约54.4%(算术平均)。如果再考虑药品出厂价的竞争形成和压缩出厂价与批发价之间过高的购销差价因素,则药品供应价和零售价还有大幅度下降的可能。

3. 发展药品现代物流,有利于根治药品流通中的腐败行为。由于药品采购实行优质竞价,投标决定进货厂家,批发价和零售价按一定的进销差和批零差制定,并且通过媒体公布,公开操作可较好解决甚至完全根治长期以来难以解决的药品回扣顽症,防止部分医疗单位、医务人员、采购人员发生腐败行为。

4. 发展药品现代物流,有利于降低药品流通费用,大大节省各家医院、药店的采购费用(包括采购人员工资、福利、旅差通信等费用)、仓储、运输、库存资金占用、保管损耗等,优化物流资源配置,促进规模生产、规模经营、规模运输、规模储存,有利于药品生产、经营、储运、销售由粗放型向集约型转变,开发药品业新的利润源泉,大大提高药品生产、经营、储运、销售企业的经济效益。

5.发展药品现代物流,有利于提高中心城市的辐射能力和服务功能,推动第三产业发展。首先,由于率先建立药品现代物流使之形成药品质量和价格低洼效应,可吸引周边地区的医院和药店前来进货,加入药品配送服务网络系统。其次,由于严格控制医院和药店的药品零售价格,形成医院就诊和药店购药的药费支出的低洼效应,可吸引周边地区的病患前来就医和购药,从而提高中心城市的辐射能力、吸附能力和服务功能,加快发展第三产业。此外,发展药品现代物流,也是不断改善经济发展环境的重要方面。

三、建立药品现代物流运作机制的对策措施

建立药品现代物流运作机制,对现行的药品流通模式是一场革命,不仅会涉及政策问题,更会涉及相关企业的利益调整问题,并且现代物流运作机制创新性、系统性很强,国内尚无先例,无现成模式可供照搬,药品的专业性和政策性也很强,又是特殊商品,人命关天,必须加强领导,周密设计,谨慎组织实施。

首先,要加强领导,统一思想,积极操作。建立药品现代物流中心,利国利民,涉及医药、卫生、工商、税务、物价等管理部门,药品经营企业和医院、银行、电信和新闻媒体等单位,为此,必须政府牵头,统一思想,创造条件,大力实践。建立药品现代物流中心要尊重和利用市场经济规律,深化药品流通体制改革,作为为民办实事,谋利益,反腐倡廉的一项重要措施,作为药品管理和经营创新的积极探索,作为药品经营企业和医院、药店长远发展的一项战略性措施,组织相关部门和企业积极参与,密切配合,齐心协力,共同促成。同

时,要积极争取中央和省有关部门的大力支持,制定科学的实施方案,作为深化药品流通体制改革的试点和新生事物,在政策上给予个案处理,回避现行政策对发展药品现代物流中心的某些约束。

其次,建立药品采购评审委员会,统一审定需采购的药品品种。为了切实维护病患利益,有利于治病,防止某些厂家对药品进行改头换面,故意借此抬高药价,欺骗患者,赚取不义之利,对医院和药店申报的采购品种应由专家和有关方面代表组成的药品采购评审委员会按照药品成分、功效、需求等情况进行审核,以确定招标药品。

再次,制定相关政策和法规,保证药品现代物流中心顺利实施。例如,全市各家医院、药店必须到药品现代物流中心集中采购药品;实行公开、公正、公平、有序、规范、有效的药品采购招投标;改革药品价格制定办法,按规定的进销差率和批零差率制定批发价和零售价;明确药品现代物流中心运作检查监督主体,对违反者依规处罚;在土地使用、配送车辆道路通行、运营综合协调等方面给药品现代物流中心以一定的优惠和支持;医院的某些废器械、用具必须集中回收和处理;政府赋予药品现代物流中心在有关媒体上发布价格信息、承担具备法律效力的药检等职能;允许药品现代物流中心开展相关业务,如信息平台的广告业务、医疗和药品咨询、推介,医疗单位和病友用药医治信息交流沟通、专题讲座和研讨等活动。

最后,妥善处理有关各方政策和利益关系。

一是药品现代物流中心与现行省、市和县(市、区)医药经营公司的关系。建立药品现代物流中心与现行省、市和各县(市、区)医药经营公司的业务会形成尖锐的矛盾冲突,如何解决?以宁波市为例,有几种方案可供参考。

1.把市和各县(市、区)的医药经营公司组成一个药品经营股份有限集团公司,承担药品现代物流中心经营和管理业务。此方案有利于增强市场竞争能力,尤其是在入世后,随着药品市场有条件地逐步开放,外资和非公有制企业可能会进入这一领域,规模大、网络齐全的药品现代物流中心会占一定的有利地位,对长远发展比较有利。不足是统一思想、资产评估、人员安排等等一系列问题较多,操作难度较大;也会产生区域性垄断,不利于市场适度竞争。

2. 以市和各县(市、区)医药经营公司为基础,各县(市)和镇海、北仑区各自建立药品现代物流中心,市和海曙、江东、江北区或建一个药品现代物流中心或分别建立物流中心。各县(市)和镇海、北仑区药品现代物流中心的配送范围,一种办法可以行政区划确定,市和海曙、江东、江北区药品现代物流中心的配送范围以医院和药店的等级、规模等因素确定。另一种办法由医院和药店自主选择物流中心,以促进物流中心的竞争。在市和各县(市、区)药品经营公司自愿和有条件的基础上,也可由几个药品经营公司共同组建药品现代物流中心。此方案便于操作,风险小,实施快,各医药公司的利益不会因建药品现代物流中心而受到影响。不足是以市和各县(市、区)医药公司为基础建立的药品现代物流中心规模较小,不能达到最大限度地实施现代物流理念,实行规模经营和服务,优化物流资源配置,降低流通成本。

二是药品现代物流中心与医院的关系。目前,由于医院诊治和检查收费水平总体偏低,不太合理,医院利润主要来源于药品,一旦药品实行竞价采购,集中进货配送,批零差价缩小,合理定价,回扣根治,医院可能会出现亏损,甚至难以维持,也会影响医疗事业发展和患者就医用药,对此,要在发展药品现代物流中心的同时,合理提高医疗诊治和检查收费标准,使医院的医务收费和药品价格真正回归价值规律,既能保护病患者的利益,又能保证医院的正常发展。

三是药品现代物流中心与医院和药店自主采购药品的关系。药品现代物流制度要求某一行政范围内的医院和药店所需的药品必须到药品现代物流中心进货(在实施之初必须要以行政手段甚至法规手段强制执行,以后将会以经济导向吸引医院和药店到物流中心进货),而目前的政策允许医院和药店可自主采购药品,这是事关深化药品流通体制改革与是否收缴企业经营自主权的矛盾。我们认为药品是特殊商品,医院和药店虽是企业,理应追求利润最大化,但也负有治病救人的人道主义天责,在药品市场还没有彻底放开、尚有行政保护、市场管理不够健全的前提下,对药品实行集中采购,并保证医院经营药品有正常的利润,应该是各方所能接受的,只要在政策上做出适当的调整,也将是合法合理的。

四是药品现代物流中心竞投定价和差率定价与国家定价的关系。目前,中央和省级政府只对约1689种药品的零售价实行国家定价,出厂价和批发价由企业按一定的批零差率和进销差率自行定价,其余药品也由企业定价,报当地物价部门备案。建立药品现代物流机制,在定价程序上不仅与现行的价格管理办法恰好相反,即药品现代物流中心对进价实行竞投定价,批发价和零售价实行差率定价,而且其结果可能会产生零售价低于国家定价,按照国家定价的本义这是不允许的。但是,我们认为国家之所以对1689种药品的零售价做出具体规定,其目的在于保护消费者的利益,同时也兼顾了药品生产企业和经营企业的利益。因此,药品现代物流中心的定价原则、目的和做法与国家管理药品价格的目的和原则是完全一致的,只要取得中央和省级政府有关部门的认可和支持就行,作为改革的试点加以实施。

五是药品现代物流中心与部分垄断生产或独家生产的药品销售关系。对垄断生产或独家生产的药品无法用招投标的办法实行竞争定价,只能由中央和地方政府依照药品价格管理目录对其出厂价实行国家定价,再依一定差率确定其他环节价格。供应商也不能由招投标产生,而只能按医院和药店的要求,直接与生产厂家协商签约。

最后,要精心设计、精心操作。药品现代物流是全新的经营模式,又涉及相关政策和企业的利益格局调整,务必精心设计,精心操作,把好事办好、办实。例如,在信息平台上如何保护好各药品生产厂商和医院、药店的商业机密,做到互不侵犯;如何科学而稳妥地确定药品的合理基础存量,既不能库存过多,又能保障及时配送和正常用药需要;如何利用社会现成仓库设施和运输车辆,科学选择物流中心位置,努力降低物流中心运营成本;药品自动配送与药费、运费等费用自动划拨的企业信用保障;政府相关部门积极支持与密切配合等等。

(原载于《宁波经济》2001年第11期,有删改)

当前我国现代物流发展中的若干重大问题

一、现代物流发展的不平衡

发展现代物流在我国逐年升温。冷静思考，似觉得发展不平衡：实践滞后于理论和研究，物流专业教学滞后于实践需要，内陆滞后于沿海，中小城市滞后于大城市，条条滞后于区域，内贸滞后于外贸，中小企业滞后于大企业，内资企业滞后于外资企业，本地企业滞后于外来企业，农业物流滞后于工业物流，工业物流滞后于商贸物流，第一方、第二方物流滞后于第三方物流，物流配套服务滞后于物流主营服务，以及内陆区域间的不平衡，沿海区域间的不平衡，条条间的不平衡，等等。

发展不平衡的主要原因在于：一是在客观上现代物流是综合性的产业，只要有物的流动就有物流问题，因此现代物流不仅仅是第三产业，第一产业和第二产业也有现代物流。在现代物流经营服务层面上涉及多个相关部门和环节。二是管理体制缺位，与现代物流综合性强、涉及面广和高效运作相适应的政府综合性职能部门和管理体制尚未明确和建立。三是认识上的不到位，如把发展现代物流认为就是发展第三方物流，由此产生发展现代物流就要搞物流园区、物流基地、物流中心，就必须要有港口、公路、铁路枢纽，没有这些似乎就不能发展现代物流等错误认识和行动。其中，管理体制缺位是关键的原因。

现代物流是供应链无缝隙管理和服务，追求最低成本、及时快速、优质服务,需要各个环节、相关部门、相关地区密切配合,相互协调才能发展,才能实现其服务理念。为了解决不平衡的发展问题,建议中央政府制定国家发展现代物流总体规划和近中期实施计划以及配套政策措施,建立中央政府发展现代物流领导小组,由一名副总理挂帅,相关部门负责同志参加,并明确职能部门具体负责。各省市、中央相关部门制订各自的规划和计划,并组织实施。通过上下左右的共同努力,提高认识,营造环境,推动我国现代物流业发展,全面提升国民经济运行质量。

二、政府在发展现代物流中具有极其重要和不可替代的作用

现代物流是对传统物流的一场革命,涉及部门和环节多,影响大,覆盖面广,社会效益好,困难多,系统性强,离不开政府的推动和促进。深圳、上海、天津、山东、大连、秦皇岛、北京、沈阳等地的现代物流业之所以走在国内的前沿,关键取决于政府的领导和支持。在发展现代物流业中,政府的作用主要体现在:明确职能部门,负责区域现代物流发展工作,制定区域或行业的总体规划和中长期以及年度计划;制定促进现代物流业发展的政策和措施;为企业提供发展现代物流业的公共基础设施和条件,如交通集疏运网络设施,公共信息服务平台,GPS、GSM 技术系统等;培育现代物流业发展主体,提高物流服务供给能力和需求水平;培育现代物流市场,规范物流经营服务和需求行为,如制定现代物流经营主体设立条件、服务技术标准;协调和解决现代物流发展中的有关问题等等。

影响政府在现代物流发展中发挥作用的关键因素是对现代物流在国民经济或区域经济发展中的地位和作用的认识问题,如把现代物流仅当作第三产业,发展现代物流就是发展港口运输,运输就是物流,发展现代物流是交通部门的事,或是外贸部门货代管理的事,或是商贸部门的事,等等。认识的错误必将导致行动的落后。我国一些城市正是因为把现代物流作为国民经济的支柱性产业和新的增长点,才有党委和政府的高度重视,精心规划和巨大的投入,并取得显著的成效。反之,亦反。

三、物流企业和企业物流

这是现代物流运作的两大企业主体,也是构成物流市场供求关系的基本主体。物流企业是专门为商品生产、经营企业和消费者提供物流经营服务的企业,是物流服务市场的供方。企业物流在商品流通环节,它是社会物流服务市场的需求方,同时在企业内部担负着内部物流的管理和服务。而消费者则是纯粹的现代物流需求方。因此,政府抓物流运作主体,就是要抓物流企业和企业物流,即第三方物流和第一方、第二方物流。在实际工作中,一般会形成三种发展模式:即以发展物流企业为主的模式,以发展企业物流为主的模式,以发展物流企业和企业物流并举的模式。

物流企业作为物流服务商,是一个服务点,区域内众多物流企业形成一个物流经营服务产业,这是一条行业线,发展成为国民经济的支柱性产业。而企业物流则是现代物流的基本面,形成国民经济的基础性产业这个面的大与小、厚与薄不仅取决于物流企业提供的服务能力,更取决于企业自身对现代物流的认知程度,取决于企业的体制、经营理念和规模以及产品特点与市场销售、辐射范围等情况,取决于政府的引导,取决于外部竞争和其他因素影响等等。物流企业与企业物流是点或线与面的关系,也是供给和需求的关系,由此构成了区域现代物流发展不可缺少的主体构架。

然而,在理论研究和实际工作中,往往比较重视物流企业发展,忽视发展企业物流。其实,企业物流是现代物流业发展的基础和源头。只有抓好企业物流,才能促使经济运行由粗放型向集约型转变,才能使潜在的物流需求转化为现实的需求,物流企业发展才有市场基础和服务对象,现代物流的供应链全过程经营服务和管理才具有完整性,"第三利润源泉"也能成为现实。这一认识对所有经济区域发展现代物流业具有很重要的意义,尤其是对以发展物流企业或第三方物流为主,偏重于搞物流园区、物流基地、物流中心,并有形成物流"泡沫"倾向的区域,对没有交通枢纽优势、中小企业、内资企业为主的区域更有指导作用。

综上论述,有关主要观点列图如下:

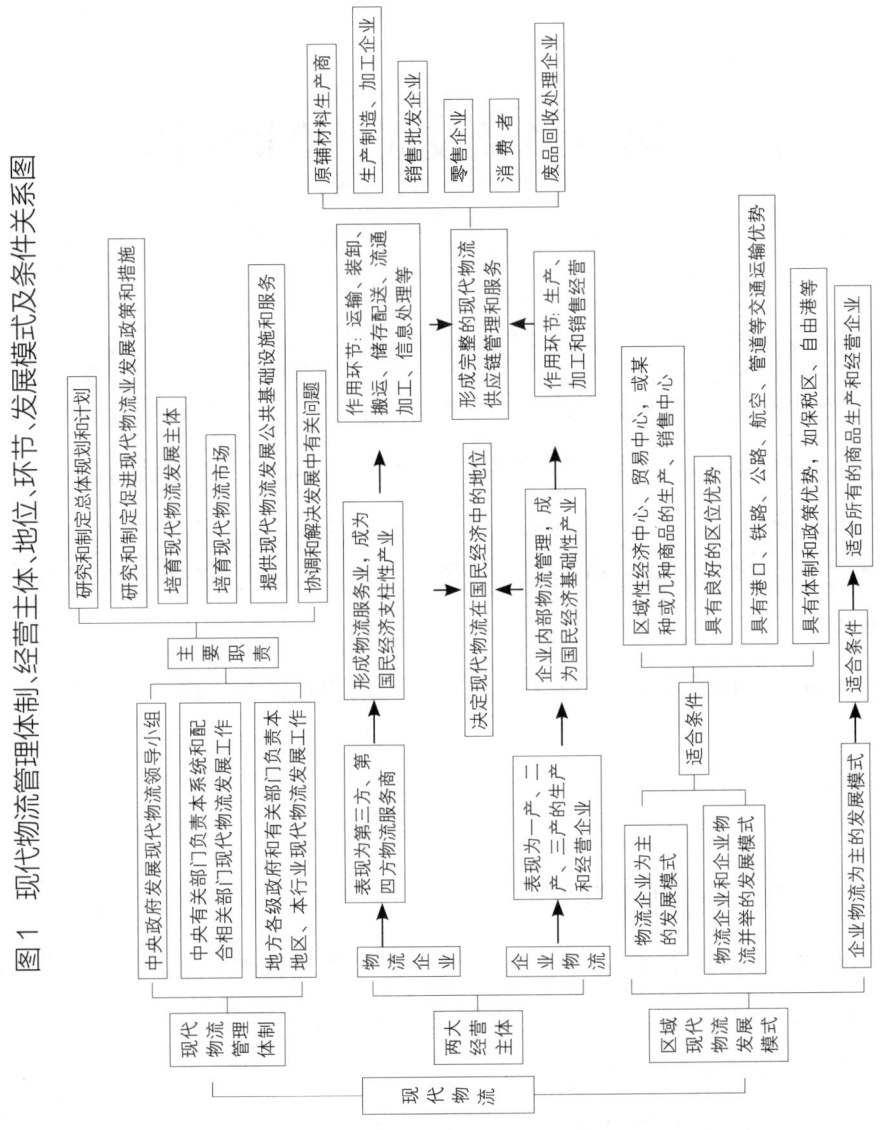

图1 现代物流管理体制、经营主体、地位、环节、发展模式及条件关系图

(《宁波经济》2002年第3期)

论区域现代物流发展评价指标体系

现代物流是区域经济核心竞争力的组成部分，也是经济发展水平的重要标志。科学评价区域现代物流发展条件和潜力，对培育现代物流市场，改善现代物流发展环境，促进物流企业和企业物流发展，提升区域现代物流竞争力，使之成为国民经济"第三利润"源泉，推动整个区域国民经济发展都具有十分重要的意义。

区域现代物流发展评价指标体系，主要反映在四大方面：一是现代物流需求指标，二是现代物流服务的供给指标，三是现代物流发展环境指标，四是现代物流发展成效指标。

一、现代物流的需求指标

现代物流的需求水平主要取决于区域经济发展规模，商品生产和经营企业的家数，企业的组织规模、外向程度，商品特色，商品的流通范围，商业的连锁经营状况和商品的经济属性等。

现代物流需求的数学模型可表示为：

$W=F(X_1, X_2, \cdots\cdots X_n)$

其中：W 为现代物流的需求水平；

$X_1, X_2, \cdots\cdots X_n$ 分别为经济规模，企业数量，企业组织规模，外向程度，商品流通范围，商品特色，商业的连锁经营状况，商品经济属性以及其他因素，例如企业对现代物流的认知程度等。

1. 经济规模。经济规模指标中有国内生产总值、批发市场商品销售额、零售市场商品销售额、公路货运总量、铁路货运总量、航空货运总量、港口吞吐量等。这些指标对交通枢纽型区域来说可分为直接腹地指标和间接腹地指标。有的地区如无机场，或无港口或铁路，则经济指标项目需作相应的调整。

2. 企业的数量。企业的数量与现代物流的服务需求成正比，企业的数量越多，物流就越分散，服务的对象和个性化要求也越多，物流服务的工作量和潜力也越大。

3. 企业的组织规模。一般来说，企业的组织规模越大，分工越细，社会化程度也越高，企业间依赖度也越强，物流的需求也就越大。

4. 外向程度。外向程度包含的内容较广，可以量化的主要有外商企业数量、合同利用外资额和实际利用外资额、外贸进出口额等指标。

绝大部分外商企业往往不搞小而全、大而全的仓储设施和运输车辆投入，而是利用社会物流力量，以节省投资和运行成本，专注主业经营。这样，区域的外商企业越多，对第三方的物流需求也越大。利用外资和外贸进出口与物流直接相关，尤其是投入于第一产业、第二产业和商品销售领域的外资项目是物流形成的主要源头之一。

5. 商品的流通范围。商品的流通范围决定商品运输距离和环节，从而影响运输方式的选择和组合以及仓储、装卸、包装、流通加工等。一般说来，商品的流通范围越大，物流的需求量也越大。

6. 商品的特色。商品特色主要指资源的禀赋优势和商品的市场优势，优势越强，甚至具有垄断地位，则物流的需求性也越强，除非受到生产和销售价格的限制。

7. 商业的连锁经营状况。连锁经营是商业现代化的一种经营模式，也是现代物流配送服务的市场基础。连锁经营越多，网络越大，物流的配送服务需求也越大。

8.商品的经济属性。商品的经济属性主要指商品属于易耗品还是耐用品，是高精尖技术产品还是低技术产品，是初级产品还是深加工产品。通常情况下，易耗品、低技术产品、初级产品生产和经营为主的区域，其物流需求的运量相对较大，而物流服务的附加值相对较小；耐用品、高精尖技术产品、深加工产品生产和经营为主的区域，其物流需求的运量相对较小，而物流服务的附加值相对较大。

现代物流的需求指标应以价值量表示，而非以重量与运距之积或重量表示。有些研究报告和文章往往把运输量作为物流的需求量，使人感到物流与运输无甚区分。现代物流包括了按照客户要求而进行的对货物运输、装卸、存储、流通加工、信息处理等的诸多环节和服务，只有价值量指标才能比较完整地反映其服务的全过程内容，这也是现代物流与运输的重要区别之一。

二、现代物流服务的供给指标

现代物流的供给指标主要包括现代物流的基础设施和经营服务能力两大方面。

1.基础设施。这一指标包括公路场站、港口、铁路货站、机场、管道、储罐及其公路、航道、铁路、航线、航班、管道等集疏运网络和公共信息传递网络。某一区域交通运输方式越完备，公共信息传递能力越大，航线、航班（班次）越密，其物流服务的供给能力也越大。

2.经营服务能力。这一指标包括第三方和第四方物流服务企业数量，特别是国际著名物流服务企业数量、经营规模、适应现代物流各种类型的运输、仓库和堆场储存能力、服务网络、服务水平、对客户需求的满足程度等。

在国内，目前绝大部分物流服务企业是从传统的运输企业、货代企业转型发展过来的，在服务能力、服务质量和服务网络建设上尚需一个培育过程，尤其缺少国际的服务网络和市场基础，限制了其承揽国际物流业务的开展，也是国内物流服务企业与国际著名物流服务企业的差距突出表现之一。因此，拥有国际著名物流服务企业及其家数是衡量区域物流服务能力强弱的重要参数。

三、现代物流发展的环境指标

现代物流发展的环境指标主要是指影响物流需求和服务供给的外部因素，涉及面较广，内容很多，难以全面分析，现仅择要阐述。

1. 政府的重视度。现代物流业不仅覆盖第一、二、三产业，还涉及居民消费领域，只要有商品生产和经营、消费，就有现代物流的管理和经营服务。现代物流是社会再生产不可缺少的重要组成部分，与很多行业和部门密切相关，具有系统化、专业化、社会化、国际化、信息化等特点。因此，离开政府的重视和支持，区域现代物流业是难以健康发展的。在现代物流业发展中，政府的作用主要是：组织领导，制定规划、法规与政策，培育现代物流服务和需求主体，管理和协调，营造环境，规范市场秩序和行为，提供物流发展的公共基础设施等。

2. 口岸服务水平。对于发展区域国际现代物流来说，优良的口岸服务水平极为重要，特别是时效性强和高科技产品更需要有高效率、便捷的口岸服务环境。提高口岸服务水平主要解决有关部门的通关效率和各相关部门的总体通关效率，或称综合通关效率，既要深化通关改革，简化通关环节，又要加强协调，搞好部门合作；既要增强服务意识，更要依靠现代电子信息技术，实行无纸化综合通关。

3. 保税区或自由贸易区。保税区或自由贸易区具有保税仓储、国际中转和贸易加工等功能，对降低进口物流和转口物流的关税成本作用十分显著，因此，在保税区或自由贸易区发展进口物流和转口物流具有很大的优势，也是理想的选择。

4. 国际知名度。主要指港口和机场、内陆口岸的国际知名度。在国际贸易中,港口、机场、内陆口岸的国际知名度越高,越能吸引船公司、航空公司、铁路运输、公路运输公司前来开辟航线和航班(班次),越能让进口商作为指定的装货港(机场、口岸),从而增加物流量。

5. 区域的城市经济功能。区域的城市经济功能对物流量的形成也有很大的影响,如会展中心、贸易中心、大的商品交易市场、金融服务功能等,这些经济功能会带动和促进现代物流的形成。

6. 法治环境和诚信程度、市场开放度与国际接轨的程度。区域的法治环境和诚信程度优良,市场开放度大,经济管理和服务与国际接轨,对吸引国际投资和贸易以及著名物流服务企业具有重要作用,从而影响物流需求和服务供给的形成。

7. 企业的产权体制和治理机制。企业的产权体制和治理机制决定企业的运作模式和经营行为。纵观企业运营现象可以发现,先进的企业产权体制和治理机制比较重视发展现代物流,积极寻找"第三利润"。

8. 现代物流的专业人才。这是区域现代物流发展的关键性因素。现代物流的潜在需求是客观存在的,能不能转化为现实需求,取决于有没有熟知现代物流管理和经营服务的专业人才。

四、现代物流发展成效指标

现代物流发展的成效指标是反映区域现代物流发展的结果,主要包括区域物流总成本占国内生产总值的比重,第三方、第四方物流服务值占全社会物流总成本的比重,按行业或按产品划分的物流成本占产品价格或生产总成本的比重,第三方或第四方物流服务企业在国际或国内的地位和数量等。

(原载于《集装箱化》2002年第9期,有删改)

我国港口现代物流需求发展趋势及应对策略

"十二五"时期是我国深化落实科学发展观和加快经济转型升级的重要时期。港口是国民经济的重要基础设施,在经济全球化进程中具有举足轻重的地位。大力发展港口现代物流是促进经济转型升级的重要途径,也是港口升级换代、做大做强的需要,更是港口提高核心竞争力、参与国内外竞争、实现可持续发展的需要。

国际金融危机后,全球市场供需关系和区域经济结构发生重大变化,我国经济发展方式和区域发展热点也面临重大变化,港口物流需求随之呈现新的发展趋势。认清和把握港口物流需求发展趋势,并采取积极的应对策略,对发展港口现代物流具有重要意义。

一、我国港口现代物流需求发展趋势

1. 进口物流增幅扩大,出口物流增幅缩小。改革开放30年来,我国依托资源和劳动力的比较优势,贯彻实施出口导向发展战略,使出口额从1978年的世界排名第三十位上升到2009年的世界排名第一位。我国出口额的迅猛增长对促进国民经济持续快速发展发挥了重要作用,但也带来国际贸易和外汇收支不平衡、国际贸易争端和摩擦增加等一系列新问题。与此同时,随着国内经济发展和城乡居民消费水平提高,我国对国际市场的进口需求不断提升。在国内外经济贸易形势发生变化的背景下，我国积极调整外贸发展战略，转变外贸发展模式，完善贸易结构和贸易政策，适度扩大进口，优化进口结构，努力实现外贸平衡。《中共中央关于制定国民经济和社会发展第十二个五年规划的建议》明确提出：适应我国对外开放由出口和吸收外资为主转向进口与出口、吸收外资与对外投资并重的新形势，扩大和深化与各方利益的汇合点，完善更加适应发展开放型经济要求的体制机制，推动建立均衡、普惠、共赢的多边贸易体制。这标志着我国开始对长期实施的出口导向发展战略实施新的调整。

近年来，我国外贸进出口结构已悄然发生变化，进口强度（进口额占进出口总额之比）逐年提升，特别是2008年国际金融危机爆发以来，进口强度大幅增加。由此预计"十二五"期间乃至更远的未来，我国进口物流增幅将大于出口物流增幅。

2. 内贸物流增幅扩大，外贸物流增幅缩小。国际金融危机使全球市场需求发生重大转折，2009年国际货物贸易骤降23%。为促进本国经济振兴，以美国为首的发达国家针对我国采取名目繁多的贸易保护主义措施，实施货币战、汇率战、环保战、知识产权战以及反补贴、反倾销等措施，对我国出口造成严重影响。从总体上看，我国外贸出口要恢复到危机前10年的增长水平十分困难。在这种形势下，中央明确提出将扩大内需作为我国经济发展的长期战略方针，使内需成为今后经济发展的首要拉动力，这为我国内贸集装箱运输提供了良好的发展机遇。2009年我国港口完成集装箱吞吐量1.22亿TEU，与2000年的0.23亿TEU相比增加4.3倍，年均增长20.1%，其中：外贸集装箱吞吐量由2000年的2234万TEU增至9000万TEU，年均增长16.8%，内贸集装箱吞吐量由2000年的114万TEU增至3200万TEU，年均增长42.5%，比同期外贸集装箱量的年均增长率高出25.7个百分点。随着拉动内需、促进消费等政策的进一步落实，我国内贸集装箱货源将与日俱增，内贸物流面临重要的发展机遇。在可预见的未来，我国港航业将改变以外贸为主的局面，形成外贸与内贸齐头并进的发展态势。

3. 水陆中转物流增幅扩大，水水中转物流增幅缩小。

（1）市场竞争促使港口积极开拓内陆货源。近年来，我国港口大型化发展趋势明显，吞吐能力不断提升，竞争日趋激烈，主要表现如下：

一是发展目标中心化。在我国长达约18000公里的海岸线上分布着五大港口群，建有大大小小港口数百个，集装箱吞吐量百万标准箱的港口有16个，并且这一数字还在不断增加，单港规模也在不断扩大。许多地方政府认识到港口对区域经济发展的巨大带动作用，因此积极实施"城以港兴、港为城用"的发展战略，希望将本地港口建设成为世界级或区域航运中心，形成浓重的"航运中心"情结。

二是码头泊位深水化。随着船舶大型化趋势的逐步增强以及港口对"航运中心"发展目标的积极追求，码头泊位深水化趋势日益突出。据统计，2001—2009年，我国沿海港口万吨级以上生产性泊位的数量年均增长8.1%，高于同期生产性泊位总量的年均增长率3.5个百分点，其中：1万—3万吨级生产性泊位年均增长2.1%，3万—5万吨级生产性泊位年均增长6.9%，5万—10万吨级生产性泊位年均增长19.2%，10万吨级以上生产性泊位年均增长28.5%。

由于我国港口建设盲目追求大而全、小而全，导致港口吞吐能力过剩，结构性矛盾突出，竞争趋于白热化。在这种情况下，港口积极开拓内陆货源，水陆中转物流面临新的发展机遇。

（2）内陆地区开发、开放产生巨大的物流需求。加快中西部地区开发、开放，缩小与东部地区的贫富差距，是党中央治国理政的大政方略。随着国家支持力度的加大，我国中西部地区开发、开放的优势正在不断累积和显现。内陆地区的土地、原材料、能源、劳动力和综合商务等成本较低，生产要素资源丰富，科教事业比较发达，这些优势对沿海产业和外商投资具有较大的吸引力；但是目前内陆地区的物流成本较高，为满足经济贸易发展的需要，必须大力发展内陆物流。

（3）铁路大建设带来运能大提升。我国目前已进入铁路建设快速发展的新时期，陆路基础设施建设正在从以高速公路建设为主向以铁路建设为主转变。2009年是我国铁路发展历史上投资规模最大、投产新线最多的一年，完成固定资产投资7000亿元人民币，其中基本建设投资6000亿元人民币，比上年增长79%，超过"九五"和"十五"期间铁路基本建设投资的总和。随着铁路大建设的逐步推进，我国铁路建设和经营正在发生以下转变：客货共线运营转变为客货分线运营；低中速铁路转变为高速铁路；以铁路建设为主转变为以铁路经营为主。铁路大建设带来的运能大提升为水陆中转物流的发展提供了必要的客观条件。

4. 汽车物流增幅扩大，集装箱物流增幅缩小。

2009年我国汽车产量首次突破1000万辆，达到1379万辆（见表1），占全球汽车总产量的22.3%，成为继美国和日本之后世界第三大汽车生产国；汽车销量达到1364万辆。2010年我国汽车产销量继续增长，分别达到1826万辆和1806万辆。预计在"十二五"期间甚至更长一段时间内，我国汽车产销量仍将维持高增长态势。我国汽车产销量的高速增长需要物流运输的有力支撑，这就为发展汽车物流提供了历史性机遇。相比之下，受发达国家经济疲软以及我国调整产业结构和扩大内需等因素的影响，未来我国集装箱物流将告别高增长时代，增幅将出现一定程度的收缩。

表1　2001—2010年我国汽车产销量（单位：万辆）

年份	产量	销量	年份	产量	销量
2001	233	237	2006	728	722
2002	325	325	2007	888	879
2003	444	430	2008	935	938
2004	507	507	2009	1379	1364
2005	571	576	2010	1826	1806

5. 高附加值物流增幅扩大，低附加值物流增幅缩小。

"十二五"时期是我国全面建设小康社会的关键时期，是深化改革开放、加快转变经济发展方式的攻坚时期。《中共中央关于制定国民经济和社会发展第十二个五年规划的建议》提出：以科学发展为主题，以加快转变经济发展方式为主线，坚持把经济结构战略性调整作为主攻方向，把科技进步和创新作为重要支撑，把建设资源节约型、环境友好型社会作为重要着力点，把改革开放作为强大动力。转变发展方式、调整经济结构和产业结构不仅是国家发展的需要，也是遵循客观经济规律、维持企业生存和发展的必然要求，已成为全国人民的共同愿景。可以预见，随着我国经济结构和产业结构调整的进一步推进，高附加值物流将得到前所未有的发展，而低附加值物流的规模将逐渐缩小。

6. 冷链物流和散杂货物流增长。

随着我国城乡居民生活水平的逐步提高以及消费者对商品质量要求的进一步提升，未来冷链物流需求将日益增长。此外，随着我国经济持续稳定发展，我国对生产性原材料的进口需求将继续扩大，从而促进港口散杂货物流增长。

二、应对策略

1. 发展模式：由规模型向效益规模型转变。

规模和效益是衡量港口发展水平的重要指标。长期以来，我国港口极为看重吞吐量等规模指标，单纯追求吞吐量的持续快速增长。将吞吐量作为衡量港口发展水平的重要指标具有一定的合理性：第一，港口是区域经济发展的公共服务平台，吞吐量体现着港口的社会效益；第二，吞吐量指标在一定范围内也是效益指标的前提和基础；第三，在港口成长期和港口作业能力紧张时期，提高吞吐量也就是提高经济效益。然而，当前港口的发展环境发生了很大的变化，传统的以投资扩能为主导的外延式增长方式已无法维持港口的可持续发展。港口竞争不再只是岸线资源的竞争，而是以港口资源为依托的综合服务的竞争。大有极限，强无止境。港口发展不仅要追求速度和规模，更要追求深度和质量。转变港口发展模式,就要适当淡化吞吐量等规模指标,更多地突出效益和质量指标。

2. 服务对象:由以船公司为主向船公司、货主、货代并重转变。

从港口与船公司、货主、货代的关系来看,在港口发展的初级阶段,开辟航线、航班是首要任务,港口应将船公司作为首要的服务对象,与其开展广泛合作,吸引船公司前来挂靠;而在港口作业能力相对过剩的情况下,货源对于港口发展的重要性则更为突出,为获得稳定的货源,港口必须与货主和货代、物流公司建立密切的物流合作伙伴关系,以应对国内外经济贸易形势的变化及来自周边港口的竞争。

从港口现代物流服务的客体来看,港口现代物流服务增值来源于货物,而货主和货代是重要的货源提供者和物流需求者。在以船公司为主要服务对象的阶段,集装箱服务是港口服务的主要内容;进入港口现代物流发展阶段,货物服务成为港口服务的主要内容,除为船公司服务外,港口还要把货代和货主、物流公司作为主要服务对象,从而掌握物流需求的源头。

3. 业务环节:由"港到港"向"门到门"转变。传统港口物流只提供货物的装卸、仓储和转运等服务,业务环节局限于"港到港"。港口物流发展到集约阶段后,原先"港到港"的业务模式已无法满足客户对无缝供应链的新需求,港口必须将物流链上下游的各个环节(如装卸、仓储、运输、配送、加工、信息处理等)以及各种运输方式有机衔接起来,实现货物"门到门"运输,从而达到提高运输效率和降低物流成本的目的。

4. 市场环境:由相对垄断向高度竞争转变。在以码头运营为主的传统港口物流模式下,港口企业在码头运营方面具有垄断地位。随着港口物流链向港外延伸,港口企业在市场揽货、堆存、仓储、分拨、配送、流通加工等物流环节面临来自其他物流运营商的激励竞争。为适应这种转变,港口企业必须改变传统的管理和经营思维,积极主动地参与市场竞争。

5. 服务要求:由统一化向个性化转变。传统码头作业的服务要求较为统一,主要体现在装卸效率、靠离泊时间、进提箱时间、作业安全等方面,可实现标准化管理。随着现代物流的发展,港口必须以客户需求为导向,根据客户要求和市场竞争情况,为客户量身定制个性化的物流方案,以应对和满足千变万化的市场需求。

6. 运营方式:由独立经营向多方合作转变。传统物流向现代物流转变的过程也就是企业内部物流一体化向供应链一体化(企业外部物流一体化)转变的过程。供应链管理是在由供货商、制造商、分销商和客户组成的网络中,对商品、信息和资金的流动过程进行的管理。与传统的单个企业参与港口经营的方式不同,供应链管理通过建立紧密的合作关系,使供应链中的各企业组成有机联系的整体,从而达到快速响应客户需求、充分发挥核心竞争力的目的。由此可见,港口现代物流不仅涉及港口内部经营,而且涉及港口外部供应链的总体经营,要求港口与多方合作,共同推进供应链整体优化,以满足客户需求。

7. 竞争手段:由以价格为主向以服务为主转变。传统港口物流以价格为主要竞争手段,把客户的价格需求摆在首位;而现代港口之间的竞争已演变为港口所参与的物流链之间的竞争,货主关注的是物流链的物流效率、物流费用、物流时间、物流信息等总体服务质量,港口竞争手段随之由单一的价格竞争转变为物流链的综合服务竞争。

8. 资源利用:由分散型向一体型转变。传统物流的弊端主要表现在功能单一、服务脱节、成本难降、信息不畅等方面。现代物流要求物流运营商提供综合、高效、便捷、低廉的优质服务,为此,港口企业必须充分整合和利用内外部物流资源,通过与供应链上下游企业合作、并购供应链中相关企业、外购物流服务等方式,实现由做点服务向做链服务的转变。

9. 效益理念:由环节效益向全程和综合效益转变。当前日趋艰难的港口经营环境促使港口企业的盈利模式进入供应链时代,港口企业单纯以装卸费和仓储费为利润来源的时代已经过去,越来越多的港口企业开始发展以港口资源为依托的物流业务,如供应链服务、分拨配送服务、船舶服务、物流金融服务等。只强调物流链上某个环节的效益势必削弱港口对整体物流链的控制力,进而削弱港口对货流的影响力。因此,效益评价不应局限于某一环节,而要关注全程和综合效益。

10. 招商引资:由以码头运营商和船公司为主向以物流运营商为主转变。港口企业寻觅战略伙伴的目的是通过建立利益共同体,实现资源扩展、优势互补、利益共享、风险共担的目的,使物流运作达到最优化,从而促进港口大发展。在传统的港口物流发展模式下,扩规模、增能力是港口企业招商引资的主要目的,能直接提升吞吐能力和扩大航线规模的码头运营商和船公司成为港口企业招商引资的首选对象;当港口吞吐量发展到一定规模,吞吐能力和航线密度已基本满足港口发展需求后,港口企业招商引资的对象应转向国内外有实力的物流运营商,通过利用物流运营商先进的物流理念、管理技术、市场资源和操作经验等,实现优势互补,提升港口企业发展现代物流的核心竞争力。

11. 人才需求:由码头专业型向物流复合型转变。码头管理和操作的专业性较强,但内容比较单一。相比之下,物流管理和操作涉及的环节较多,需要具备综合性业务知识。现代物流人才不仅要了解码头知识,还要了解港口腹地的产业结构、重点企业、销售市场、运输通道和口岸服务、运输路径和成本等,要能够专业地回答客户的业务咨询,掌握可供利用的社会物流资源,了解金融、商品性能、货物包装、信息管理等基本知识。

(原载于《集装箱化》2011 年第 4 期,有删改)

何谓智慧物流?

近年来,学界、政府部门及物流企业十分关注和重视发展智慧物流,不时举办智慧物流研讨会、培训班、展览会、现场会,推出智慧物流建设项目等。这是继提出智能物流概念后,物流业发展出现的新动向。但是,在林林总总的各类智慧物流理论研究和实践活动中,我们发现智慧物流似乎就是应用IT及其网络的物流,这就引发人们思考什么是智慧物流,发展智慧物流的本质内容和关键是什么,智慧物流与IT的关系等问题。

"智慧物流"是2009年12月中国物流技术协会信息中心、华夏物联网、《物流技术与应用》编辑部联合提出的概念。提出这一概念的背景是很多先进的现代物流系统已经具备了信息化、数字化、网络化、集成化、智能化、柔性化、敏捷化、可视化、自动化等高科技特征。很多物流系统和网络也采用了最新的红外、激光、无线、编码、认址、自动识别、定位、无接触供电、光纤、数据库、传感器、RFID、卫星定位等高新技术,这种集光、机、电、信息等技术于一体的新技术在物流系统的集成应用就是物联网技术在物流业应用的体现。

那么,什么是智慧物流呢?由智慧的定义可以引申,智慧物流就是能迅速、灵活、正确地理解物流问题,运用科学的思路、方法和先进技术解决物流问题,创造更好的社会效益和经济效益的物流服务模式。

智慧物流的本质是智慧,物流是智慧的应用客体。智慧物流的核心和灵魂是提供科学的物流解决方案，为客户和社会创造更好的综合效益。智慧是活的东西，不仅要认识物流，还要解决物流问题，这决定了它是发展智慧物流的关键所在。不同的国家，物流的发展水平是不同的。不同的物流企业和不同的物流工作人员，对同一物流问题或同一客户的物流需求，会有不同的认识，进而提供不同的物流解决方案。光、机电、信息等各类相关先进技术是发展智慧物流、制定智慧物流方案和实施智慧物流的重要支撑条件和手段，但不是智慧物流的灵魂和全部。否则，智慧会"失纯"和"缩水"。从严格意义上说，物流服务的每一项进步，都是人类智慧的结晶。智慧物流在不同时代、不同国家、不同组织、不同物流企业、不同物流项目间有不同的表现形式。例如，国家的物流振兴规划是对物流发展方向、发展布局、发展重点、发展举措的谋划，是智慧物流的一种表现形式。几年前提出的智能物流也是智慧物流的一种表现形式，是发展智慧物流的重要基础之一。又如，在我国集装箱公路和铁路运输中，普遍存在空去重来或重去空来的现象，宁波港铃与物流有限公司通过资源整合，改进运输组织，实现了重来重去，产生了很好的社会效益和经济效益，这种改变也是智慧物流的一种表现形式。当然，智慧应用的物流范围、成效有大有小，智慧涉及的物流系统和技术有难有易。

总之，发展智慧物流必须把握它的本质要求和发展规律，抓住它的发展重点和主要方面，只有这样才能吸引更多的物流企业积极参与，在实践中顺利推广和发展，取得理想的成效。否则，会使广大物流企业和从业者觉得智慧物流需要信息技术和物联网高度发达与普及，是国家和 IT 专业技术人员的事，离现实还太远，而成为一句赶时尚的口号。

（原载于《物流时代》2011 年第 7 期，有删改）

提升港口物流价值 促进港口和国民经济科学发展

一、港口物流价值的基本认识

认识港口物流价值,科学评价港口物流价值体系是提升港口物流价值的前提。在新形势下,按照科学发展的理念,对港口物流价值要有新的正确认识。一是要积极推动港口发展由数量规模型向质量效益型转变,努力实现大港向强港升级。二是港口经营方式要从码头经营为主向以港口为依托的物流链延伸,推动港口从运输港向物流港转变,提升港口物流的增值能力和对区域经济发展的贡献率。三是要积极推动港口物流的双重运输,整合物流资源,发展进口物流,大力降低物流成本。四是要发展绿色环保港口,积极推行节能减排,增强社会责任,实现港口经济效益与社会综合效益协调发展。总之,港口物流价值要体现在满足客户和市场的需求,满足国家发展战略和可持续发展的需求,满足港口及其物流企业又好又快发展的需求,实现相关各方共赢,实现经济价值与社会价值的有机统一和最大化。

二、实现港口物流价值提升的战略机遇和挑战

提升港口物流价值,既是形势发展的需要,又是港口自身发展的需要,是港口从低级阶段向高级阶段发展的必然要求。提升港口物流价值,既有机遇,

又有挑战；既有动力，又有压力。

（一）提升港口物流价值面临的机遇

从市场需求来看，在科学发展观的指导下，现代物流作为"第三利润"的源泉已经深入人心，中国经济发展方式从粗放型向集约型转变将是一个比较漫长的过程，宏观环境的倒逼机制促使企业重视和发展物流，形成巨大的可持续发展的物流市场需求。

从开放政策来看，对外开放是国家的基本国策，将会长期坚持，港口作为国际贸易进出口的主要门户地位不会改变。世界需要中国，中国需要世界，世界经济一体化将会不断深入持续发展。

从外贸结构来看，随着国民经济发展需要和居民收入与生活水平的提高，人民币升值和中国国际购买力增强，我国外贸导向正在由出口为主向进出口并重转变，中央和地方各级政府将会改善进口条件，从而使进口出现较高增长的长期态势，为提升港口物流价值创造了难得的市场条件。

从技术进步来看，发展港口物流所需的信息化、数字化、网络化、集成化、智能化、柔性化、敏捷化、可视化、自动化等先进技术不断完善，红外、激光、无线、编码、认址、自动识别、定位、光纤、数据库、传感器、RFID、卫星定位等光、机、电、信息高新技术日益进步，并应用于物流实践，为提升港口物流价值创造了不可缺少的技术支撑。

（二）提升港口物流价值面临的挑战

自身的挑战。港口企业长期形成的以码头生产为主、服务船公司为主的经营模式，在硬件设施、经营理念、人才积累、组织体系、市场网络等方面，与提升港口物流价值、满足客户需求有较大的差距。

市场的挑战。当前港口竞争日益激烈，已经从自然条件竞争为主向港口及其区域发展战略、口岸和港口服务、国家和地方政策支持竞争为主转变。港口物流市场布局、合作伙伴、政策许可、综合条件等具有一定的排他性和较强的竞争性，领先发展需要具备一定的外部条件和胜于竞争对手的智慧，不断创造竞争新优势。

三、提升港口物流价值的战略选择

提升港口物流价值要以满足客户和社会需求，促进腹地经济发展，提高港口资源利用率，达到自身又好又快发展作为出发点和归宿点。为此，要把做优码头业务，创新服务模式，完善服务功能，拓展服务对象，构建物流链，挖掘价值链，实现港口、客户、腹地、环境持续协调发展作为提升港口物流价值的战略选择。

宁波港作为上海国际航运中心的重要组成部分和浙江省实施海洋经济发展示范区规划的核心区域，应当积极探索"五型"港口建设，努力提升港口物流价值。

（一）质量效益型

质量是价值的基础，也是效益的基础。宁波港秉承"尊客爱货、诚信为本"的服务理念和"细节始终、优中见优"的品质理念，以品牌建设为抓手全面提升各类货种服务质量，以优质服务赢得客户信赖。宁波港不仅要努力降低自身的经营成本，还要主动为客户降低物流成本，要按照市场导向调整业务结构和市场结构，实现增收节支和自身与客户的共赢。

（二）创新型

创新把握未来，是发展的永续动力。要创新发展思路和服务模式，必须着眼于整合企业内外部资源，加强与国际物流巨头、船公司、货主及有关单位合作，创新服务功能，完善物流组织体系，大力发展增值服务，形成新的发展优势。根据港口物流发展需要和宁波港"走出去"的发展战略，着重要在经营机制上与国际和国内物流市场接轨，针对不同的市场和业务特点建立相应的管理制度。

（三）顺畅型

顺畅就是效益。要不断优化业务流程，不断提高港口物流信息化水平，不断完善集疏运基础设施，促进大通关，实现港口物流高效对接。发展多种运输方式，特别是铁水联运，满足内陆地区物流发展需求，扩大港口腹地。加强技术改造，优化码头资源配置，不断提高码头作业效率，适应船舶大型化和市场需要。发展内陆无水港和沿海、沿江港口联盟，建立高效便捷的转运体系。适度发展车队、船队，大力发展订舱平台，提高综合服务能力。

（四）安全型

安全生产是提升港口物流价值的基本保证。坚持"以人为本，安全发展"的理念，认真落实"安全第一，预防为主，综合治理"的方针，建立"人员、设备、货物、环境"四合一的本质安全管理长效机制，努力减少不安全因素对人员、设备、货物的损耗。

（五）环保型

节能减排既是经济任务，又是社会任务，是可持续发展的内在要求，也是企业履行社会责任的历史使命。要按照环保要求规划和发展港口业务，在源头上做到环保；积极实施"油改电""油改气"、船舶岸边接电改造项目；大力发展"双重运输"和水路、铁路节能运输；积极应用新设备、新材料、新工艺、新技术，全面建设绿色环保港口。

（原载于《中国港口》2013年第2期，有删改）

关于发展物流地产 转变腹地拓展方式的建议

一、背景分析

1. 港口竞争日趋激烈，争市场，争货源，从发展内支线争夺沿海、沿江港口货源向发展公路运输和海铁联运、海河联运争夺内陆腹地货源拓展。

2. 由于宏观环境和港口供求关系发生重大变化，港口竞争日益加剧，港口企业利润的主要来源——码头盈利能力呈现明显下降趋势，并且难以扭转。

3. 近十年来，宁波港大力发展内陆无水港，对开拓腹地、增加货源、扩大影响、增强竞争力发挥了积极作用。但是，无水港自身业务单一，服务功能较弱，在货运代理市场竞争比较激烈的背景下，受成本、功能、货源习惯流向等因素制约，对当地社会上的运输和货源等资源服务和整合的能力较弱，要改变当地货物传统的口岸流向困难较大，而且内陆地区进出口规模较小，进出口口岸选择余地较大，货量比较分散，这些都造成无水港盈利和持续发展能力较弱，经营困难，与宁波港建设国际强港的战略目标和当地合作方要求还有较大距离。

4. 现行的腹地拓展方式比较单一，外贸出口为主，公路运输为主，空去重来为主，直接揽货为主，投入大，竞争力不强，收效较低。

5. 内陆地方政府正在抓住国际和国内沿海产业转移机遇，积极发展物流产业，希望有实力的沿海港口企业参与其无水港建设，弥补其物流成本较高的短腿，以促进区域经济发展。

6. 国内沿海港口为开发内陆腹地,正在重视内陆无水港建设,主动加强与内陆政府合作。但其开发模式与我公司一样,尚处在就无水港论无水港阶段。

二、发展理念

以紧紧围绕港口腹地开拓,扩大揽货为主线,以抓住内陆地区迎接国际国内产业转移和发展现代物流难得机遇,积极提升港口企业与内陆政府合作水平,实现双方共赢为策略,以开发物流地产,系统互动为抓手,以整合内地物流运输和货源资源为途径,以大力发展公路和铁路双重运输以及当地短驳的甩挂运输,为客户提供内陆地区到宁波港成本较低、服务优良的全程物流服务为手段,实现内贸与外贸、出口与进口、整箱与散货结合,走出一条以物流地产开发带动货源集聚和港口腹地开拓,带动无水港发展,促进宁波港和内陆地区经济发展,实现多方共赢的新路子。

三、物流地产开发内容

物流地产开发项目主要包括以下内容:

1. 无水港:包括箱管服务,提箱还箱、修箱、洗箱等;仓储服务;口岸服务,报关报检、转关转检等;订舱服务;信息服务;等等。

2. 市场交易:整合和集聚、发展当地有关交易市场,以交易市场发展带动货源集聚,促进内外贸运输及其双重运输、海铁联运发展。

3. 运输服务:集中分散的货运市场公路运输服务,铁路运输。

4. 综合服务:与市场交易和无水港发展相配套的金融、信息、商务、生活等服务。

四、物流地产开发模式

1. 主体。以宁波港股份有限公司与内陆政府有关投资公司合作,共同建立投资主体。

2. 开发规模。视内陆地区市场需求和行情等因素而定。

五、可行性分析

1. 内陆地区部分城市有发展现代物流,建设内陆无水港的强烈需求。

2. 宁波港股份有限公司有良好的品牌优势,有无水港经营和房地产建设管理的经验。

3. 内陆地区政府对发展物流地产有政策支持。

4. 开发物流地产可与当地分散的、规模小的、品位低的交易市场和货运市场整合结合起来,与当地城市改造结合起来,可为当地节约土地资源,发展集约经营,提高城市品位,符合当地政府发展思路,定能获得政府强力支持,从而降低项目开发风险。

六、意义分析

1. 发展物流地产,可集聚当地物流需求和运输能力,整合有关交易市场,为发展公路和铁路双重运输以及当地短驳的甩挂运输提供货源保障,降低物流成本,引导货物走宁波港。

2. 发展物流地产,通过货源和运输能力整合,为无水港开拓业务,实现内外贸结合、进出口结合、整箱与散货结合,为开发服务功能提供货源保障,有利于可持续发展,走出一条新的无水港发展模式。

3. 发展物流地产业务,对宁波港转型升级,增强盈利能力,提升市场竞争力,围绕港口主业走多元化发展路子都有积极意义。

4. 发展物流地产符合内陆政府发展战略要求,实现共赢。

2013 年 5 月 15 日

大力推进港口创新 加快发展港口物流

一、发展理念创新

2008年,宁波港股份有限公司在提前完成"二次创业"的基础上,着手研究港口发展的新目标,开始实施"强港工程"战略,提出要实现由码头经营业为主的单轮驱动向码头经营业、现代港口物流业、资本经营业多轮并举发展的新格局。我们深切地感受到,创新发展理念,是大力推进现代港口物流的前提,也是新时期港口发展的必然选择。

一是港口转型升级的需要。根据港口发展规律,随着经济和社会的发展,我国港口正在由第二代港口向第三、四代港口转型,即由运输港向商贸物流港升级。大力发展现代港口物流是港口转型升级的必经之路,是建设商贸物流港的重要抓手,也是新时期推动港城互动发展的重要举措。

二是应对国内外港口竞争的需要。当前港口之间的竞争,已由单纯的码头竞争转向服务链的竞争,竞争的核心是全程服务链的成本和服务。发展现代港口物流,有利于降低物流成本,提高服务水平,提升港口综合竞争力。

三是提升港口资源附加值的需要。港口的码头资源和吞吐能力具有极限性,而港口经营发展具有无限性,码头经营成本上升超过其收入费率提高幅度,这是港口发展面临的不可回避的客观现实和矛盾。发展现代港口物流,延伸港口服务,建立"T"字形的港口产业价值体系,提高港口资源利用率和附加值,可有效化解发展中的矛盾,实现由量的扩张向质的提高转变。

二、发展模式创新

发展港口现代物流必须建立与之相适应的发展模式和机制。一是在港口布局上,改变以往以建设和经营本港码头为主的经营模式,既立足宁波港又跳出宁波港,建立以宁波港为枢纽的港口转运体系,通过港口资源整合、收购或合资合作等方式,在舟山、嘉兴、温州、台州、南京、太仓等长三角地区发展一些喂给港,扩大港口服务腹地。二是完善港口集疏运体系,充分发挥宁波港铁路优势,大力发展海铁联运,形成了铁、公、水三路协调发展的良好势头,海铁联运被交通运输部和原铁道部评为全国6个示范项目港口。三是在内陆腹地建立一批无水港,建设了上饶、鹰潭、新余、衢州、金华、义乌、新昌、萧山、绍兴等12个"无水港",为发展海铁联运和公路双重运输奠定了重要基础。四是加快培育现代港口物流经营主体,业务范围向现代港口物流业全面延伸,打造了船队、车队、船代、货代、订舱平台、海铁联运、双重运输等物流经营主体。

三、服务功能创新

传统港口物流只负责货物的装卸、仓储和转运,将货物转运出港口就算完成了任务,这种"港到港"的业务模式已不能满足客户服务全程化、无缝化、多样化的新要求。现代港口物流服务,将实现货物的"门到门"运输,创新服务功能,追求成本和服务的不断优化,满足客户需求。功能决定结果。为此,宁波港积极拓展冷链物流、拼箱物流、保税物流、期货交割物流、物流金融等特色物流服务,初步建立了相关特色物流经营主体,并大力推动水水中转、海铁联运、公路和铁路双重运输等,港口物流服务功能不断增强,客户的满足度日益提高。

四、信息技术应用创新

信息技术应用创新是发展现代港口物流的重要手段，没有现代信息技术就不可能建成现代港口物流。近年来，宁波港加快信息技术在现代港口物流发展中的创新和推广应用，着力推进港口物流信息体系建设，物流信息技术创新和应用正在由本港为主向港外拓展，由集装箱为主向港口业务全覆盖拓展，由内部管理为主向为客户服务为主拓展，由港口码头管理为主向全程物流链服务为主拓展。大力推进物联网技术应用和物流信息化整体解决方案设计，提升公路、铁路、"无水港"、场站等物流信息化水平；建立高性能的港口物流信息平台，推进港口物流服务信息化、智能化、网络化，扩大港口与客户及相关环节的互联互通、数据交换、信息共享，提升物流供应链的运作效率和服务水平。目前，双重运输信息平台、港区各码头之间的高效运输信息平台、海铁联运公共信息服务平台、智能闸口等信息化项目均已投入使用，当前正在编制宁波港物流信息发展总体规划和国家海铁联运物联网示范工程建设，计划通过3—5年努力，使宁波港物流信息服务水平再上一个新的台阶。

此外，我们也十分重视节能环保技术的应用和创新，积极推进龙门吊"油改电"、集卡"油改气"和船舶接岸电等节能减排项目。目前，公司已全面完成191台龙门吊"油改电"，建成LNG加气站3座，投用LNG集卡241辆，年完成船舶接岸电1600艘次。

总之，在交通运输部的关心指导和有关地方政府、口岸部门及社会各界的支持帮助下，宁波港通过发展理念创新、发展模式创新、服务功能创新和信息技术应用创新等一系列创新，现代港口物流得到较快发展，不仅为宁波港吞吐量的持续稳定增长提供了坚实保障，也提升了港口发展质量和效益，有力推动了港口转型升级，也带动了整个宁波口岸的发展，实现了港口与城市发展、港口与船公司、货主、客户等的"共赢"，取得了良好的经济效益和社会效益。

通过近五年的实践，宁波港现代港口物流发展规模不断扩大，质量不断提升。其中宁波港股份有限公司货物吞吐量从2008年的2.38亿吨上升到2012年的4.54亿吨，年均增长17.5%；公司集装箱吞吐量从2008年的1074.3万TEU上升到2012年的1735.2万TEU，年均增长12.7%；公司利润总额也实现同步提升，年均增长11.59%。2013年1—6月，公司货物吞吐量、集装箱吞吐量同比分别增长8.7%、7.1%。截至2013年8月底，船队拥有经营船舶35艘，1—8月箱运量达到84.37万TEU，同比增长17.1%；集运车队拥有集卡940辆，1—8月完成总运输量116.94万TEU，同比增长26.76%；订舱平台订舱量完成35.9万TEU，同比增长31.9%；"无水港"业务量完成30.25万TEU，同比增长36.3%；集装箱海铁联运完成6.91万TEU，同比增长78.9%；利用高效运输信息平台，使港区各码头之间的转运重载率由一年前约51%上升到75%；公路集装箱双重运输使物流成本降低约30%，被交通运输部评为甩挂运输示范项目；宁波港集装箱拼箱物流使宁波口岸总体拼箱费用下降10%以上。

创新永无止境，现代港口物流发展尚在起步阶段。与科学发展观要求，与国内外先进港口相比，宁波港还有很大差距。今后，宁波港将坚持以科学发展观为指导，以"强港工程"为目标，以发展现代港口物流为着力点，认真学习国内外先进港口的发展经验，一如既往地在创新道路上努力学习和探索，为我国早日建成港口强国做出积极贡献。

（原载于《中国港口》2013年第12期，有删改）